Franz Braumann / Heinz Grill

Österreich
von der Urzeit bis zu
den Babenbergern

Franz Braumann / Heinz Grill

Österreich von der Urzeit bis zu den Babenbergern

Aus Österreichs Ur- und
Frühgeschichte

270 Jahre Babenberger
in Österreich

EDITION
ZEITGESCHICHTE

Inhalt

Aus Österreichs
Ur- und Frühgeschichte

Vorwort

*Das Wesen Österreichs
als einer Kreuzungsstelle
verschiedener Kulturen
kommt schon in den
Ereignissen der Urgeschichte
zum vollen Ausdruck.*

Richard Kralik in »Österreichische Geschichte«

Wer eine Entdeckungsfahrt in die österreichische Früh- und Urgeschichte unternimmt, wird mit Erstaunen feststellen, wie geschichtsträchtig der Raum Österreichs tatsächlich seit Jahrtausenden ist. Aus allen Gegenden Europas kamen Menschen und Stämme in Siedlungswellen, auf Handelswegen oder Heerstraßen in dieses Land. Mit seinen Pässen und Tälern, vor allem mit seiner Donaufurche, diente es diesen Völkerströmen in allen Jahrhunderten als Brücke, Schleuse oder Riegel.

Viele einwandernde Stämme und Völker ließen sich im österreichischen Raum kürzere oder längere Zeit nieder und gaben in der Abfolge der Geschlechter dem späteren Menschenschlag sein charakteristisches Gepräge. Bis in die Gegenwart reichen die vielfältigen Zeugnisse der verschiedenen Besiedlungsstufen und bezeugen alemannische, bajuwarische, keltische, madjarische, romanische und slawische Kulturschichten.

Auf dem Hintergrund der frühgeschichtlichen Landschaft Österreichs hebt sich aber auch eine umfassende Kulturleistung dieser Menschen ab: Von den ersten unförmigen Steinwerkzeugen und der »Venus von Willendorf« reicht eine einzigartige, stete schöpferische Gebärde bis zum kunstvollen Tassilokelch und der Ostarrichi-Urkunde.

Österreich liegt an einem geographischen »Straßenkreuz«. Im Laufe der Jahrhunderte ist ihm die geschichtliche Aufgabe zugewachsen, Völkerkreuz Europas zu sein. Um in den jungen heranwachsenden Staatsbürgern das Geschichtsverständnis für diese europäische Funktion Österreichs zu wecken und zu vertiefen, wurde bei der Behandlung der verschiedenen geschichtlichen Epochen die Verbindung von erzählerischer Handlung und sachkundiger Darstellung gewählt.

Franz Braumann

10

1 Erste menschliche Spuren an der Donau

Die Geschichte des Menschen beginnt dort, wo sich Spuren seiner Anwesenheit und seines Wirkens nachweisen lassen. Diese Nachweise reichen viele hunderttausend Jahre – bis in die erste der vier Eiszeiten, die Günz-Eiszeit – zurück. Die meisten Funde aus jener Zeit stammen allerdings aus Afrika, das von der Eiszeit am wenigsten beeinflußt war.

Die frühesten Spuren menschlicher Besiedlung in Österreich sind viel jünger. Die Menschen der letzten Zwischeneiszeit, einer wärmeren und trockeneren Klimazeit, als es unsere Gegenwart ist, lebten an den Flußrändern und auf den Steppen längs der Donau Österreichs als Jäger und Fischer. Das Großwild Mammut war die wertvollste Jagdbeute der Steinzeitleute. Im Eis des nördlichen Sibirien konnten in den letzten Jahren vollständige Mammuts ausgehoben werden. Nach diesen erreichte der eiszeitliche Elefant eine Schulterhöhe von 3,5 Meter, seine Stoßzähne eine Länge von 5 Meter. Der langhaarige Pelz mit einem wolligen Unterfell und die über 20 Zentimeter dicke Fettschicht unter der Haut paßten das Großtier für das Überstehen sehr tiefer Wintertemperaturen an. Doch wäre es falsch, das Mammut für ein Wild der Tundra mit dem geringen Pflanzenwuchs von Moosen und Flechten zu halten. Als reiner Pflanzenfresser brauchte es täglich riesige Pflanzenmengen zur Ernährung; diese aber wuchsen in den feuchtsumpfigen Niederungen des damaligen Mitteleuropa.

Die Jagd auf Mammute konnte nur die Großsippe durchführen. Aus unendlich tiefer Vorzeit drängt sich in unsere Vorstellung das Geschehen:

Die Mammutjäger

Seit den Tagen des höchsten Sonnenstandes war die Horde der Mammutjäger auf der Wanderung. Oben im hohen Land, durch das die tiefe Schlucht des Flusses schnitt, war nun die weit unter die steile Felswand hineinführende Wohnhöhle leer. Jetzt wanderten sie – einer hinter dem andern – durch das mannshohe Steppengras der sandigen Ebene. Noch jeden Sommer hatten sie in diesem Winkel zwischen den Strömen reichlich Wild gejagt – als Vorrat für den Winter.

Ava, der Windläufer, hatte schon am Morgen die Horde verlassen, um die Wildspuren zu erkunden. An Hand bestimmter Zeichen – geknickter Halme und verstreuter Blattrispen – konnten ihm die übrigen Männer und die Frauen mit den Kindern folgen. Die Sonne hing schon tief am Himmel. Wenn er nicht bald zurückkam, war er allein allen Dämonen der Nacht ausgeliefert. Doch da stockte der Wanderzug, das hohe Gras teilte sich. Zwischen den Halmen tauchte Ava auf. Sein nackter Körper glänzte von Schweiß.

»Die Mammute kommen wieder!«

Onu, der Älteste, richtete sich auf seiner weidengeflochtenen Tragbahre auf. Seit ihn vor einigen Tagen eine Schwäche befallen hatte, wurde er mitgetragen. Er war der Weise der Horde, und hätte er nicht diese geheimnisvolle Gabe besessen, die Wanderrichtung der Mammute vorauszufühlen, hätte sie auch Ava verfehlt. »Die alte Grube müßt ihr finden! Brecht einen neuen Wechsel durch das Dickicht!« sagte er heiser mit geschlossenen Augen.

In dieser Nacht wurde kein Feuer angerieben. Der schwache Wind aus Süden hätte vielleicht den Rauch nach Norden getragen, den Mammuten entgegen. Am Morgen blieben nur die Mütter mit den kleinen Kindern und der alte Weise im Steppenlager. Die übrige Horde verschwand mit Sonnenaufgang. Nur eines trieb sie an: die Grube im Schwemmsand in den Dickichten des Auwaldes wiederzufinden!

Die Überschwemmung des Frühjahrs hatte die grünen Sträucher mit Dürrholz verfilzt. Sie erreichten den Fluß und mußten umkehren. Doch dann fanden sie die eingesunkene Grube. Atemlos hoben die Männer den Sand mit Schaufeln aus Elchgeweih und gespaltenen Holzplatten aus und trugen ihn in Weidenkörben fort. Später schlugen sie dünne Eschen und Weidenbäume mit Splinten aus Hornstein um und bauten den Rost über der Grube. Am wichtigsten war es, durch das Auwalddickicht einen Wechsel auszubrechen, der auf die Grube zu führte.

Ava, der Windläufer, kundschaftete von neuem die Mammutherde aus. Ein Bulle und drei Kühe ästen in einer Flußschleife, wo eine Altwassersenke dicht mit Riesenhuflattich und Seerosen überwuchert war. Auf diese Stelle hin brachen die Männer der Steinzeit eine breite Schneise in den dichten, niedrigen Auwald.

»Jetzt das Feuer!« befahl Ava. In einem weiten Bogen wurde die Herde nach Norden umgangen. Der Wind hatte umgeschlagen, die Wolken hingen tief. Noch aber lag das Dürrgras auf dem Boden gänzlich trocken. Als der erste schmale Rauch von dem Feuerbohrer aufstieg, fütterten die Männer die kleine Flamme mit Halmen, entzündeten Dürrzweige an ihr und trugen sie zu einem weitgefächerten Brandstreifen auseinander. Der Wind fachte den Brand höher, bis zu den Büschen, an. Knatternd sprang die Feuerwelle in die Sträucher. Sie fraß sich genau nach Süden. Die Männer der Horde verteilten sich rechts und links des Brandes, sie liefen weit voraus und füllten das Dickicht mit lautem Geschrei.

Ava lief vor dem Feuer her, wo der Qualm der Rauchwolke niedersank. Als er dem Mammutbullen nahe war, brach das Riesentier trompetend nach Süden durch, und die Kühe folgten aufgescheucht. Jetzt bog der Fluß nahe heran. Das war die Stelle, wo die ausgeschlagene Schneise endete. Der Rauch und das Feuerknattern im Rücken ließen dem Mammut keine Wahl. Ava folgte der Mammutherde wie ein springendes Reh. Hinter ihm verlor sich das Geschrei der Horde. Er horchte im Laufen durch die Rauchschwaden. Da – krachendes Holz, ein dröhnender Schrei des Mammutbullen – er war eingebrochen! Die drei Kühe wichen aus und brachen wie eine Walze das unberührte Dickicht nieder.

Der Windläufer schnellte bis zum Rand der Grube heran. Das Mammut zerstampfte in der Grube das nachstürzende Stangenholz und hob den Rüssel wild trompetend über den Rand. Die Schwemmlößwände standen so eng, daß das Tier die mächtigen Beine nicht hochzuheben vermochte. Ava besaß nur die leichte Lanze mit der Steinspitze. Die Männer der Horde hatten lange Stangen gefällt und zugespitzt. Doch sie waren für Ava allein nicht zu heben. Er schrie – doch vor den Männern erreichte ihn noch die Wand des Feuers. Er mußte hinaus gegen Westen, bevor er verbrannte und verkohlte. Er lief mit dem Feuer um sein Leben. Ein Altwasser des Flusses rettete ihn. Ava sprang hinein und tauchte bis zu den Augen unter. Die Feuerwalze umrollte mit wabernder Hitze das Gewässer.

Im frühesten Morgengrauen lief Ava zur Mammutgrube zurück. Das Mammut war in der Tiefe zusammengebrochen – tot von der Hitze, erstickt. Bald kamen die Männer. Sie begannen mit Steinklingen das tote Mammut zu zerlegen – Fleisch für den langen Winter. Sie kletterten aus der Grube mit schweren Lasten von Fleisch auf dem Rücken; sie lachten und schrien durcheinander.

Zwei der Männer liefen hinaus in die Steppe. Die Frauen hatten auf Geheiß Onus, des Weisen, im Steppengras einen Ring um das Lager niedergebrannt, ehe das große Feuer gekommen war. Nun gloste die Steppe weithin in weißer Asche.

Die Mammutjäger blieben viele Tage an der Grube, aßen sich die Bäuche voll und räucherten Mammutfleisch, soviel die Horde tragen konnte. Gegen den Herbst kehrten sie zu ihrer Wohnhöhle zurück.

Die Gudenushöhle

Spuren der Mammutjäger sind uns in der Gudenushöhle in der Nähe von Hartenstein im niederösterreichischen Kremstal nahe der Donau erhalten geblieben. Diese tiefe und sehr geschützt am Felshang über dem Fluß liegende Höhle mußte, nach ihren übereinander gelagerten Fundschichten zu schließen, viele Jahrtausende immer wieder von Menschen besucht worden sein. Aus den einzelnen Fundschichten läßt sich wie in einem Bilderbuch der allmähliche Wandel in der Zurichtung der Steingeräte ablesen.

Die aufgefundenen Tierknochen wiederum weisen nach, welche Wildtiere erjagt wurden: das Mammut, das wollhaarige Nashorn, der Höhlenbär, die Höhlenhyäne; später kamen auch noch das Wildpferd und das Rentier dazu.

Ungefähr 50.000 bis 40.000 Jahre vor Christus sind die ersten Spuren der Neandertal-Menschen an der Donau und im nördlichen Niederösterreich nachweisbar. Ihnen rechnet man die rohen Abschlagsteine, die in der untersten Bodenschicht der Gudenushöhle aufgefunden wurden, zu. Dieses künstlich hergestellte Werkzeug war ein auf zwei Seiten durch Abschläge zugespitzter Stein, der in die Faust genommen und wie ein Keil verwendet werden konnte. Darum gab ihm die Wissenschaft den Namen Faustkeil. Er war anfangs noch nicht an einem Holzstiel oder Schaft befestigt. Der eher zutreffende Name ist »Zweiseiter«, da der Stein an zwei Seiten schneidartig zugerichtet war.

»An kennzeichnenden Formen liegen zweiseitig bearbeitete Faustkeile, am Rande gut zugerichtete Handspitzen (Breitklingen) und die typischen Moustérien-Schaber vor«, schreibt der große österreichische Urgeschichtsforscher Dr. Pittioni. Nur bestimmte Steinarten ließen sich dazu gebrauchen. Der wichtigste war der Feuerstein, ein Kieselgestein oder Silex, das in seiner Struktur keine Schichtung aufweist und beim Wegschlagen eines Stückes oft scharfe schneidartige Ränder erhält. Weitere Rohstoffe für den ältesten Faustkeil waren der Bergkristall und der braune Hornstein, der besondere Härte hatte.

Die Neandertal-Menschen

Der Neandertaler erhielt seinen heutigen Namen nach dem ersten Fundort Neandertal bei Düsseldorf. Sein Körper war kleiner und gedrungener als der des heutigen Menschen. Mit dem Ausgang der letzten Eiszeit verschwand er plötzlich aus Europa. Er besaß also bereits die Technik der Herstellung von Steinwerkzeugen. Der »Steinzeitschmied« schlug auf dem steinernen Amboß die Keile, Schaber und Klingen zurecht. Der Neandertaler kannte aber auch Werkzeuge aus Holz und Knochen. Besonders die Spitzen der Geweihe ergaben sehr scharfe Waffen.

14

1 Gudenushöhle bei Hartenstein im Kremstal, NÖ. Besiedelt ca. 40.000 und 15.000 v. Chr.

Nach dem Beginn der letzten großen Kältezeit vor 30.000 Jahren tauchte eine neue Menschenform auf. Nach Skelettfunden wies sie bereits völlig die Körpergestalt des heutigen Menschen auf. Der Neandertaler verschwand aus Europa. Bis heute kennt man die entscheidende Ursache seines Endes nicht. Vielleicht waren die Menschen den ersten Altleuten in der Waffentechnik überlegen, vielleicht auch verstanden sich die Neandertaler mit dem Rückgang des Großwildes in ihrer Nahrungsgrundlage nicht zu wandeln. Vielleicht rottete sie eine Seuche aus und machte damit neuen Einwanderern Platz. Die Ursachen für das Verschwinden des Neandertalers sind nicht mehr auffindbar. Am auffälligsten zeigt sich der gleichzeitig einsetzende Wandel in der Änderung der Steinwerkzeuge. Die breiten plumpen Abschläge der Mittelsteinzeit verschwinden, und eine neue, langgestreckte, schmale Werkzeugform tritt auf. Diese glatt und scharfkantig zugespitzten Werkstücke werden das Leitbild der nun beginnenden späten Steinzeit. In den Nadeln erscheinen Ösen, die Bohrer bekommen Schäfte. Diese Steingeräte erhielten von der Wissenschaft die gemeinsame Bezeichnung »Schmalklingen«.
Die neue »Schmalklingenkultur« breitete sich, aus dem Westen kommend, über ganz Europa hin aus. Dies geschah auf den heimlichen Trampelpfaden, die einst entlang der Wildwechsel entstanden waren und nun die frühesten Handelswege Europas wurden.

2　Venus von Willendorf, 10,3 cm groß, Kalkstein, ca. 30.000 v. Chr., Naturhistorisches Museum, Wien.

Die »Venus von Willendorf«

Im Zeitraum der Schmalklingenkultur taucht der Name Willendorf auf. Willendorf liegt auf dem linken Donauufer am Beginn der Wachau. Es wurde weltweit berühmt durch den Fund einer kleinen, dicken Frauenstatue aus Stein, der »Venus von Willendorf«. Sie lag im gelben Löß 25 Zentimeter unter einer braunen Holzkohlenschicht eines urzeitlichen Feuerherdes. Die Plastik aus rötlichem Kalkstein mißt nur 11 Zentimeter, doch ist sie die älteste menschliche Darstellung in Österreich. Sie wird in die Zeit von etwa 28.000

Jahre vor Christus datiert. Eine ebenso große Frauenstatue aus Elfenbein eines Mammutzahnes, die ebenfalls dort ausgegraben wurde, beweist die gleichzeitige Anwesenheit des Riesentieres.

Wie ist es möglich, für die Fundstätten der frühest nachweisbaren Bewohner Österreichs annähernde Jahreszahlen festzulegen?

Die Wissenschaft der Kernphysik öffnete das Tor in bisher unmeßbare Zeittiefen. Die Radiokarbonmessung baut darauf auf, daß die organischen Stoffe bei ihrem Wachstum aus der Natur radioaktiven Kohlenstoff in sich aufnehmen. Er wird darin abgelagert und aufgespeichert, bis eine bestimmte Sättigung erreicht ist. Stirbt der Träger dieses organischen Stoffes, sei es Mensch, Tier oder Pflanze, zerfällt auch allmählich der aufgespeicherte Kohlenstoff wieder. Während eines Zeitraumes von 5500 Jahren verringert sich der Kohlenstoff auf die Hälfte der Anspeicherung.

Diese Tatsache macht es möglich, mit feinsten Apparaten den Abbau des Radiokarbongehalts zu messen. Holz, Samenkörner, aber auch menschliche Knochen lassen sich nun ziemlich genau auf ihr Alter prüfen. Auch wenn für die Ergebnisse stets eine Ungenauigkeit von etwa zehn Prozent nach oben und unten angenommen werden muß, öffnet sich damit doch die Möglichkeit, festzustellen, welche Funde zehn-, zwanzig- oder dreißigtausend Jahre lang in der Erde lagen. Der Erdboden lüftet somit seine Geheimnisse, die er so lange für sich behielt!

Ebenso läßt sich nun messen, welches Pflanzenkleid damals unsere Erde bedeckte, sobald gleichzeitig mit den menschlichen Spuren Asche oder andere Pflanzenrückstände untersucht werden. Das Pflanzenkleid war der Nahrungsboden für Tierarten, die in bestimmten Klimazonen leben mußten. Aus Pflanze und Tier wiederum lassen sich Rückschlüsse auf das Klima von Zeiten in einer fernen Vergangenheit ziehen. Das Klima hängt unmittelbar von der Stärke der Sonnenbestrahlung ab. Es können so unterste und oberste Strahlungsgrenzen aufgefunden werden. Diese waren die auslösende Ursache der Eiszeiten und der dazwischen auftretenden Klimabesserungen.

Die Lößmenschen von Langmannersdorf

So weiß man, daß der Lagerplatz der Mammutjäger von Langmannersdorf in Niederösterreich in den klimatischen Abschnitt Würm II fällt. Eine geglättete Sandsteinplatte von der Größe eines Zimmers war Tisch und Teller

3 Altsteinzeitlicher Lagerplatz mit Mammutstoßzahn, Langmannersdorf, NÖ.

zugleich. Auf dem Platz wurde die Wildbeute zerlegt. Mit Mammutzähnen wurde das Fleisch weich gestampft oder gewalzt.

Die Kochgrube der Lößmenschen wurde einige Meter entfernt aufgefunden. Sogar die Löcher für die Pfähle waren in den Sandstein gebohrt, die den Bratspieß der Mammutjäger trugen. Es war zu erwarten, daß auch die Abfallgrube nicht weit davon entfernt lag. Es fanden sich zwei Meter lange Mammutzähne, die wohl einen Amboß abgegeben hatten.

Durch die freigelegten Siedlungsgruben von Langmannersdorf wurde der Beweis erbracht, daß der Mammutjäger der späten Steinzeit schon zu einer gewissen Seßhaftigkeit gekommen war. In anderen Fundstätten außerhalb Österreichs wurden sogar Umrisse von Wohnhütten und Herdplätze mit Rauchabzug aufgefunden. Nadelbüchsen aus Röhrenknochen, Knochennadeln und Schmuckketten aus Zähnen von Tieren – magisch gelb, rot und schwarz gefärbt – ergänzen das Bild vom Leben der ersten feststellbaren Menschen auf Österreichs Boden.

2 Steinzeitjäger im Gebirge

Die »Drachenhöhle« von Mixnitz

Im Gegensatz zu den Donauebenen von Ober- und Niederösterreich, wo bereits eine ziemlich gleichmäßige, wenn auch für heutige Vorstellungen sehr dünne Besiedlung nachzuweisen ist, die bis zu den Alpenseen hinein reichte, lag das innere Gebirge noch Jahrtausende fast menschenleer. Weite Räume der Alpen lagen noch unter dem zurückweichenden Eis. Doch auch in den eisfreien Tälern waren die schneeharten Winter für den Menschen noch lebensbedrohender als im Niederland an der Donau. Der Jäger der mittleren Steinzeit bezog die alpinen Höhlenstationen nur vorübergehend und kehrte im Winter wieder in das Tiefland zurück.

Einer der bedeutendsten Nachweise für das Vordringen der steinzeitlichen Jäger in das Gebirge sind die Funde in der Drachenhöhle von Mixnitz in der Steiermark und in der Salzofenhöhle bei Bad Aussee im Salzkammergut. Die Drachenhöhle von Mixnitz ist eine riesengroße, 500 Meter lange Aushöhlung in den Wänden des Röthelsteins. Ihren Namen erhielt sie nach der ersten Deutung der reichsten Knochenfunde, die es je in einer Höhle der Alpen gab. Die riesigen Zähne, Schulterblätter und Schenkelknochen wurden für Skeletteile von »Drachen« gehalten, den Sauriern aus einer Zeit vor Millionen von Jahren.

Es waren jedoch nicht »Drachen«, die die 250.000 kg Knochen zurückließen, welche man nach und nach aus der Mixnitzer Höhle schaffte. Diese Knochen stammen hauptsächlich von riesenhaften Höhlenbären aus der letzten Zwischeneiszeit, die etwa 150.000 Jahre zurückreicht. Die gewaltigen Tiere hatten eine Körperlänge von über 3 Meter und eine Schulterhöhe von 2 Meter. Die Entdecker der mächtigen Schulterblätter und der armdicken Reißzähne konnten dabei nur an Drachen denken, wie ja nach alten Sagen viele Alpenhöhlen früher von feuerschnaubenden Drachen bewohnt gewesen sein sollten.

Da der Höhlenbär ein Pflanzenfresser ist, muß für das Gebiet bis 2000 Meter

4   Drachenhöhle von Mixnitz, Stmk.

Höhe eine reiche Pflanzendecke angenommen werden, die die starke Vermeh-
rung der Höhlenbären so begünstigte. Lebten hier also Höhlenbären gemeinsam mit ihren Jägern? Das darf nicht angenommen werden. Zehntausende von
Jahren war diese Höhle bereits Zufluchtsort der Höhlenbären gewesen, ehe
die Menschen kamen und sie daraus für immer vertrieben. Diese Annahme
wird bestätigt durch die bis 12 Meter mächtigen Ablagerungen stark kalkhäl-
tiger Phosphaterde aus den Verwesungsprodukten Hunderttausender Höhlenbären, die hier in unfaßbar langen Zeiträumen verendet waren.
Als in den Jahren nach dem Ersten Weltkrieg für die Landwirtschaft die
Düngemittel fehlten, wurde der »Mixnitzer Phosphatdünger« industriell
abgebaut und über 3 Millionen Kilo auf die Äcker Österreichs gestreut. So
wurde der Höhlenbär nach hunderttausend Jahren noch einmal ein Nutzen
für die Landwirtschaft. Die in der Drachenhöhle von Mixnitz aufgefundenen
Herdreste zeugen von einem zeitweiligen Aufenthalt der Jäger. Jedes aufge-
fundene Steininventar gehört wie in der untersten Schicht der Gudenushöhle
zur »Einheit der mittelsteinzeitlichen Breitklingenform« (Pittioni).

5 Altsteinzeitliche Werkzeuge, Willendorf, NÖ.

Die Entdeckung der Salzlager von Hallstatt reicht sicherlich bereits in die Steinzeit zurück. Hoch über dem Westufer des Hallstätter Sees bedeckt noch heute dichter Wald die steile Hallbergwand, den Plassen mit seinen rauschend in die Tiefe stürzenden Wassern. Oben wird der Berg flacher. Zwischen Steinbergkogel und Sollingerkogel zieht sich ein sumpfiger Einschnitt aufwärts, die Dammwiese.
Rechts und links der Felswände sind mächtige Steingerölle aus den brüchigen Wänden auf die Dammwiese gestürzt. Die zähen Legföhrendickichte fingen sie auf. Die Feuchtigkeit der Dammwiese selber hat das Vordringen des Waldes abgewehrt. Die Bergblumen zeigen auf dieser Höhe eine unwahrscheinliche Leuchtkraft – im Rot der Kuckucksnelken, im Purpur des pannonischen Enzians, im Weiß der Talsterne. Auf dem gegenüberliegenden Bergstock schimmern fast greifbar nahe die mächtigen Eishänge des Dachsteingletschers.
Oberhalb der Dammhöhe sprudelt auch heute noch eine Solequelle aus den Steinsalzlagern des Berges. Und hier spielt unsere Geschichte vom

Steinzeitjäger in Hallstatt:

Aus der Wohnhöhle jenseits des Traunflusses, in die der Altvater bannende Zeichen in den Felsen geritzt hatte, war der Jäger durch das Krummholzgewirr über den kammartigen Bergrücken aufwärts gestiegen. Es waren die reichlichen Wildspuren, die ihn so hoch hinauf gelockt hatten; auf einmal stand er vor einer fast lautlos aus dem Boden quirlenden Quelle. Die Quelle erschien dem Jäger wie das Ziel aller Wildwechsel auf diesem Berg. Quellen gab es auch unten im Tal – warum stiegen die Waldtiere, der Hirsch, das Reh, der Bergwolf, und dort erkannte er sogar eine Bärenspur, so hoch auf den Berg, um zu trinken?

Der Jäger bückte sich, höhlte die Hand und schöpfte aus der Quelle. Als er schluckte, verzog er das Gesicht. Er spuckte den letzten Schluck aus. Jetzt erst fiel ihm dürres Gezweig unterhalb der Quelle auf, das von einer weißen Kruste überzogen war. Er brach einen Zweig davon ab und kostete von dem Weiß. Plötzlich ging ein ahnungsvolles Erkennen über sein Gesicht: »Salz, Salz!«

Salz war das Wertvollste, das es für die steinzeitlichen Jägerhorden im Gebirge gab. Auch jenseits des Bergeinschnittes im Osten, auf dem Pötschen, gab es eine weißumkrustete Salzquelle. Es hatte dort schon oft Raub und Totschlag um das Salzrecht gegeben. Die Salzleute wachten eifersüchtig auf ihren Besitz, von dem sie nur im Tausch gegen Felle und Wild etwas abgaben. Jetzt aber besaßen auch die Talleute, die am Fluß unterhalb des dunklen, tiefen Sees hausten, diesen Schatz, da der Jäger diese Salzquelle gefunden hatte.

Er steckte so viel von den salzverkrusteten Zweigen zu sich, als seine Jagdtasche faßte. Die Sonne rückte unter die hohe Bergschneide im Westen hinab, er hatte die Furcht vor den Dämonen ganz vergessen.

Er blickte um sich und sah oberhalb des Krummholzes einen Damhirsch stehen. Die mächtigen Gabeln seines Geweihs ließen sich nicht einmal mit beiden Händen zählen. Seine Jagdlust erwachte. Er prüfte die Schärfe der Steinklinge an der Wurflanze, dann stieg er noch höher hinan und trat rasch in das Krummholzgestrüpp. In seiner Deckung wand er sich tiefer bis knapp oberhalb der Salzquelle. Schritt um Schritt näherte sich auch das starke Tier der Quelle. Jetzt spreizte der Hirsch die Vorderbeine, bückte sich und trank schlürfend.

In diesem Augenblick schnellte der Jäger durch die Zweige. Seine Lanze mit der zweiseitigen Steinschneide zielte genau auf die weiche Stelle oberhalb des Knochenringes der Vorderbeine. Er wußte dahinter das Herz des Wildes und stieß zu.

Eine jähe kurze Wendung des Hirsches. Die Steinlanze riß nur eine Wunde über den Knochen auf und brach von dem harten Anprall aus dem Holzschaft. Der Hirsch stieg röhrend vor Schmerz hoch auf und stieß den Jäger mit den Vorderhufen nieder. Der Jäger schnellte mit einem Satz auf die Beine und ging das Tier mit der Steinklinge in seiner Faust an. Mensch und Tier kämpften um ihr Leben. Von dem Stoß schoß Blut aus der Herzwunde. Der Jäger wurde von neuem zu Boden geschlagen. Er fiel in das Föhrengestrüpp hinab und entging so den wild um sich schlagenden Hufen des Tieres. Er brüllte noch einen Hilfeschrei, dann wurde es ihm schwarz vor den Augen.

Ein heiseres nahes Bellen trat in sein Bewußtsein. Er war wieder hellwach, krümmte sich zusammen und spürte in seiner Faust noch die scharfe Steinklinge.

Der Hirsch lag verendet neben der Quelle, doch der Blutgeruch lockte bereits die Bergwölfe an. Der Jäger hielt wie versteinert still und preßte den stoßweise atmenden Mund in den Boden. Die schmerzenden Wunden brannten, er konnte sich nur kriechend fortbewegen, der Hirsch hatte ihm ein Bein abgetreten. Als die Quelle hinter ihm lag, schrie er von Zeit zu Zeit. Suchte ihn die Horde nicht, nachdem er abends nicht heimgekehrt war? – –
Die Jäger der Sippe hatten am Morgen seine Spur den Berg empor entdeckt. Jetzt hörten sie seinen Schrei von oben und fanden ihn. Sie schienten das Bein, schlugen Eschenstangen um und bauten eine Tragbahre.
Später erzählte der Jäger: „Salz ist gefunden!" Die Jagdtasche hatte er oben verloren. Da wagten sich die Männer der Horde hinauf. Sie fanden die Quelle des Salzes und trugen auch das mächtige Hirschgeweih ins Tal. Der Jäger hatte lange zu liegen. Er ritzte an die Felswand den Hirsch und den lanzenschleudernden Jäger. Das Felsbild war Beschwörung und Einverleibung der Kräfte des riesigen Jagdtieres zugleich. Er sang vor sich hin:

> »Rinne Salz,
> ewig rinne, rinne!«

Salz wurde eines der ersten Handelsgüter der Steinzeit. Daher sind auch die steinzeitlichen Funde in der Umgebung von Hallstatt sehr reichlich. Steinbeilfunde in der Werflinger Wand, in der Lahn und im Salzberggrevier selbst weisen auf die Besiedlung in der Umgebung der Salzquelle hin. Südlich von Obertraun, schon auf halber Höhe des Dachsteinmassivs, liegt ein Fundort, einer der frühesten im gesamten Alpenbereich.

Magische Felszeichnungen

Die geheimnisvollen Felszeichnungen am Warscheneck im Toten Gebirge sind noch nicht eindeutig nach der Zeit ihres Entstehens fixiert, doch sind auch sie früheste Nachweise magischer Zeichen im Gebirge. Felsmalereien und Strichzeichnungen wurden über ganz Europa hin in Höhlen und Felswänden gefunden. Wer die unerhört plastischen Tierbilder von Altamira in Spanien oder die vollendet gestalteten Malereien in den Höhlen von Lascaux in Mittelfrankreich gesehen hat – ihr Alter wurde nach der Radiokarbonmethode mit 15.500 Jahren errechnet –, der glaubt, den Künstler der Steinzeit zu sehen, wie er, gebannt von Erlebnis und Beschwörungsdrang, im Halbdunkel der Höhle kniete und viele Jahre lang auf die Felsen ritzte und malte. Was war der Sinn der magischen Felsbilder? Die versteckten und fast unzu-

gänglichen Orte der Zeichnungen deuten auf einen geheimnisvollen Zweck hin. Warum sonst hätte der steinzeitliche Künstler sie in innerste Höhlenlabyrinthe oder in nur mit Gefahr zugängliche Felsschluchten eingeritzt? Ein bloßer Schmuck der Wohnhöhlen waren sie bestimmt nicht. Moritz Hoernes, ein Wiener Archäologe, sagte: »Vielleicht leitete den Steinzeitmenschen der Wunsch, die Jagdtiere, ohne die er nicht überleben konnte, in ihrer Flüchtigkeit festzubannen. Vielleicht waren ihm diese Bilder die Bürgschaft ihrer Wiederkehr. War es ihm gelungen, ihr Bild zu ›treffen‹, so mußte es ihm sicherer erscheinen, sie selbst auch in der Natur zu erjagen.«
Mit den Zeichen, die der Höhlenmensch an die Felswände kritzelte, erwachte in ihm auch der Anruf an einen Unbekannten. Diese Höhlenzeichnungen – eingeritzte Jäger und Tiere – bedeuteten vielleicht unbeholfene Altäre, vor denen für den Segen auf der Jagd geopfert wurde. Sie strahlten wie Zauberkreise Macht aus. Die Jagdstationen der Bärenjäger in den Alpen wurden mit Vorliebe in ehemaligen Bärenhöhlen angelegt. Der Mensch folgte auf der Nahrungs-, aber auch auf der Zufluchtsuche immer wieder dem Tier.
Aus Höhlenzeichnungen erfahren wir, daß der Jäger sogar in eine Tierhaut schlüpfte, wenn er sich unbemerkt der Wildherde nähern wollte. Das Wild sah dann in dem vierbeinig daherhüpfenden Menschen ein Wesen seiner Art und ließ es ungescheut herankommen. Doch es war nur List, denn der Mensch war dem Tier geistig weit voraus. Der nächste Schritt galt der Zähmung und somit Dienstbarmachung des Tieres für den Menschen.

Der Hund, das erste Haustier

Als erstes Haustier ist der Hund nachweisbar. Seine Zähmung steht am Übergang von der Jäger- zur Bauernkultur während der späten Steinzeit. Wie sich das erste Wildtier dem Menschen anschloß, läßt sich nur noch in Vergleichen mit den Erfahrungen und Verhaltensweisen heute noch existierender Jäger- und Sammlervölker rekonstruieren: Ein Jäger verlor auf dem Jagdzug die Verbindung mit seinen Gefährten. Als er kein anderes Wild auftrieb, an dem er seinen Hunger hätte stillen können, umschlich er das sonst gemiedene Lager einer säugenden Wölfin. Er tötete das Tier und verschlang das rohe, warme Fleisch. Die kleinen, kaum ein paar Wochen alten Wolfsjungen ließ er am Leben und trug sie mit sich.
Er teilte das Lager mit ihnen; die wilden Wolfsjungen gewöhnten sich an seinen »Geruch« und erfuhren das fremde Wesen als Beschützer. Das Feind-

6   Jungsteinzeitlicher Ringwall, Kürnberg b. Linz (Rekonstruktion).

gefühl zwischen Tier und Mensch schwand. Später gelang dem Jäger die Rückkehr zum Wohnlager oder der Wohnhöhle. Die »Nestwärme« während des einfallenden langen Winters ließ vielleicht besonders die weiblichen Wolfstiere zu den ersten Gefährten des Menschen werden. Die jungen Wölfe des nächsten Wurfs erkannten den Menschen als Herrn an.

Damit hatte der Mensch einen unschätzbaren Gefährten in seinem ständigen Kampf um das Überleben gefunden. Die gefährliche Wildheit des Wolfs wurde überdeckt von Instinkten des Vertrauens und der Anhänglichkeit. Diese wiederum weckten im Menschen die Bereitschaft, das Tier zu schützen und damit zu lieben. Der Wolf lebte in dieser Gemeinschaft weiter als gezähmtes Haustier.

3 Die Donauländische Kultur

Vom Jäger und Sammler zum Bauern

Die bedeutendste Entwicklungsstufe in der Menschheitsgeschichte verursachte der Übergang vom Jäger und Sammler zum Bauern. In Mitteleuropa und damit auch in Österreich geschah dies 6000 bis 5000 Jahre v. Chr. In den klimatisch günstigeren Ländern um das östliche Mittelmeer begann diese Entwicklung schon ein Jahrtausend früher. Doch die Fernwirkung von dorther war weitaus geringer als heute. Viele neue Kulturleistungen geschahen damals durch eigene schöpferische Impulse sicherlich auch in Europa. Hieher gehören die Zähmung der Haustiere, die Auslese von Getreidesorten, aus Wildgräsern, das Brennen des Tons zur Keramik.

Warum geschah der große Wandel gerade zu diesem Zeitpunkt? Nach Ansicht mancher Forscher erzwang ihn der Mangel an Nahrung für die Menschen, die sich mit dem günstigen Klima rascher vermehrten. Dazu verschwanden die Großsäugetiere Mammut, Wolliges Nashorn und Riesenhirsch aus den trockener und wärmer werdenden Donaulandschaften. Unwiderruflich verlor der Mensch als bloßer Jäger und Sammler seine Lebensgrundlage.

Der Mensch tat den größten Entwicklungsschritt in den Jahrhunderttausenden, seit er aufrecht über die Erde ging. Er nahm das Tier in seinen Lebenskreis auf, er legte Samenkörner in die Erde. Dieser Wandel seiner Nahrungsbeschaffung zwang ihm eine neue Art zu leben auf: Er band sich an einen Ort – er wurde seßhaft. Für die früheste Bauernkultur brachte in Österreich keine andere Landschaft bessere Voraussetzungen mit als die Lößebenen an der Donau. Deshalb wurden auch gerade dort die ältesten Spuren eines seßhaften bäuerlichen Lebens aufgedeckt. Die nächsten Haustiere nach dem Hund waren Ziege und Schaf. Das Wildschwein, damals eine der besonders stark verbreiteten Wildtierarten, fügte sich ebenfalls bald der Unterwerfung durch den Menschen. Das Rind gewann nach seiner Zähmung als Haustier die wichtigste Bedeutung für ihn. Erst viel später stellte sich bei uns – gegenüber dem Osten – das Pferd als Haustier ein.

Von den Wildgrasarten, die für eine Kultivierung geeignet waren, kamen zwei Wildformen des Weizens in Frage, das »Einkorn« und die »Emmer«. Beide waren schon im Orient verbreitet. Das »Einkorn« wuchs auch auf den Ebenen längs der Donau herauf. Bei uns tauchte ihr feldmäßiger Anbau erst auf, als sich die neue »Donauländische Kultur« festigte.

Die Jungsteinzeit

Der ungeheure, nun folgende Zeitraum von 5000 bis 2000 v. Chr. wurde nach einer älteren wissenschaftlichen Bezeichnung »Jungsteinzeit« benannt. Tatsächlich wurden noch durch Jahrtausende Geräte aus Stein erzeugt und verwendet. Auch Knochen und Horn wurden weiter bearbeitet.

Der erste, auf den Pflanzenbau hinweisende Werkzeugfund ist die Sichel als bäuerliches Arbeitsgerät. In eine gekrümmte Holz- oder Knochenform wurden nebeneinander kleine, scharf schneidende Sichelsteinchen eingefügt. Viele Funde weisen nach, daß die erste Bodenbearbeitung mit steinernen Hauen geschah. Mit feinen Feuersteinsplittern besetzte Steinsägen und die mit einem Stieldolch durchbohrten Steinbeile dienten auch als Werkzeuge beim Hausbau.

Mit der Ernte des Korns mußte auch ein Gerät, es zu Mehl zu verreiben, erfunden werden. Der denkende Mensch der Jungsteinzeit benützte dazu die Härte von Stein gegen Stein. Er wölbte den einen Stein nach innen als Mahlstein aus und zerdrückte darin das harte Korn mit einem kugelförmigen Reibstein.

Nördlich und südlich des Stroms lebten die donauländischen Bauern in Dorfanlagen zusammen. Die frühesten Großhäuser bestanden aus unregelmäßig nebeneinandergefügten Wohngruben, die einen Meter oder tiefer in den leicht bearbeitbaren trockenen Löß aus feinem Ton und Sand eingeschnitten waren. Darüber wurde mit einem verbundenen Stangenskelett das bis auf die Erde herabreichende Dach gebaut. Seine Bedeckung bildete Stroh und Schilf. Das donauländische Wohngrubenhaus maß oftmals 10 bis 20 Meter in der Länge und bis zu 8 Meter in der Breite. Die ganze Sippe lebte als Großfamilie unter einem Dach.

Es blieb jedoch nicht bei dieser Bauform. In einem späteren Jahrtausend

7 Jungsteinzeitliches Haus 4000 v. Chr. (Rekonstruktion), Museum für Urgeschichte, Asparn/ Zaya, NÖ.

wagte sich der Mensch aus der schützenden Wohngrube heraus, lebte auf ebener Erde und baute ein Großhaus auf Ständern, die mit Flechtwerk zu Wänden verbunden wurden. Darüber stellte er ein Giebeldach – die erste Form des heutigen Hauses. Schon damals liebten die Frauen den Schmuck. Armringe, Halsgehänge und Ohrenschmuck schnitten und feilten die Künstler jener Zeit aus der dicken Spondylusmuschel. Sie kam im Mittelmeer vor. Das deutet bereits auf Handelsverbindungen über sehr weite Räume hinweg. Ebenso wurden besonders brauchbare Steine weithin gehandelt. Der eisenharte Obsidian kam aus der heutigen Slowakei zu uns. Der Hornstein wurde aus Juraklippen des Wienerwaldes bis 10 Meter tief in die Erde hinab abgebaut und weit nach Osten und Westen verfrachtet, wie die Fundstellen erweisen.

Das »Keramikum«

Die späteste Steinzeit mündete in das »Keramikum« ein. Jedes vorgeschichtliche Zeitalter erhielt seinen Namen nach dem vorherrschend verwendeten Material für Geräte und Schmuck. Das Keramikum erhielt ihn nach der

Verwendung des Lehms und Tons in gebrannter Form, der Keramik. Als Keramik versteht man zunächst ganz allgemein das gebrannte Tongefäß. Von der Hand geformte und mit Mustern verzierte Keramikgefäße sind die wichtigsten Zeugnisse des Kunstgewerbes dieser Zeit. Eine rotierende Töpferscheibe war noch lange unbekannt. Ein neuer Berufsstand erwuchs – der Töpfer. Neben dem Steinhauer als Werkzeugmacher ist der Töpfer der älteste Handwerker unseres Landes.

Er ließ sich die Sorge um den Lebensunterhalt von seinen Auftraggebern abnehmen. Ja, er arbeitete auf Vorrat und für den Handel. Trotzdem die Welt des Keramikums sehr gering besiedelt war, öffneten die Handelspfade von Dorf zu Dorf der Töpferkunst Wege vom Mittelmeer bis zum Nordmeer.

Wie kam der Mensch darauf, Ton zu brennen? Vielleicht brachte ihm ein Zufall diese Entdeckung wie im

Großen Brand:

Gunto wurde ein alter Mann. Längst hatten alle vergessen, daß er das früheste Einkorn vermehrt hatte. Seit er nicht mehr selber die Erde harken und Weidenpfähle in den harten Boden schlagen konnte, saß er vor dem Grubenhaus und flocht Körbe aus Weidenruten.

Die Sippe wuchs. Mehr Vorräte für die Schneezeit verlangten mehr Behälter zur Aufbewahrung in den Speichergruben. Die Ledersäcke für die Körnerernte, die man bisher verwendete, lehnten im Herbst prall in den Speichern. Doch dann kamen die Mäuse in Massen, bissen die Lederhaut durch und schmälerten die Vorräte in den Gruben.

Gunto sagte eines Tages: »Streicht die Körbe dick mit Lehm aus und trocknet sie in der Sonne. Wenn er hart wie Stein ist, bleiben die Körner vor dem Mausfraß geschützt!« Gunto flocht die Körbe kugelig mit einer so engen Öffnung oben, daß er eben nur mit der Hand hindurchgreifen und die dicke Lehmschicht innen auftragen konnte. Einen Sommer lang lehnten sie dann trocknend an der Sonnenwand des Großhauses über den Wohngruben. Gunto sang dabei:

>»Du da oben,
>ich sehe dich nicht, der Einkorn vermehrt,
>ich sehe dich nicht, der Kälbchen erweckt,
>ich sehe dich nicht, der die Sonne heizt.
>Du schenkst uns das Wasser,
>du schenkst uns das Feuer,
>du schenkst uns die Erde.«

Der Alte schaute weit zurück in seinem Leben. Wenn er die Winter zählen wollte, müßte er dazu immer wieder alle Finger der Hände aufheben, und die Zahl, die dann herauskam, besaß keinen Namen mehr.

Nachts lag er allein in der Wohngrube. Die jungen Leute tanzten um ein hohes Feuer auf dem Platz. Gunto roch den Sturm hinter den Wolken. Er wollte hinaus und warnen – da versagten ihm auf einmal die Beine. Er lag stöhnend vor Angst in der Grube. Der Sturm sprang unerwartet in das Feuer. Er blies Glutzweige auf das Dach aus Schilf.

Und die Feuerzungen liefen wie Wasser das Dach entlang, sie tropften ins schwarze Innere, daß die Holzspangen, die das Dach trugen, vor Glut barsten.

Die jungen Leute versuchten durch den niedrigen Eingang zu kriechen, doch drinnen vertrieb sie die Glut, ehe die Vorräte gerettet wurden. Die Mütter drückten angstvoll die Kinder an sich. Wie gut, daß auch sie dem nächtlichen Tanz noch zugesehen hatten. Im Großhaus war niemand zurückgeblieben. So meinten alle.

Das Feuer fraß alles – das Dach und sein Gerüst, die Strohlager der Wohngruben, die Vorräte in der Speichergrube, sogar das Geflecht der Weidenkörbe verglühte, in denen das Korn aufbewahrt lag. Das Korn darin verröstete zu schwarzem Zunder.

Die Jungleute fanden selbst Gunto nicht mehr. Er war mit der Glut des Strohs zu Asche verbrannt. Er war für immer fort.

»Der Große dort oben hat ihn aus dem Feuer gehoben – Gunto hat auch mit ihm reden können!« sagten die Donauleute.

Sie räumten die auskühlende Asche fort, säuberten die Wohngruben, die – eine neben den andern – hüfttief in den gelben Löß geschnitten waren, und beschlossen, über diese wieder ein gemeinsames Dach zu bauen. Nichts war mehr übriggeblieben – bis auf die Lehmauskleidung der Weidenkrüge und den großen Lederbeutel.

Sie klopften daran – es klang wie dünnwandiger Stein – und leerten dann das verkohlte Korn aus. Bevor sie die sonderbaren Gefäße fortwarfen, sagte einer »Es ist schade um sie, füllen wir sie wieder mit Korn!« Die Gefäße standen wieder eine Schneezeit lang in der Grube. Als mit der neuen Wachstumszeit das Korn in den Krügen zu Ende ging, war es nicht wie sonst in den ausgestrichenen Weidenkörben verschimmelt und ungenießbar geworden. Kein Mausfraß und kein Verderb hatte die Vorräte erreicht. Die Krüge blieben klingend hart.

»Der große Brand hat das geschafft!« sagte Angu, der neue Altvater der Sippe.

»Wir stellen auch die neuen Körbe in das Feuer!« sagten sie erfreut, von einem neuen, unerwarteten Einfall bewegt. Sie sahen zu, wie im großen Feuer das Gitter des Weidengeflechts verkohlte, in das man immer noch die Lehmform strich. Der Ton härtete sich und ergab einen hellen Klang, wenn man daran klopfte. Die steinharten Gefäße widerstanden dem nagenden Getier und selbst der Zeit. Wie lange hatte es einst gedauert, Steingefäße auszuhöhlen! Jetzt gelang es den Donaulandbauern, Lehm zu Stein zu härten, wenn man ihn brannte.

Ahnungslos war ein Tor aufgestoßen worden, das aus der Steinzeit in ein neues Zeitalter hinausführte – in das Keramikum, die Kultur des gebrannten Tons . . .

8   Donauländischer Kumpf (Linearkeramik), Poysdorf, NÖ.

Der donauländische »Kumpf«

Da gerade im Donauraum des heutigen Österreich eine eigenständige rege Töpferkunst durch Funde nachgewiesen werden konnte, schuf die Wissenschaft den Begriff »Donauländische Kultur«. Sie verbreitete sich nach Osteuropa, Schlesien und bis an den Rhein.

Die ersten Gefäße aus Ton wurden den kugeligen Behältern aus Leder nachgeformt. Der donauländische »Kumpf« war noch henkellos und mit engem Mundsaum. Die lineare Verzierung war mit einem Knochengriffel geritzt. Nach der Dekorationsart spricht man von einer Spiral-Mäander-Keramik. Später wurde das nur eingeritzte Muster in Farbe aufgemalt. Rote, braune und weiße Farben gaben den Gefäßen Ausdruck und Leben.

Die »Donauländische Kultur« wurde im späten Keramikum von der Badener Kultur, benannt nach den schönen Funden in der Königshöhle bei Baden, abgelöst. Es handelt sich dabei um kannelierte Keramik. Bauchige Henkelgefäße, hochhalsige Henkeltassen und Krüge, aber auch große, weite Schüsseln tauchen nun auf, die kannelierten Innenschmuck tragen.

9 Donauländischer Kumpf (Stichbandkeramik), Fels a. Wagram, NÖ.

Seit der donauländische Mensch Bauer geworden ist, tauchen auch neue Formen des Schmucks auf. Wer seßhaft ist, nähert sich der Lebensweise der festverwurzelten Pflanze. In seinen Symbolen für das Leben werden auf einmal Saat und Korn, Ernte und Tod bedeutsam. Der Bauer hauste in einer lebenslangen Stille und – nach den Spuren, die die Erde freigibt – in einem tausendjährigen Frieden. Durch viele Sagen, die noch heute bekannt sind, geistern die Schilderungen eines Goldenen Zeitalters des Friedens ohne Krieg, Mord und Raub. Vielleicht sind sie späte Erinnerungen an jenen glücklichen Äon, der Jahrtausende währte.

Wanderung durch das Totenreich

Was aber geschah mit dem Menschen nach seinem Tode? In den Großdörfern auf der Lößlandschaft des heutigen Weinviertels waren weite Friedhoffelder außerhalb der Ortschaften angelegt. In der Zeit des Keramikums wurden die Toten bekleidet und in einer Stellung, als hätten sie sich zum Schlafen

10 Gefäße der Kultur der bemalten Keramik (3000 bis 2400 v. Chr.).

hingelegt, in geringer Tiefe in der Erde begraben. Ihr persönliches Gut, das sie im Leben besessen und verwendet hatten, wurde ihnen zur Seite gelegt, so auch verschiedene Tongefäße. Wir könnten das als ein Zeichen auffassen, daß diese Menschen an ein Fortleben nach dem Tode oder wenigstens an eine weite Wanderung in ein unbekanntes Totenreich glaubten, auf der sie noch des Geräts und der Nahrung bedurften. Später wurden die Toten in hockender Stellung beigesetzt. Nicht völlig zu erklären sind jene Bestattungen, bei denen der abgetrennte Schädel an einer anderen Stelle als der Körper begraben wurde. Auch Brandgräber tauchen zu Ende des Keramikums auf.
Eine neue Unruhe nach dem 3000jährigen, kaum veränderten Kulturzeitraum kündigt sich mit diesen Zeichen an. Was hatte sie ausgelöst und geweckt? Neue Materialentdeckungen? – Ein neues Volk?

34

4 Kupfer, der plastische Stein

Schon die Steinzeitmenschen hatten ihre Rohstoffsorgen: Männer, die ständig unterwegs waren, den harten Hornstein oder Obsidian für die benötigten Steinwerkzeuge zu suchen, fanden immer weniger davon. Aus der Not folgte eine neue Entwicklungsstufe, aus dem Steinsucher wurde der

Metallsucher.

Es war bereits dunkle Nacht. Auf dem weiten Platz der Großsiedlung oberhalb des steilen Flußufers des Inns brannte ein Feuer und beleuchtete die starren Gesichter. Im Kreis der Dorfleute saß Hatti, der Steinsucher. Eben erschien der Steinhauer von jenseits des Flusses im Kreis. Der Dorfälteste hatte befohlen, ihn mit dem Einbaum herüberzubringen. Er genoß als Meister im Steinbehauen großes Ansehen.
Auf einer geflochtenen Bastmatte im Kreis lag ein braun schimmernder, faustgroßer Stein. Schon jeder hatte ihn mit der Hand befühlt. Er wirkte nicht viel anders als ein abgeschliffener Kiesel, aus dem nächsten Bachbett gehoben. Vielleicht war seine Oberfläche noch glatter. Doch er besaß eine Eigenschaft, die noch niemand an einem Stein entdeckt hatte: Schlug man mit dem Steinmeißel auf ihn, splitterte nicht ein Stück von ihm ab, sondern es buchtete sich eine leichte Delle ein.
Hatti begann zu erzählen: »Weil ich in der Grube an der Schwemmhalde, drei Tageswanderungen tief im Bergland, keine Braunsteine mehr fand, ging ich über zwei Berge weiter. Der kleine Bach im neuen Tal verlockte mich, in seinem Bett gegen die Quellen hin aufzusteigen. Wo sich zwei Wasserläufe trafen, war der Berghang abgerutscht, da fand ich diesen Stein. Du kannst ihn strecken, biegen, breit und dünn klopfen!«
Der Meister starrte auf Hatti. »Was sagst du da – strecken, biegen – einen Stein?« Eine Ahnung stieg ihm auf, unerhört, die alles umstürzte.
Er sagte nichts mehr und stand auf. »Gib mir den braunen Stein mit und komm morgen!« Hatti saß noch wie betäubt, hörte unten am Fluß das Ruder des Einbaums klatschen und dachte nur: Der neue Stein – was bringt er mir, Gutes oder Böses?

Als am Morgen die Sonne über den Fluß stieg, stand Hatti in der Werkstätte des Steinhauers. Der Meister zog die Tür hinter ihm zu. »Du sollst von jetzt an bei mir wohnen!« sagte er.

»Bei dir?« wunderte sich der Steinsucher. »Warum?«

»Kein Mensch darf unser Geheimnis erfahren!« Der Meister zog ein Tuch von der Werkbank. »Das hier! Nur wir zwei dürfen davon wissen – bis ich alle Steine aus dem fremden Tal besitze!«

Hatti starrte auf ein handbreites Flachbeil mit einer fein geglätteten Schneide. Die Leute am Fluß besaßen nur Beile aus Stein. Für die Bearbeitung eines Steinbeiles brauchte der Meister eine Woche.

»Ich habe in einer Nacht dieses Beil aus deinem Wunderstein geschlagen! Weißt du, was das für mich bedeutet? Zehnmal so rasche Arbeit, zehnmal soviel Lohn!«

Hatti atmete auf. »Du bist zufrieden mit dem weichen Stein?«

»Gehen wir gleich, wir müssen alle Steine finden, kein anderer Steinhauer darf von dem Ort erfahren!« war die hastige Antwort.

Diesmal umging Hatti sogleich die ansteigenden Höhen zweier Täler. Sie wanderten den Fluß entlang aufwärts und erreichten am Abend die Stelle, wo der Bach über ein hohes Felsband mit härterem Gestein stürzte. Sie kletterten längs des Wassersturzes empor. Das Tal oben war völlig menschenleer. Dennoch ließ der Meister kein Feuer anquirlen, damit nicht ein später, zufällig vorüberkommender Jäger die Feuerstelle fand. Sie hackten Äste ab, legten eine hohe Laubschicht darüber und wickelten sich in die Lammfellmäntel. Sie froren dennoch die ganze Nacht. Wolfsgeheul und Uhuschreie ängstigten Hatti.

»Die braunen Steine, wo liegen sie?« war die erste Frage des Meisters am Morgen.

Sie erreichten die Stelle im Sand, wo der braune Stein gelegen war. Der Meister blickte gierig um sich. »Hier der große Braunstein, dort wieder, da, da!« Seine Stimme überschlug sich. »Wir lassen keinen liegen, hörst du!« keuchte der Meister.

Er trieb den Steinsucher wie einen Sklaven vor sich her. Bis zum Abend trugen sie Braunsteine in das Versteck einer Bergkluft.

»Der Berg liefert mir Material für Jahre!« frohlockte der Meister. »Kein anderer darf ihn finden, keiner!«

Eine kalte Herbstnacht fiel über das Bergland herein. Sie hatten ihr Laublager vom Vorabend aufgesucht. Der Meister gab Hatti mürrisch von seinem Vorrat aus getrocknetem Fleisch. Er war ganz in Gedanken versunken und schaute manchmal unauffällig von der Seite auf den gedrungen-kräftigen Steinsucher.

»Es wird kalt!« sagte er endlich. »Dort drüben liegt noch viel Laub – wir müssen uns wärmer betten!«

Er ging voraus, und auch Hatti erhob sich noch einmal vom Lager und sprang hüpfend von Stein zu Stein über den Bach. Am besten gelang dies knapp neben dem Wasserfall.

Sie stopften die Ledersäcke voll Laub und trugen sie zurück zum Lager. Der Meister befühlte es. »Gehen wir noch einmal!«

»Es ist so dunkel, ich fürchte mich!« zögerte Hatti. Der stäubende Aufprall des Wassers in der Tiefe rauschte dumpf.

»Du siehst doch die großen Steine über dem schwarzen Wasser!« lachte der Meister. »Ich geh' dir voraus!«

Sie gelangten sicher hinüber. Über den Boden tastend, füllten sie die Laubsäcke.

»Geh voraus, mein Sack ist erst halb voll!« sagte der Steinhauer zu Hatti.

Hatti trat hinab. Die Bachsteine sah er nur verschwommen, dazwischen glurrte schwarzes Wasser. Er stand hart am Wasserfall, er zögerte vor dem nächsten Sprung. Ein Stoß von hinten traf ihn jäh. Er schwankte, bevor er nach vorne fiel. Ein kurzer Schrei, ein bewegter Schatten über dem Abgrund – vorbei!

Der Meister fand die ganze Nacht keinen Schlaf. Am Morgen stieg er hinab. Die Leiche trieb noch im Kessel des Wasserfalls im Kreis. »Du wirst schweigen über den Fund!« stöhnte er mit unterdrücktem Entsetzen. – –

Eine neue Zeit stieg herauf – mit dem ersten Metall, an dem der Todesschrei seines Entdeckers hing ...

Die neue Entwicklung

Der Mensch der ausgehenden Jungsteinzeit um etwa 2000 v. Chr. entdeckte das Kupfer gediegen in Nuggetform. Vielleicht war es nur Zufall, daß er nicht schon früher auf der Suche nach dem geeigneten Stein für die Schaffung der Werkzeuge auf dieses Metall gestoßen war, das im Vorderen Orient bereits bekannt war. Aus dem Abstand von viertausend Jahren gesehen, verwandelte die Entdeckung des ersten Metalls das Leben der Menschen unserer Landstriche neuerlich so sehr wie jene Zeit, als aus dem Jäger ein Pflanzer geworden war.

Die Bewohner der Donaulandschaften hatten nach und nach auch die Vorberge der Alpen besiedelt. Die Keramikfunde in den Gräbern zeigen die Richtung der Ausbreitung. Vielleicht wurde das erste Kupfer annähernd gleichzeitig an verschiedenen Orten gefunden und zunächst mit dem Hammer bearbeitet.

Sogleich setzte auch der Handel mit Geräten aus Kupfer ein. Nach heutigen spektralanalytischen Proben stammen die ersten drahtartigen Ringe und ein zweischneidiges kupfernes Lochbeil mit dem Fundort Zwerndorf an der March von Kupfer aus den Karpaten. Es weist eine andere chemische Struktur auf als das alpine Kupfer, das ebenfalls bald auftritt.

Bald setzte eine gezielte Suche nach dem plastisch formbaren Stein ein. Metallsucher wagten sich in die tieferen Alpentäler, wohin seit dem Ausgang der Jägerkulturen selten mehr ein Mensch gekommen war. Ihnen folgten Siedler, Hirten, Bauern, die auf neu bebaubares Land hingewiesen wurden. Dem Schmied enthüllte das Kupfer bald eine neue Eigenschaft: Es erwärmte sich stark unter dem Schlag des klopfenden Hammers. Das führte zu dem Versuch, diesen Werkstoff auch künstlich zu erhitzen. Dabei wurde er formbar wie Wachs! Dies erst brachte die Metallsucher auf den Gedanken, das dunkelglänzende Erz, das stets in der Nähe der gefundenen Kupfernuggets auftrat, auf dem Weg über das Feuer aus dem rötlichen Stein zu schmelzen.

Kupferbergbau in den Alpen

Wer könnte die vielen untauglichen Versuche zählen, bis die erste Schmelze des reinen Kupfers aus dem rötlichen Gestein gelang? Diese Erze enthalten meistens Spuren vieler anderer Metalle: Silber, Eisen, Mangan, Nickel, Blei, Zinn, Zink, auch Gold und sogar Quecksilber. Alle diese Metalle, mit Ausnahme des Goldes, das auch bereits wie das Kupfer als Nugget gefunden wurde, blieben dem Menschen noch lange fremd.

Kupfer wurde zunächst auf höchst einfache Art aus dem anstehenden Erz ausgeschmolzen. Man legte unter dem ausstreichenden Lager aus Kupferkies eine tiefe Grube an und füllte diese mit Holz. Von der Höhe herab stieß man Löcher bis in die Höhlung für den Rauchabzug. Tagelang brannten die Schmelzfeuer. Wenn die Hitze den Schmelzpunkt des Kupfers (1100 Grad) überstieg, floß das Kupfer aus dem Kies und blieb auf dem Grund der Höhle in tropfenartigen Klumpen liegen. Daß die Ausbeute sehr gering blieb, zeigen die großen Schlackenhalden an den Stätten des alten Kupferbergbaus bei Schwaz in Tirol, um Hochfilzen, am Pongauer Götschenberg, in den niederösterreichischen Voralpen und noch anderen Orten. Sehr bald schon wurde der Abbau des Kupfers durch Stollen und Schächte in den Berg hinein vorgetrieben. Es entstand ein neuer Beruf, der des Bergmanns.

Die bäuerliche Kultur am Ende der Steinzeit kannte nur Gleiche unter Gleichen. Was ein Bauer dem Boden abgewann, verbrauchte er auch selbst. Keiner konnte Reichtum erwerben und sich damit über die anderen emporheben. Mit dem Beginn des Kupferbergbaus, der nicht mehr von einer einzigen Familie betrieben werden konnte, entstand der erste Unternehmer, der Arbeiter für den Bergbau anwerben und ausbilden mußte. Damit stieg sein eigener Arbeitsertrag und Gewinn. Zum erstenmal tauchten in Bergbaugebieten Fundstücke von Goldschmuck auf.

11 Frühbronzezeitliches Hockergrab, Großweikersdorf, NÖ.

Zugleich mit dem Kupferbergbau tritt der Reichtum einzelner Bergherren auf. Reich war erst ein Mensch, der den Überfluß seines Besitzes in unvergänglichen Werten anlegen konnte – das waren damals gegossene Kupferbarren, die ähnlich den Goldbarren in den Safes heutiger Banken in geheimen Depots gelagert wurden. Mehrere Kupferdepots wurden bei neueren Erdaushebungen aufgedeckt. Der Schatz hatte viertausend Jahre lang im Boden geruht.

Ausdruck von Reichtum und Luxus war der kunstvolle Goldschmuck, den die Gräber freigaben. Wohlhabend konnte sich auch der Bauer der zu Ende gehenden Steinzeit fühlen, dessen Vorratsspeicher gefüllt waren und dessen Familie nicht mehr die Hungersnot bedrohte. Seine Geräte und Tongefäße verraten, daß er an sie in der Ausführung und künstlerischen Ausschmükkung höhere Ansprüche stellte. Wie hoch war er nun schon emporgestiegen über seinen Vorfahr, den unsteten Jäger und Sammler, der ständig am Rande des Hungers und unter tödlichen Umweltgefahren leben mußte!

12 Doppelhenkelgefäß, frühe Bronzezeit, Hainburg, NÖ.

Die ersten Indogermanen an der Donau

Um 2000 v. Chr. tauchen neue Menschen in den Donauländern auf. Den Nachweis dafür erbringt die andere Form der Totenbestattung. Die großen Dorffriedhöfe, in denen flach gebettet ein Toter neben dem andern liegt, werden ergänzt von Gräbern ganz anderer Art. Schon die Hockergräber, in denen der Tote sitzend begraben und ein niedriger Erdhügel über ihn gewölbt wurde, zeigen neue Einflüsse.

Das unkriegerische Bauerntum dieser Epoche wurde von einem neuen Volk überschichtet, das härter, kühner, unternehmender war. Erst diese Tatsache erklärt auch die überraschend schnelle Ausbreitung des Kupferbergbaues.

Wahrscheinlich geschah die Unterwerfung der alten Bauernvölker ohne große, blutige Umwälzungen. Was hätten die friedlichen Dorfsippen den fremden Scharen auch entgegensetzen können? Bisher waren die Siedlungen weder durch Umwallungen noch durch gesicherte Höhenlagen geschützt gewesen. Allmählich änderte sich das.

Die Fremdlinge brachten ein neues Haustier mit – das Pferd. Plötzlich taucht in der Keramik jener Zeit auch der Wagen auf. Das Pferd kam als Reittier, der Wagen als Prunkgerät und Zeichen der Vorherrschaft. In einem Steinsarg lag als wichtigste Beigabe die Streitaxt. Dies alles sind Zeichen anderer Menschen mit neuen Gesinnungen, die den Alteingesessenen ihren Willen aufzwangen. Das Pferd als Reittier weist auf die Steppen nördlich des Schwarzen Meeres hin. Der neue, kühn erobernde Mensch scheint indogermanischer Abstammung zu sein. Zum erstenmal erscheint diese Völkergruppe, die der eigentliche Wandler in der neuen Geschichtsperiode Europas wird. Der Raum Österreich, im Herzen Europas liegend, war bald in diesen Wandel mit einbezogen.

Der erste indogermanische Menschenschub, für den die Wissenschaft keinen eigenen Volksnamen bereit hat, kam auf dem Umweg über den Norden in die Donaulande. Die Keramik trägt nun andere Symbole. An den dunkel gebrannten Henkeltöpfen tauchen tiefgestochene Sonnenräder und Zickzackbänder auf. Auch klein modellierte Haustiere und Idolgestalten aus Ton finden sich nun.

Höhensiedlungen als Schutzbauten

Ein anderer Beweis für eine heraufkommende kriegerische Zeit sind die erstmals nachweisbaren Siedlungen auf Hügeln und Höhen. Sie sind längs des ganzen Alpenostrandes zu finden. Schutz vor Überfällen muß plötzlich notwendig geworden sein.

Hochgelegene Siedlungen mit reichen Funden aus der Zeit des Kupferbergbaus sind auch im Innern der Alpen aufgefunden worden. Zu den bekanntesten zählen der Rainberg in Salzburg und der Götschenberg im Pongau, die Hauptsiedlung des Kupferreviers von Mitterberg.

Die Gestaltung der Steinwerkzeuge hatte ihre letzte Höhe erreicht. Feuerstein, eine der härtesten Gesteinsarten, wurde unter dem neuen Kultureinfluß aus dem Norden mit einem Gemisch von Gneissand und Wasser geschliffen, bis seine Schneide die Schärfe eines Rasiermessers erreichte. Mit dem Schliff – nicht mehr wie in alten Zeiten durch Steinabschlag – gelang eine Vollendung der Werkzeuge und Waffen, wie wir sie uns nur noch aus Metall vorstellen können. Letzte Ausformungen sind der gekrümmte Fischschwanzdolch, krummgeschliffene Sicheln, geschärft für den Kornschnitt. Pfeilspitzen aus Feuerstein wurden mit Widerhaken versehen.

Sehr bald schon walzten Schmiede Kupfer dünn wie Draht aus und wickelten

13   Sicheln, Urnenfelder-Kultur 1200–800 v. Chr.

ihn zu Ringspiralen. Dünne Nadeln und Nähahlen mit Ösen aus Kupfer
halfen zur Verfeinerung der Kleidernähte mit.
Als Kleidung trug die Frau dieser Zeit ein eng angepaßtes Hemd und darüber
einen wollenen Kurzrock. Der Mann kleidete sich in enge Röhrenhosen,
einen Überwurf aus grob gewebter Wolle und eine Lederhaube. Die Füße
steckten in Ledersocken.
Sehr rasch nach dem ersten Auftreten scheint die indogermanische Herrenschicht im eingesessenen Volk der Donaulande eingeschmolzen zu sein.
Doch der Impuls des Wandels in der Lebenshaltung wirkte fort. Ein neues
Licht an Erkenntnissen war entzündet: Die Metallzeit begann.

5 Das Jahrtausend der Bronze

Die Kenntnis der Bronzegewinnung aus Kupfer und Zinn kam um 1800 v. Chr. aus den Hochkulturen des Orients, dem Hethiterreich und Ägypten, nach Europa. Die frühe Bronzezeit nach 1800 lebte noch von den Traditionen der Steinzeit mit den kennzeichnenden Hockergräbern. Die mittlere hieß auch Hügelgräber-Bronze und brachte Wirtschaftsaufschwung und Luxus. Merkmal der späten Bronzezeit waren Brandbestattung und Urnengräber. Eine neue Geisteshaltung kündigte sich in Europa an.

Das neue Metall weckte zu seiner Formung reiche schöpferische Kräfte. Keine Mitteilung über die Zeit zwischen 1800 bis 1000 v. Chr. kam aufgezeichnet bis zu uns herüber. Die Forscher mußten aus den Funden lesen, die im Boden bewahrt waren. In unseren Museen finden sich viele Gebrauchs- und Schmuckgegenstände aus diesen Grabungen.

Bronzebarren wurden zum allgemeinen Tauschmittel. Die Händler waren die ersten Abenteurer der Welt. Als Boten ferner, nie gesehener Länder genossen sie überall Ansehen und Schutz.

Bronze macht reich:

Im Einbaum, der der Flotte über den Mondsee vorangefahren war, stand Etto, der Bronzehändler. Der Umhang aus gewalkter Wolle wurde von einer breiten, leuchtenden Metallschließe zusammengehalten. Auf der Lederhaube schimmerte ein breitgehämmerter Goldschmuck. Graues, langes Haar umschloß ein scharfgeschnittenes, energisches Gesicht.

Die Pfahlbauleute neigten sich vor dem Händler wie vor ihrem Herrn. Weißkopf, der Älteste, sagte: »Dein Gut liegt bei uns überall sicher, Etto!«

Während die Bronzeringe, in längliche Lederpacken eingeschnürt, aus den Einbäumen auf den Bohlenrost gehoben und in die Blockhütte getragen wurden, mischte sich Andron unter die Helfer. Er fühlte unter seinen Händen die harten, leise klirrenden

Ringe aus Bronze. Im geeigneten Augenblick trat er neben Etto: »Wer mit dir reisen könnte, Herr!«

Der Händler musterte den sehnigen Burschen. Andron hatte wasserblaue Augen, genau wie er selber, das nahm ihn für ihn ein. Er sagte zu. Androns Herz hüpfte vor Freude.

Etto rief ihn am Morgen zu sich auf den Einbaum. »Kannst du zählen?« fragte er.

Andron hob die Hände und lachte. »Soviel du willst!«

»Und die Zahlnamen über neun hinaus?«

Diese kannte er nicht. Geduldig sprach Etto sie ihm vor, während sie über den Attersee fuhren, bis Andron sie behielt. Er lehrte ihm auch zu- und wegzählen, sogar vervielfachen, indem sie die gleiche Zahlenmenge nebeneinander stellten. Andron ging eine neue Welt auf – Zuschlag, Umsatz, Gewinn! Gewinn – was war das? Vermehrte sich die Ware?

»Ihr Tauschwert steigt, je weiter ich sie vom Erzeugungsort fortschaffe. Er steigt um mehr, als ich den Knechten und Schiffern für die Arbeit Lohn gebe! Aber ich riskiere auch mehr als die Bauern am See!« sagte Etto.

Nach drei Tagen lag die Fahrt auf den Einbäumen hinter ihnen. Ein breites Floß trug sie auf einem schäumenden Bergfluß (Ager) abwärts. Andron bewunderte die waghalsigen Flößer. Das schwarz gurgelnde Wasser ängstigte ihn ein wenig. Der größere Fluß (Traun), auf den sie trafen, hatte Sandbänke und tückische Wirbel. Das Floß glitt rasch flußabwärts. Von jetzt ab lagerten sie jedesmal an menschenleeren Ufern, deren Umgebung sie zuerst erkundeten. Ein Floßknecht wachte.

Später strömte der Fluß langsamer, zurückgestaut von dem breiten Strom, der Donau, in den er mündete. Die Flößer stakten nahe am Ufer entlang, als suchten sie eine bestimmte Stelle. Wo hoch über dem Wasser eine schmale Höhle im Überhang des festgewordenen Schotters zu sehen war, hielten sie an. Sie fingen an, die Bronzebarren bis auf einen Sack auszuladen. Sie versteckten sie dort oben – warum nicht in einer Lagerhütte wie bei den Pfahlbauern am See?

»Die Bauern sind ein altes Volk, ehrlich und treu!« klärte ihn Etto auf. »Den Händlern und Schmieden, die wir bald besuchen, will ich aber nicht mehr anbieten, als sie eintauschen können. Zuviel Bronze senkt ihren Wert!« Die Großsiedlung am Strom öffnete Andron die Augen über den Glanz dieser um vieles reicheren Welt. Die Frauen der Handwerker trugen an Armen und Beinen schweren Bronzeschmuck. Er sah zum erstenmal Pferde und ein ihm gänzlich neues Gerät – einen Wagen! Er beförderte mehr, als zwanzig Menschen tragen konnten.

Sie saßen zum Abend im Haus des Händlers. »Wo hast du die Barren, die du versprachst?« fragte er Etto.

Der Gast blinzelte. »Zeig mir erst die wasserhellen Steine für den Schmuck der schönen Frauen!« Als der andere fragend auf Andron blickte, war die Antwort Ettos: »Dem kannst du vertrauen!«

Der Händler wies einen Beutel voll tropfenheller Perlen vor. In einer war ein winziges Insekt eingeschlossen – es war Bernstein aus dem unendlich fernen Nordmeer.

Als sie nach abgeschlossenem Handel aus dem Haus des Händlers traten, war es dunkle Nacht. Schwerer Regen schlug herein, der Sturm riß an den wilden Apfelbäumen, und die Hütten standen schwarz und stumm an ihrem Weg. Andron hielt die Hand am Bronzedolch, den ihm Etto geschenkt hatte. »Für den Fall, daß du mich einmal beschützen mußt«, hatte er damals gesagt.

In der Hütte griff sich Etto an die Brust. »Erschöpft bin ich von der langen Handelsreise; vier Wochen unterwegs. Wäre ich doch schon daheim auf dem Götschenberg! Aber höre mir jetzt gut zu:

Nordwärts am Salzfluß (Salzach) entlang liegen bis an den großen Strom (die Donau) drei Bronzedepots in Erdgruben und Höhlen. Sobald der Winter vorüber ist, mußt du hinreisen, sie heben und verkaufen. Zinn tausche gegen die Bronzebarren ein, hörst du! Die Kupferbergleute brauchen Zinn als Zusatz bei der Schmelze. Laß dich aber immer von deinen Knechten bewachen!« Dann beschrieb er ihm die Lage der Bronzedepots noch genau.

Andron befiel Unbehagen. »Warum sagst du das jetzt, Herr?«

»Mein Herzschlag ängstigt mich – der kalte Schweiß!«

»Morgen wird alles besser sein, Herr! Du setzt dich auf ein Tragtier, ich führe dich heim zu deinen Bergen!« Er ist wie ein Vater zu mir, dachte Andron. Er wird mich nie mehr von sich schicken. Er hat auch die Flößer gut entlohnt. Sie hatten sich für ihren Lohn Webstücke eingetauscht. Sie schliefen irgendwo am Fluß. Andron horchte auf das Windheulen – Geister, Dämonen? – –

Der Morgenwind fuhr übers Dach, als er erwachte. Er erhob sich und trat hinaus. Der Händler kam ihm schon durch den knöcheltiefen Schlamm der Dorfstraße entgegen. Es war beschlossen, gemeinsam die Bronzebarren einzubringen – vom Lande, nicht vom Wasser aus.

»Mein Herr schläft noch!« sagte Andron.

»So weck ihn! Vor mir liegt noch ein weiter Weg jenseits des Stroms!« drängte der Händler.

Andron trat mit ihm in die Hütte. Er rüttelte Etto leicht. »Herr . . .!« Da brach ihm die Stimme. Er beugte sich nieder, hob den hinabgesunkenen Arm, er fiel haltlos zurück.

Da stand der fremde Händler neben ihm. Er berührte die Augen Ettos, die offenstanden. »Tot!«

Etto zeigte keine Verletzung, sein Gesicht keinen Todeskampf. Der Händler konnte daher bezeugen, daß nicht sein junger Begleiter den reichen Bronzehändler getötet hatte. Sonst wäre Andron noch am gleichen Tag vom Gericht des Dorfältesten dem Tod überantwortet worden.

»Du bist sein Erbe – unser Handel gilt noch!« sagte der Händler am Strom. Bronzebarren und Bernstein wechselten die Besitzer. Andron nähte die wasserhellen Schmuckperlen aus Harz in sein Wams aus Leder ein. »Gib acht – du bist jetzt reich!« hatte ihn der Händler zum Abschied gewarnt.

Die Knechte Ettos bezeugten im Ort auf dem Kupferhügel im Gebirge Ettos Sterben. Andron wartete auf den Frühling und ging längs des Salzflusses nach Norden. Er fand das erste Bronzedepot mit dreihundert Bronzebarren, das zweite und dritte aber nie mehr, so lange er auch suchte. Die Bronze machte Andron dennoch reich. Das zweite Bronzedepot wurde fast viertausend Jahre später aufgefunden. Das dritte ruht noch heute in seinem Erdversteck irgendwo am unteren Inn – Ettos Schatz!

Die ältesten Straßen Österreichs

In jener Zeit des Auftretens von festen Handelsverbindungen erscheint kein Weg zu weit und lockt das fernste Ziel, wenn es nur Gewinn verspricht. Zinn wird in den Sudeten, in Spanien und in England geschürft. Es wandert auf Handelspfaden durch Europa bis in die Alpen, wo es mit dem Kupfer, das dort reichlich gefunden wird, die hochwertige Bronze ergibt.
Bernstein ist das Harz aus Kiefern, die im Tertiär vor 5 Millionen Jahren die nordischen Länder dicht bedeckten. Das ausfließende hellgelbe Harz sammelte sich im Boden zu Tropfen, die jeder Natureinwirkung standhielten. Meere bildeten sich über den Landschaften, und heute noch wird Bernstein an den Flachküsten der Ostsee, besonders im ehemaligen Ostpreußen, ausgeschwemmt.
Bernstein wurde in der Bronzezeit als begehrter Schmuck durch ganz Europa verfrachtet. Zwei der berühmtesten Bernsteinstraßen führten durch das heutige Österreich. Die eine begann an der Mündung der Elbe in die Nordsee. Sie folgte dem Strom aufwärts nach Böhmen, entlang der Moldau über den Böhmerwald nach Passau, den Inn aufwärts bis zur Brennerstraße in Tirol und längs des Eisack und der Etsch bis zum Adriatischen Meer bei Venedig.
Die östliche Bernsteinstraße ist jünger. Sie kam aus der Weichselmündung in die Ostsee über die Flußtäler der Oder und March an die Donau und erreichte die Adria bei der später berühmt gewordenen Stadt Aquileja.
Zusammen mit dem Kupfer gab es auch die ersten Funde von Schwemmgold in den Alpen. Gold faszinierte als Schmuckmetall die Frauen der frühesten Reichen. Bald arbeiteten neben den Bronzeschmieden auch kunstfertige Goldschmiede. Als Handelsware wurde das Gold in Spiraldrähten unauffällig unter den Kleidern an Armen und Beinen transportiert. Grabfunde aus der Bronzezeit bewahrten edelsten Goldschmuck bis in die Gegenwart.
Der weitaus zahlreichere Schmuck, der für jeden erschwinglich war, entstand aus Bronze. In Pitten in Niederösterreich trug ein Bestatter einen breiten Brustschmuck mit eingeritzter Linienverzierung. Man fand Schmuckschei-

14   Bronzediadem mit Nackenstütze (1450–1200 v. Chr.), Pitten, NÖ.

ben, die in einen Stachel ausliefen, Armringe und spiralige Fingerringe sowie
Ohrgehänge mit ausgelegtem Bernstein. Besonders beliebt waren kleine
Perlen aus blauem Glasfluß. Die »Glashütte« stand wahrscheinlich bei Vol-
ders in Tirol. Die blaue Farbe entstand durch Zusatz von Kupfer aus dem
Schwazer Kupferbergwerk. Die gleichen Glasperlen tauchten in Urnengrä-
bern um Wien auf, ebenso in Italien bei Ancona. Ein geschlossenes Handels-
netz verband alle diese Orte.
Von Mitterberg im Pongau, einem Bergbauzentrum der Bronzezeit, strichen
Handelsstraßen nach Norden und Süden aus. Die salzachabwärts führende
Richtung gabelte sich in der Gegend des heutigen Salzburg. Der Rainberg,
ein nach allen Seiten abfallender Felsstock, wird ein wichtiger Umschlag-
platz. Der Verlauf des flußabwärts bis an die Donau führenden Pfades ist
durch mehrere bronzezeitliche Depotfunde belegt.
Am Ufer des Inns stand um jene Zeit der Hof eines Großherrn, der durch
einen dreifachen Ringgraben geschützt war. Ausgrabungen brachten zutage,
daß es einen heftigen Kampf um diesen befestigten Ort gegeben hatte. Die

Lücken in den Wällen, an denen die Tore standen, gaben Schleudersteine, Pfeilspitzen und Schilde frei. Übereinander gelagerte menschliche Knochen wiesen auf ein grausiges Gemetzel hin. Wahrscheinlich hatte dieser Angriff einem Bronzelager gegolten. Wer genug Bronze besaß, der konnte alle Reichtümer der damaligen Welt erwerben.

Eine zweite Straße führte ostwärts in das Land der Seen des heutigen Salzkammergut. Flüsse und Seen waren die günstigsten Verkehrswege: Weder Urwaldgestrüpp oder das Auf und Ab von Tälern und Höhenzügen behinderten den beladenen Einbaum auf dem See oder das breite Floß auf dem strömenden Gewässer. An ihnen entlang wurden auch, dichter als im übrigen Lande, Niederlassungen angetroffen.

Die Pfahlbauten

Oberösterreichs Seen sind durch Pfahlbauten bekannt geworden, die bis in die Jungsteinzeit zurückreichen. Das Pfahlhaus hat seinen Namen von den Piloten, die in den Boden getrieben wurden. Das geschah vornehmlich im flachen Ufergelände von Seen. Über die Piloten wurde eine Plattform aus kantig gehackten Stämmen gelegt und darauf erst die Blockhütte aufgebaut. Warum bauten die Menschen der Vorzeit ihre Hütten am Seeufer in das Wasser hinaus? Zum Schutz vor Feinden oder wilden Tieren? Viele Nachweise zeigen, daß die Bronzezeit nicht immer friedlich verlaufen ist. In dem schon seit langen Zeiträumen besiedelten Land waren gefährliche wilde Tiere weit von den Dörfern abgedrängt. Bären oder kleinere Wolfsrudel hätten sich kaum in die Dörfer auf dem festen Uferboden gewagt. Aber auch der Lebensraum war nicht so beengt, daß man, um anbaufähigen Boden zu gewinnen, die Behausungen auf Seegrund hätte errichten müssen. Am Mondsee läßt sich nachweisen, daß die »Pfahlbauten« am sumpfigen Ufergelände gestanden waren; erst später stieg der Seespiegel durch einen Felssturz vom Schafberg an und überflutete sie. Eine endgültige Antwort wurde bis heute nicht gefunden. Deshalb gaben einige Forscher der Annahme die meiste Berechtigung, es habe sich bei den Pfahlbausiedlungen in Österreich um Verkehrs- und Lagerstationen der Handelsstraßen gehandelt. Eine der Handelslinien führte wahrscheinlich durch den Mondsee, den Attersee, die Flüsse Ager und Traun an die Donau und auf ihr nach Osten. Viel wichtiger wurde mit dem späteren Aufstieg Hallstatts dann die Verkehrslinie über den Traunsee hinweg. Der Handel und seine Nebenberufe, der Schiffer, der Flößer, der Schmied, der Seiler, schafften

15 Reste eines bronzezeitlichen Pfahlbaues, Mondsee, OÖ.

diesen Orten dauernden Zugang. Die Häuser auf Pfählen erlaubten trockene Warenlager und bessere Zugänglichkeit.

Die Lebensweise der Pfahlbauleute wird aus vielen Funden erhellt. Die Menschen warfen alle Abfälle einfach in den See, und der ständig sich ablagernde feine Schlamm auf dem Seegrund konservierte selbst die geringsten Speisereste bis heute. Die Knochenfunde erbringen ein reiches Wildbretangebot: Bären, Hirsche und Rehe wurden ebenso verspeist wie die Haustiere Schwein, Rind, Schaf und Ziege. Die Pfahlbauleute verfügten über einen hochentwickelten Weizen; vom Einkorn der Steinzeit bis hierher ein wahrlich langer Weg! Gerste wurde gebaut. Die Getreidekörner wurden grob verrieben und zu Fladenbroten verbacken. Die Pfahlbauleute aßen wilde und veredelte Äpfel. Hagebutten von den Wildrosensträuchern sammelten sie ebenso wie den Pollenstaub der Haselnüsse.

Auffällig ist, daß die Pfahlbauleute mit schmalen Streifen aus Lindenbast flochten und webten. Leder und Tierfelle bildeten neben Geweben die Kleidung. Aus allen Holzarten schnitzten sie Geräte. Das Auffinden besonders von Buchsbaumholz deutet auf ein wärmeres Klima als heute hin. Mit den Funken des Feuersteins wurde der Holzschwamm entzündet. Er wächst auch heute noch als Wucherpilz an kranken Bäumen.

Die Scherben der Tongeschirre lassen den Wandel in der Keramik durch die

Jahrhunderte erkennen. Die Gefäße wurden frei mit der Hand geformt und vielleicht in den Pfahlbaudörfern auch gebrannt. Kleine Tierfiguren aus Ton, mit den Fingern geknetet und handgroß wie Spielzeug, lassen am ehesten auf magische Opfergaben an das unsichtbar über dem Dasein herrschende Göttliche schließen. Beile aus Stein und später aus Bronze waren vor allem Arbeitsgeräte. Kriegerisch verwendbare Waffen sind seltene Pfahlbaufunde. Die feinsten Geräte wurden aus Bein und Horn geschnitten: Webegabeln, Dolche, Ahlen und Nadeln mit Ösen für dünne Fäden.

Ein Klumpen von geschmolzenem Kupfer aus dem See gibt Mitteilung, daß die Pfahlbauern auch die Kunst des Gießens verstanden und Metallgeräte selber fertigten. Nur über eins sagen die Pfahlbaufunde nichts aus: Wie wurden die Toten aus den Pfahlbaudörfern bestattet?

Die »Urnenfelderwanderung«

In der späten Bronzezeit, um 1200 v. Chr., taucht überraschend schnell über ganz Europa und damit auch über Österreich hinweg eine neue Kulturgesinnung auf, deren sichtbarstes Zeichen die Umstellung von der Erd- auf die Feuerbestattung und die Beisetzung der Asche in Tonurnen ist. Als Ausgang für die »Urnenfelderwanderung« legte die Forschung die Gegend der Lausitz in Schlesien fest.

Was war jedoch die Ursache, daß diese neue Haltung sich so schnell und unaufhaltsam ausbreitete? Über die Urnenfelderwanderung teilen sich die Meinungen der Forscher. Die einen nehmen eine bronzezeitliche Völkerwanderung an. Eine andere Aufklärung geben jedoch Forscher, die betonen, daß die Urnenfelderwanderung keine Völkerwanderung, sondern eine neue Kulturbewegung war. Demnach gab es auch keine eigene Urnenfelderrasse.

Die Zeichen weisen darauf hin, daß die Träger der neuen Gesinnung Indogermanen waren. Die Herrschaftsform mit reich gewordenen Fürsten hatte ihr Ende gefunden. Der Luxus ebnete sich wieder ein. Der Herrschaftsvorrang wurde weithin abgeschafft. Gerade die Brandbestattung sollte ein Symbol für diese Wendung sein, wie ein alter Spruch sagt: »Hoch und nieder, arm und reich, im Tode sind sie alle gleich.«

Daraus schließt man, daß auch die Menschen im Leben gleich waren oder in dieser neu aufbrechenden Gesinnung gleichgemacht wurden. Das Volk dieser Zeit aber ist für uns heute noch namenlos. Waren es die ersten Vorläufer der nahenden Hallstattzeit?

6 Hallstatt –
Salzmetropole der Eisenzeit

Nach dem Jahrtausend der Bronze löste diese um 1000 v. Chr. das neuent-
deckte Metall Eisen ab. Den Völkern des östlichen Mittelmeerraums war es
schon früher bekannt. Anfangs wurde Eisen für kostbarer als Gold gehalten.
Die frühesten Eisenfunde in unseren Ländern aus jener Zeit sind Schmuck-
stücke. Seinen Wert als Metall mit ganz besonderen Eigenschaften – seiner
wesentlich höheren Härte, seiner reicheren Schmiedbarkeit – entdeckte man
erst nach und nach. Der wichtigste Grund für die überraschend schnelle
Verbreitung des Eisens lag wohl darin, daß der Metallbedarf mächtig anstieg,
während sich die Kupfergruben, eine nach der andern, erschöpften.
Der erste stärkere Eisenabbau in Österreich geschah nicht vom steirischen
Erzberg, der erst in römischer Zeit in Blüte kam. Hingegen läßt sich sehr
früher Erzabbau in Kärnten und in Krain nachweisen. Die ältere Eisenzeit ist
heute unter dem Begriff »Hallstattzeit« bekannt.

Der Salzabbau

Wie nun erlangte Hallstatt diese weltweite Berühmtheit? Daß an diesem Ort
Salz zu finden sei, war schon in der Steinzeit bekannt. In der ausgehenden
Bronzezeit setzte dann ein intensiver Salzabbau und Salzhandel ein. Hallstatt
zog wie ein Magnet unternehmerische Menschen an. Sie trieben bis zu
hundert Meter tiefe und dreihundert Meter lange Schächte in den Salzberg
vor und hieben das kompakte Steinsalz in Blöcken ab, die dann erst im Tal
sortiert und kleingerieben wurden.
Als der reine Steinsalz»kern« im Berg weitgehend abgebaut war, gingen die
Hallstattleute auch an den Abbau im Haselgebirge. Im Haselgebirge liegt
Kochsalz mit Nebensalzen und Tonschichten dicht vermengt, aus denen es
erst gelöst werden muß. Ob dies in der Hallstattzeit durch Auslaugung oder

Sud mit dem späteren Verdampfen der Sole geschah, das ist heute noch nicht eindeutig festgestellt. Auf jeden Fall floß der Strom des gesuchten und begehrten Salzes jahrhundertelang von Hallstatt in die damalige Welt hinaus. Der Handel mit Salz schuf Reichtum. Die Bergherren der Salzmetropole Hallstatt schürften das Salz nicht etwa mit eigener Hände Arbeit und zogen auch nicht selber als Salzhändler durch die Länder, sondern sie bauten eine weitverzweigte Organisation für den Salzvertrieb auf. Und da die Hallstattherren darin das ausschließliche Monopol – die Vorzugsstellung – besaßen, wuchsen aus dieser frühen kapitalistischen Konzentration märchenhafte Gewinne.

Die Hallstattkultur

Das Geld war als Münze noch unbekannt. Ihren Reichtum zeigten die Salzherren in prächtigem Gold- und Bronzeschmuck, Bronzegefäßen, Keramiken mit metallisch glänzenden Graphitauflagen und sicher auch teuren Geweben. Alles, was die damalige Welt an Kostbarkeiten und Prunkvollem zu bieten hatte, floß in Hallstatt zusammen. Aus Bronzeguß wurden kämpferisch aufgeputzte Streitwagen wie Spielzeug geformt, Firgurenwagen aus Ton gebrannt. In den Wohnungen und Holzpalästen der Reichen – der Steinbau war noch unbekannt – sammelten sich die Werke der Künstler der damaligen Zeit.
Die Hallstattzeit verdichtete sich zu der nach allen Seiten hin ausstrahlenden Hallstattkultur.
Diese Namengebung für die Zeit der beginnenden Eisenverarbeitung geschah erst im 19. Jahrhundert unter dem Eindruck der überaus reichen Gräberfunde. Hätte nicht immer noch der steinzeitlich alte Brauch geherrscht, den Toten Beigaben für die Reise ins Totenreich mitzugeben, könnten uns die Funde aus den Gräbern von Hallstatt heute nicht wie in einem Bilderbuch die Besitztümer der Hallstattkultur zeigen.
Allein in den Jahren von 1846 bis 1864 wurden aus fast 1000 geöffneten Gräbern über 6000 Fundstücke gehoben. Sie stammten zur größeren Hälfte aus Skelettgräbern, zu kleineren aus 455 Brandbestattungen. Die berühmtesten sind schwere Halsgehänge und mächtige Bronzefibeln mit funkelnden Dreieckscheiben an vielen Rasselkettchen. Vasen und Töpfe in Tierformen mit vielen eingebrannten Farben treten in der überquellenden Schmuckfreude der reichen Hallstattherrenschicht auf. Man meint, beim Bewundern der farbigen, vielfältigen, aus der Ruhe von zweitausendfünfhundert Jahren wie-

16   Bronzezeitlicher Helm mit Wangenschutz, Paß Lueg, Sbg.

53

der ans Licht gestiegenen Prunkstücke und Kunstschätze heute noch Musik und Gesang herauszuhören und den Tanz graziler Mädchen in goldbehängten Kleidern zu sehen. Vielleicht saßen fahrende Sänger an den Tischen der Festgelage und sprachen oder sangen vor den vornehmen Frauen mit geschminkten Gesichtern die neuesten Verse und Lieder.

Ein Besuch im Museum zu Hallstatt macht diese Vorstellung in uns aufs neue lebendig.

Durch den Handel mit Salz nahm die Erwerbswirtschaft den ersten steilen Aufstieg. Nicht nur die Salzherren, auch die Verteiler und Überwacher des Handels nahmen daran teil. So entstand wahrscheinlich bald auch eine ziemlich breite, wohlhabende Mittelschicht, die vom Salzvertrieb lebte.

Das weite Land wurde während der Hallstattzeit noch immer von einer altbäuerlichen Wirtschaftsweise in Dorfsiedlungen beherrscht. Doch die Grubenwohnungen gehen zurück. Das rechteckig angelegte Ständerhaus mit Wänden aus verbindendem Flechtwerk und einem Giebeldach statt des früheren abgestumpften Kegels breitet sich aus. Der Mensch verläßt den schirmenden, wärmenden Erdboden. Im weiteren Verlauf der Hallstattkultur entfernten sich die neuen Reichen mit ihrem Luxus weit von dieser Lebensweise. Sichtbare Hügelgräber mit reichen Gaben für die lange Totenreise weisen auf Höhergeborene hin. Mächtige Aufschüttungen, Tumulusgräber mit eingebautem Totenhaus, mit zugleich bestatteten Tieren und beigegebenen Wagen sind der Totenort eines Fürsten, der über viele Sippen und Dörfer herrschte. In dieser Zeit tauchten die ersten sozialen Spannungen auf. Nur infolge der unmenschlich harten Arbeit der Salzhauer, Salzträger und Schachtarbeiter konnte der Strom des weißen Goldes ständig fließen. Spuren weisen darauf hin, daß zur Auffüllung der notwendigen Arbeiterzahl von den Händlern aus

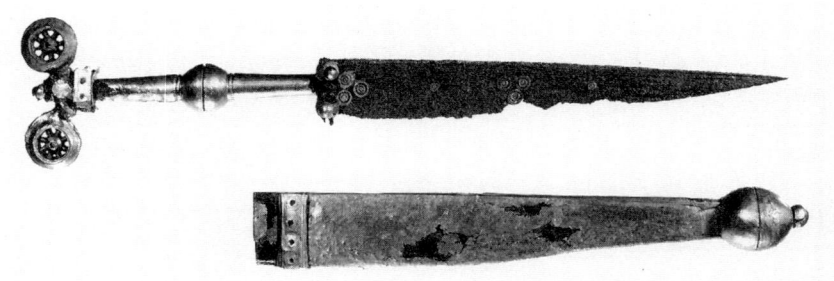

17   Golddolch, Hallstattkultur, OÖ.

54

18 Stierkopfgefäß, Hallstattkultur, Gemeinlebarn, NÖ.

der unteren Donau Sklaven angekauft wurden. Diese hatten überhaupt keinen Anspruch auf Lohn, sie waren Arbeitsmaterial wie die Tiere, sonst nichts. Die kostenlose Arbeit der Sklaven drückte aber auch auf den Lohn der Salzbergleute. In späteren Jahrhunderten der Hallstattzeit scheint es mehrfach zu Aufständen der Salzhauer gekommen zu sein.

Der Salzherr

Illo, der Salzherr, ging erregt in der Halle seines Palastes auf dem Hallberg, einem Holzbau aus mächtigen zugehackten Tannen- und Föhrenstämmen, auf und ab. Vor dem Fenster hielt er inne und blickte durch das Gitter dünn geflochtener Holzstäbe über den See in der Tiefe und auf die Salzstadt. Er erwartete den Kommandanten für die Überwachung der Salzstraße nach Süden, der ihm Botschaft bringen sollte über ein neues Metall, das Metallschürfer im Süden des mächtigen Gebirges gefunden hatten.

Ein leises Klingen von Armreifen ließ ihn umblicken. Hinter ihm stand Gina, seine Frau, gekleidet in einen weißen Wollrock, der ihr bis an die Knöchel reichte. Ihr langes, helles Haar, das gebleicht schien, hatte sie mit vier funkelnden Goldspangen aufgesteckt. Selbst an den leicht zugespitzten Lederopanken blitzte eine goldene Schnalle. Am Handgelenk trug sie bronzene, mit Bernstein besetzte Armreifen.

»Störe ich dich? Aber ich muß dir sagen, ein Schmuckhändler ist gestern gekommen. Der blauschwarze Metallschmuck ist teurer als Gold! Ich möchte ihn haben.«

»Dann stammt der Schmuck aus dem neuen Metall. Nimm ihn – ich will ihn sehen! Nimm ihn um jeden Preis! Aber jetzt kommt der Kommandant!« drängte Illo. Als dieser eintrat, blickte er in der prächtigen Halle um sich. Die Wände waren mit schneeweißer Birkenrinde tapeziert, dicke Wollteppiche deckten den Holzboden. Auf dem breiten Tisch stand ein mächtiger, vielarmiger Bronzeleuchter.

Er ließ einen schmalen, zwei Spannen langen Metallstab hart auf den Tisch aus Ahorn fallen. »Seht, das ist das neue Metall mit viel mehr Eigenschaften als Kupfer. Bisher kam es aus fernen Ländern jenseits des großen südlichen Meeres zu uns. Jetzt wurde auch eine Lagerstätte nahe in den südlichen Bergen gefunden. Denk daran, daß überall der Kupferabbau nachläßt. Wer als erster den Berg mit dem neuen Erz besitzt, ist im Vorteil.«

Illo hob und drehte den Metallstab hin und her. Er verstand sogleich. »Kauft die Lagerstätte sofort, um jeden Preis, und ich mache dich zum Herrn über die neue Erzgrube!«

Auf dem Gang zur Halle entstand Lärm, ein schweißüberronnener Mann kam gelaufen: »Aufruhr der Salzhauer! Sie haben den Aufseher niedergeschlagen im Schacht drei! Er ist der tiefste, Herr!« Dann, nach einem kurzen Atemholen: »Der Aufseher ließ den Sklaven, die das Salz auf den Steigbäumen herauftragen, größere Lederkraxen ausgeben als bisher. Aber die Salzhauer füllten diese nur halb. Der Aufseher drohte, gegen den Aufruhr Wasser in den Schacht zu leiten. Aber es half nichts. Da ließ er Wasser einstürzen, so daß die Salzhauer knietief im Schlamm arbeiten mußten. Sie stiegen mitten in der Schicht herauf. Beim folgenden Streit dann schlugen sie den Aufseher.«

Illo war blaß geworden. »Und nun?« fragte er heiser.

»Die Wachen haben alle neun Hauer gefesselt. Es besteht Gefahr, daß der Aufruhr auf die anderen Schächte übergreift!«

Illo erfaßte die Lage blitzschnell. Er mußte sofort zu den Salzhauern eilen. Er konnte keinen Aufstand brauchen, gerade jetzt, wo er noch mehr Salz fördern mußte, um die hohen Mittel für die neue Erzgrube zu beschaffen. Er warf den Hausmantel mit der breiten Goldschließe ab und schloff in das gegerbte Lederwams. Die zwei Ringe mit

Bernstein zog er von den Fingern. Nur das Kurzschwert mit dem herrlich ziselierten Knauf hängte er um.

In einer Blockhütte lagen die Salzhauer gefesselt an Händen und Füßen. Illo blickte in die rauhbärtigen, verbissen vor sich hin starrenden Gesichter. Mancher trug blutige Striemen auf den Wangen.

»Löst die Beinfesseln, laßt sie aufstehen!« befahl er.

Der Herr kannte fast alle seine Salzhauer und wußte, aus welcher der ärmlichen Holzhütten unter dem Hallberg sie kamen. Auf der Salzwiese unten standen ihre Frauen und sortierten das taube und das fette Salzgestein. Die nicht genug arbeitete, der wurde der Lohn gekürzt.

Illo wandte sich an den ältesten Hauer, der mit gekrümmtem Rücken und gichtverzogenen Säbelbeinen vor ihm stand. »Erzähl du, Reti!«

»Du weißt doch schon alles, Herr! Wenn ich zwei Tage in dem nassen Salzsumpf unten stehen muß, kann ich am dritten nicht mehr vom Lager aufstehen!«

»Ich werde den Aufseher zu einem andern Schacht versetzen, aber ihr schöpft heute noch das Wasser im Schacht auf! Die Sklaven tragen es mit den Lederbeuteln herauf. Das wird jedoch nicht bezahlt, erst wenn wieder Salz gefördert wird, bekommt ihr Lohn!«

Alle neun Hauer hatten das Gericht des Salzherrn gefürchtet. Doch nun lenkte der Herr ein. Als auch die Armfesseln fielen, stiegen sie stumm wieder in den Schacht. Sie würden nur einen Tag Hauerlohn einbüßen.

Aber die Schläge der bewaffneten Söldner – die eigentlich nur auf dem Salzberg waren, um die gekauften Sklaven zu bewachen – brannten auf ihren Rücken. Sie wußten an diesem Tage noch nicht, daß diese in ihrem Innern weiterbrennen würden, daß das Feuer übergreifen würde auf die Salzhauer der anderen Schächte, bis der Aufstand gelang.

Hallstatt verödet um 450

Die Hallstattkultur hat sich über 400 Jahre ungebrochen erhalten. Die Gräber der Hallstattzeit fallen fast vollständig in die Jahrhunderte zwischen 850 und 450. Hernach geht die Zahl der Gräber unverhältnismäßig stark zurück. Was konnte die Ursache des Erliegens der Salzgewinnung sein? Erschöpfung der Lagerstätten war es keineswegs, denkt man an die heute noch fortlaufende Salzgewinnung in Hallstatt. Die Besiedlung dauerte auch nach 450 v. Chr. noch fort, doch muß eine starke Abwanderung von bergbautreibenden Menschen eingetreten sein. Warum vor allem wurde die Salzgewinnung unter Tag fast völlig eingestellt?

Untersuchungen im Pflanzenleben zeigten, daß um 500 v. Chr. eine kräftige

Klimawandlung eintrat. Das sehr trockene und warme Klima wurde von einem feuchten und kälteren abgelöst, mit Durchschnittstemperaturen etwa der Gegenwart. Die Waldgrenze in den Bergen stieg um mehrere hundert Meter empor. Wälder sind jedoch wieder die stärksten Speicher von Feuchtigkeit. Vielleicht war es in den vorangegangenen Jahrhunderten kaum notwendig gewesen, Schutzanlagen gegen Wassereinbrüche in die schräg im Berg abwärtsführenden Schächte zu schaffen. So könnten nun durch eintretende Wasserkatastrophen die Schächte ersoffen sein. In prähistorischen Grubengängen stieß man tatsächlich auch auf eingeschwemmten Schotter. Pumpanlagen waren sicherlich noch nicht vorhanden; so mußte der Salzabbau unter Tag eingestellt werden.

Wie hieß das Hallstattvolk?

Welchem Volk gehörten die Hallstattleute an? Nachdem viele Annahmen dafür sprechen, daß schon die Pfahlbauleute und die Kupferschürfer in den Bergen Österreichs Indogermanen waren, läßt sich dies noch mehr für die Leute von Hallstatt vermuten. Nur eins fehlt uns bis heute völlig und wird für immer unaufklärbar bleiben: Welchen Volksnamen gaben sich die Hallstattleute selber? Am meisten berechtigt die Annahme, sie hätten sich Veneto-Illyrer genannt. Ihr Wohnraum reichte vom Balkan bis zum Rhein. Die Albaner sollen ihre heute noch lebenden Nachfahren sein. Die Illyrer hielten sich jedenfalls auf dem Balkan am längsten. Die Veneter hatten alle Handelsverbindungen vom Mittelmeer über die Alpen nach dem Norden in Händen. Der Bodensee hieß der »venetische«, der älteste Name für die Salzach ist illyrisch: Sontius. Aus griechischen und römischen Schriften erfahren wir noch weitere Volksnamen: von Breonen und Alaunen in Nordtirol, den Isarcen und Venosten in Südtirol, den Vennoneten im heutigen Vorarlberg; die Bewohner an der Salzach hießen Ambisontioi.
Das Land erscheint gleichmäßig und dicht besiedelt. Jahrhundertelang waren nicht mehr fremde kriegerische Völker eingefallen. Wird es auch in Zukunft so bleiben?

7 Kelten, die neuen Herren

Ihre ungeklärte Herkunft

Über die Herkunft der Kelten gibt es heute noch verschiedene Auffassungen. Die ältere Wissenschaft sieht in ihnen einen indogermanischen Völkerstamm, der sich bereits um die Jahrtausendwende vor Christus aus den riesigen Steppen nördlich des Schwarzen Meeres in das Mitteleuropa der Bronzezeit hineinschob. Sie brachten das Reitpferd nach Westeuropa mit. Der zweirädrige Streitwagen stammt ebenfalls von diesem neuen Volk.
In Westeuropa von der oberen Donau bis zu den Britischen Inseln bildete sich im Verlauf einiger Jahrhunderte allmählich eine eigenständige keltische Kultur: kleine Stammeseinheiten mit einem Fürsten an der Spitze. Neuere Forscher nehmen dagegen an, daß die Kelten nicht nach Westeuropa zugewandert waren. Sie hätten nur die Einflüsse östlicher Reiterkulturen aufgenommen, bis sie um 500 v. Chr. so stark geworden waren, selber auf Eroberungszügen ganz Mittel- und Südeuropa zu überrennen. Der Römer Livius berichtet uns darüber im 5. Buch seiner römischen Geschichte: »In der Zeit, da noch Tarquinius Priscus in Rom regierte, entstand bei dem keltischen Volk der Bituriger ein solcher Überfluß der Bevölkerung, daß sich deren alter König Ambigatus nicht mehr zurechtfinden konnte, wie er mit diesem Volkreichtum und -überfluß fertig werde. So sandte er seine beiden Neffen Sigovesus und Bellovesus mit diesem nach Abenteuern gierigen Volke aus. Dem Sigovesus wurde durch das Los der Weg nach Osten gewiesen. Bellovesus wandte sich nach den südlichen Ländern. Schon im Jahre 395 [v. Chr.] stand Bellovesus mit seinen Kelten vor Rom. Sie plünderten diese junge, erst in der Gründung begriffene Stadt. Die nach Osten auszogen, folgten der Donau, und andere Heerhaufen fluteten in die Alpentäler.« So lautet der Bericht des Römers.
Die reich gewordenen Menschen der Hallstattzeit konnten den kriegerischen Kelten kaum einen Widerstand entgegensetzen. Sie wurden von den neuen

Herren überschichtet oder in abgelegene Gebirgslandschaften vertrieben. Bei diesem Sturmlauf quer durch ganz Europa wurde in Griechenland das Tempelheiligtum Delphi geplündert. Und in Kleinasien begründeten die keltischen Eroberer das Reich der Galater.

Der Einbruch der Kelten brachte das Ende der Hallstattzeit mit ihrer Lebensüppigkeit der reich gewordenen Herrenschichten. Auch die Salzmetropolen Hallstatt und Dürrnberg besetzten die neuen Herren. Dort lassen sich ausgebreitete Keltensiedlungen nachweisen. Diese neue Einwanderung schuf auch bald die erste Grundlage für die spätere Bedeutung des Raumes um Salzburg. Auf dem Rainberg, dem Georgenberg bei Kuchl und dem Götschenberg im Pongau entstanden nun keltische Befestigungen.

Auf die Welle der Eroberer folgte später ein neuer Schub bäuerlicher Menschen. Während die raubenden keltischen Reiter- und Streitwagenheere weit voraus bereits wieder neue Länder überrannten, besiedelten diese das unterworfene Land. Diese Übergangszeit vergegenwärtigt uns die Erzählung:

Der Keltenkrug

»Dort draußen in der Ebene hat in der letzten Nacht der Himmel brandrot geleuchtet. Vielleicht tauchen sie schon heute bei uns auf. Laßt uns mit den Frauen und Kindern auf den Berg steigen!« sagte Anto, der Späher.

Die Salzflößerfamilien der Siedlung Hal, die eng zusammengeduckt am Bergufer des Salzflusses lag, packten Decken, Kleider und Lebensmittel zusammen und stiegen den steilen Weg zur Bergwerkssiedlung auf dem Dürrnberg hinan. Hinter sich löschten die Salzflößer den Pfad aus, indem sie den herabschießenden Bergbach auf den Wegeinschnitt leiteten.

Noch in der Nacht tauchten Reiterhorden längs der Salzach auf und brandschatzten das Flößerdorf. Das Flößerdorf Hal brannte die ganze Nacht. Am Morgen hingen schwarze Rauchschwaden über dem Flußtal. Einige Männer erspähten, daß die Kriegerhorden vor der Bergschlucht im Süden in das Tal der Lammer auswichen. Alle Menschen aus dem Salzflußtal flohen in die Bergwälder hinauf. Von oben sahen sie, wie Schwarm auf Schwarm der Fremden folgte, flußaufwärts. Es gab nichts mehr zu rauben, so wanderten sie rasch weiter.

Mitten im hohen Sommer schob sich dann eine lange Kette von Pferden und Karren aus der Ebene vor dem Untersberg heran. Fremde Frauen und Kinder begleiteten sie. Sie hielten vor den Ruinen der Flößersiedlung und fingen an, einige Hütten wiederaufzubauen. Sie fingen herrenlose Rinder ein und trieben sie in die schnell geflickten Koppelzäune. Sie besaßen kaum Waffen – sie arbeiteten wie zuvor die Bauern im Salzflußtal. Auch die versprengten Einheimischen wagten sich nun hervor und suchten Verständigung mit den neuen Siedlern.

19   Keltische Schnabelkanne, Dürrnberg, Sbg.

61

Alona wohnte nun allein in der Hütte ihres Vaters, des Kupferschmieds, die auf halbem Weg zum Dürrnberg stand. Kurz vor seinem Tode hatte der Vater noch ein Versteck für seine Bronzebarren angelegt. Vielleicht lernte ein Flößer auf die Schmiedearbeit um. Seit langem wurde nicht mehr Salz auf dem Fluß verschifft. Auch auf dem Dürrnberg oben begann die Not.

Eines Mittags stand ein Fremder in der Tür. Er trug nur ein Kurzschwert am Gürtel und hob die Grußhand. »Ich bin Schmied, überlaß mir die Werkstatt!«

Alona sagte bitter: »Ich bin ohne Schutz. Du kannst mir meine Hütte gleichfalls wegnehmen!«

»Nicht wegnehmen – laß mich nur arbeiten – ich will dir Lohn dafür geben!«

Edohin, der keltische Schmied, besaß eine ganze Truhe von Werkzeugen, die auf einen Zweiradkarren der neuen Siedler geladen waren. Voll Freude arbeitete er an der Esse, jeder Handgriff gelang ihm.

»Du formst andere Gefäße, als es mein Vater tat!« sagte Alona. Der Bronzeschmied freute sich an dem erwachenden Interesse der traurigen jungen Frau.

»Ich habe es so in meiner Heimat gelernt!« Er fuhr mit den Fingern an den Figuren entlang, die er in den Bronzerand der Schale gehämmert hatte. »Euer Metall ist gehorsamer als das unsere.«

Später reiste Edohin zu den Öfen am Kupferberg, die nun Leute aus seinem Volk besaßen, und beschaffte sich ein ellengroßes, ausgewalztes Bronzeblech. Um es aus den Barren so dünn zu klopfen, hätte er viele Tage gebraucht. Er ging auch in die Gußwerkstätte und entwarf einen Henkel, auf dem sich ein Fabeltier duckte, auf dem Deckel ein zweites mit dünnem Rüssel. Das Ende des Henkels lief in die Figur eines bärtigen Gesichtes aus. Er drückte die gehärtete Gußform aus Ton in eine weichgeknetete Tonmasse und brannte zuletzt auch diese. Er ließ die flüssige Bronze in die Hohlform einlaufen. Daheim in seiner Werkstatt hämmerte und formte Edohin noch viele Tage. Er trieb aus einem Stück Bronzeblech eine Kanne von der Länge eines Oberarms und verjüngte das Gefäß tulpenförmig nach unten. Er trieb Doppelstreifen in die Gefäßwände, die unten in ein schlankes Dreiblatt ausliefen. Den Boden der hohen Schnabelkanne bördelte er so geschickt auf, daß keine Stelle undicht blieb.

Eines Abends, in der Stunde der sinkenden Sonne, stand der überschlanke Kannenkörper mit dem steil aufsteigenden Schnabel vollendet auf dem Werktisch. Als sie Alona sah, sagte sie voll Überraschung: »Die herrlichste Kanne! Du bist ein Küsntler, Edohin!«

Daraufhin brachte Edohin die Kanne dem neuen Salzfürsten auf dem Dürrnberg. Dieser entlohnte ihn reichlich, so daß sich Edohin dafür Alona zur Frau nehmen konnte. Als der Salzfürst starb, wurde er als Mächtiger auf einem Wagen sitzend bestattet. Auch die Schnabelkanne folgte ihm in das Fürstengrab.

Sie tauchte mehr als zweitausend Jahre später wiederum ans Licht – es ist der Keltenkrug – die Schnabelkanne, Vermächtnis eines kühnen und kunstfertigen Volkes, längst versunken in die Tiefen der Zeit ...

20 Keltischer Bronzeeimer, Kuffarn, NÖ.

Die Kunst der La-Tène-Zeit

Die Kelten brachten aus dem Westen einen neuen Stil der Kunstformen mit. Viele Jahrhunderte lang hatten sie friedlich westlich und östlich des Rheins gelebt, bevor sie sich von neuem auf Wanderung begaben. Dabei hatten sie durch den Handel mit den Mittelmeervölkern, mit Etruskern und Griechen, in kultureller Hinsicht viel von diesen übernommen. Auffällig sind die Form der Fischblase und die S-Spirale auf vielen Ornamenten der Gefäße. Nach dem Ausgrabungsort mit besonders reichen Funden aus dem 6. vorchristlichen Jahrhundert, La Tène am Neuenburger See im Schweizer Jura, wurde die Kultur, deren Träger die Kelten sind, La-Tène-Kultur genannt.

Über den griechischen Handel lernten die Kelten die Verwendung der Töpferscheibe für die Keramikerzeugung kennen. Die zarten und schlanken hohen Gefäßformen der Etrusker wurden die Vorbilder für die eleganten Bronzekannen. Eins der schönsten Fundstücke ist die auf dem Dürrnberg bei Hallein ausgegrabene Schnabelkanne aus dem 5. Jahrhundert v. Chr. Sie wurde wahrscheinlich in der Gegend um Salzburg geschaffen und war einem keltischen Fürsten zusammen mit Wagen, Geräten und Schmuck in ein mächtiges Hügelgrab mitgegeben worden. Ein besonderes Glanzstück der beginnenden La-Tène-Zeit ist der Bronzeeimer von Kuffarn bei Herzogenburg in Niederösterreich.

Ebenfalls durch die Begegnung mit der griechischen Kultur angeregt, prägten die Kelten die ersten Münzen auf dem Boden Österreichs. Gold- und Silbermünzen wurden in vielen Gräbern gefunden. Berühmt wurden die kleinen Goldmünzen aus dem 2. Jahrhundert v. Chr., die den Namen Regenbogenschüsselchen erhielten. Die Silbergroßmünzen wogen bis zu 17 Gramm. Auf den Münzen wurden die ersten keltischen Personennamen angebracht – wie Biatec, Nonnos, Ainorix, Fabiorix. Damit taucht zum erstenmal die Schrift auf dem Boden Österreichs auf. Unter den keltischen Schmuckstücken fällt ein von Männern wie Frauen getragener Halsring, Torques, mit kunstvoll verdickten Endungen auf. Armringe und Fußringe aus Glas, Bronze und Eisen trugen viele Bestattete geöffneter Keltengräber. Die Kunst der Einschmelzung farbigen Emails fand sich ebenso wie jene der Herstellung von Zierplatten aus Gold mit rotem Glasfluß.

An der Schwelle der Hochkultur

Die Frauenkleidung ließ die Arme frei und reichte nur bis zu den Knien. Ein silberner oder bronzener Kettengürtel hielt die wallenden Wollgewänder zusammen. Die Männer trugen enge Beinkleider, zu anderen Zeiten aber auch weite Kittel. Der Überwurf des Mantels wurde auf der rechten Schulter mit einer Bronzeschnalle oder einer Schmucknadel, der Fibel, zusammengehalten. Die Männer rasierten ihr Gesicht bis auf den dunklen Schnurrbart unter

21 Keltische Münzen, Spitz, NÖ.

22 Gürtelkette aus Bronze, Braunau, OÖ.

der Nase. Das lange, über die Schulter herabreichende Haar trugen sie aufgebunden.

Die Kelten brachten als erste den eisernen Pflug mit Pflugrädern mit. Bisher hatten die Bauern nur den Pflug mit einer hölzernen Pflugschar und ohne Räder benutzt, wie er heute noch in weiten Teilen der Welt bei jenen Völkern üblich ist, die eben erst die Spatenkultur hinter sich ließen. Aus Eisen enstanden nun Sicheln und Sensen, Messer und Äxte, Scheren und Meißel, Feilen und Hobel.

Die Keltenbauern hausten in Holzhäusern mit Blockbauweise. Die Herrensitze bestanden aus Höhenburgen auf beherrschenden Hügeln mit zwei bis drei Wällen und tiefen Gräben dazwischen. Eine Höhenburg in der späten Keltenzeit bestand auf dem Freinberg bei Linz.

Die Kelten standen unmittelbar vor der »Hochkultur«, deren Hauptmerkmal die in einem straffen Staatswesen zusammengefaßte politische Einheit ist. Sie standen vor ihr – doch sie traten nicht mehr in sie ein.

Warum? Eine Antwort darauf wird wohl nie gefunden werden. Vielleicht lag es am Charakter dieses Volkes, daß es sich nicht unter eine einheitliche Regierung stellte. Vielleicht gab ihm die Geschichte keine Chance. Tatsache bleibt, daß die Kelten, deren größte Einheit Einzelstämme waren, die Noriker, die Räter und die Gallier im Alpenraum, nie zu einem geschlossenen Volk zusammenwuchsen.

Auch das soziale Gefüge der Kelten durchzieht eine tiefe Kluft. Auf der einen Seite steht die kulturtragende Adelsschicht, auf der andern die Masse der niederen, nur ihr naturhaftes Leben fristenden Bauern. Die Söldner der Herren – erste Anfänge eines stehenden Heeres – standen als unüberwindbare Schranke dazwischen. Sie trugen lange, krumme Haumesser und zweischneidige Eisenschwerter. Die Kelten der frühen La-Tène-Zeit bestatteten ihre Toten in Erdgräbern, während die bodenständige illyrische Bevölkerung die Brandbestattung ausübte. So lassen sich auch in den Gräberfeldern jener Jahrhunderte leicht die Eingewanderten von den Altansässigen unterscheiden. Damit läßt sich auch eine ungefähre Karte der keltischen Besiedlungsdichte in Österreich erstellen. Dabei wird bewußt, daß in offenen und leicht erreichbaren Durchzugsgebieten die Zahl der Neuansiedler überwiegt, während die mehr unzugänglichen Fluchtgebiete in den Alpentälern weiterhin illyrisch blieben. Außerdem gibt der Unterschied der Bestattungen eine Einsicht in das Verhältnis zwischen keltischer Herrenschicht und illyrischer Niederschicht.

Die Religion der Kelten

Über die religiösen Vorstellungen der Kelten lassen sich im Westen Europas mehr Nachweise finden als im Land, das sie bei ihrer zweiten Wanderung besiedelten, in Österreich. In Irland, wo das Keltentum bis zur Einführung des christlichen Glaubens unabhängig blieb, lebten bis in jene Zeit die Druiden, die Hochweisen, als Priesterkaste der Kelten.
Im Grab eines keltischen Kriegers lag ein Hirschskelett, das noch ein Haltergebiß zwischen den Kiefern trug. In der keltischen Religion galt der Hirsch als ein Symbol der Ewigkeit. Die Opferung von Tieren diente der Sühne und der Beschwörung des unsichtbaren Gottes.
Das im 5. Jahrhundert v. Chr. eingewanderte keltische Volk verließ den Raum von Österreich nie mehr. So kann nur von einem Erlöschen der keltischen Herrschaft gesprochen werden, als im 1. Jahrhundert v. Chr. die Römer die Alpen und die Donau erreichten. Das keltische Volk aber lebte fort unter den Römern und auch in späterer Zeit als Noriker, Taurisker, Räter ...

8 600 Jahre Römer in Österreich

Die Besetzung Noricums

Die Geburtsstunde des »Römischen Österreich« fiel in das Jahr 15 v. Chr. Damals ließ Kaiser Augustus von seinen Kriegern das keltische Königreich Noricum besetzen, ohne daß eine offizielle Kriegserklärung erfolgt wäre. Schon hundert Jahre früher war Noricum zu einer Zeit, die nicht mehr genau feststellbar ist, der »Bundesgenosse« des Römischen Reiches geworden. Ein kleines Volk, Bundesgenosse eines Riesen, der am stärksten bewaffneten Macht der damaligen Welt – das konnte nicht gut ausgehen!
Die Besetzung des Königreiches Noricum erfolgte ohne kriegerische Waffengänge. Ihr waren jedoch schwere Kämpfe gegen die Räter vorangegangen. Der Volksstamm der Räter, keltisch gleich den Norikern, bewohnte die Täler des heutigen Nord- und Südtirol und Vorarlbergs. Die Schwiegersöhne des Kaisers Augustus, Drusus und Tiberius, brachen den Widerstand erst, als sie die Bewohner ganzer Talschaften aussiedelten und in andere Teile des Römerreiches verpflanzten. Es war nicht das erstemal, daß die Römer die Alpenländer betraten. Vor der Bundesgenossenschaft mit den Norikern hatte bereits der römische Handel dieses Volk und sein Land erobert.
Im Jahre 113 v. Chr. tauchte das erste Germanenheer aus dem Norden und Osten in den Alpen auf. Damals rief Noricum die Römer zu Hilfe. Die Kimbern und Teutonen wurden bei Noreia zum Kampf gestellt; die Germanen aber siegten. Das Schlachtfeld von Noreia blieb wie die so viel genannte Stadt Noreia bis heute verschollen. Verschiedene Forscher verlegten sie mit einiger Wahrscheinlichkeit nach Kärnten südlich des Neumarkter Sattels.
Im Jahre 101 v. Chr. aber schlug der römische Feldherr Marius die Kimbern und 102 v. Chr. die Teutonen bei Vercellae in der Poebene derart vernichtend, daß nur einige germanische Heerhaufen entkamen, die – noch lange verfolgt und gejagt – durch die Alpen irrten, bis sich die letzten Volksreste in einigen

abgelegenen Landschaften Südtirols niederließen. Doch auch dies ist nicht eindeutig nachweisbar. Im Jahre 15 v. Chr. erschienen die Römer endgültig als Herren an der Donau. Noricum durfte als Schutzstaat mit einheimischen Königen noch bestehen blieben. Die militärische Verwaltung lag bei Rom. Für immer frei von römischer Herrschaft blieb – mit Ausnahme einiger befestigter Punkte – nur das heutige Niederösterreich nördlich der Donau und das Mühlviertel. Dort wurde schon vor Christi Geburt die illyrische und zum geringeren Teil keltische Bevölkerung von germanischen Volksstämmen überlagert, die aus dem Norden eingeströmt waren. Eine dieser Völkerschaften, die Markomannen, bildeten ein eigenes Königreich mit dem Herrschaftszentrum in Böhmen und Mähren.

Vom Angriff der Römer auf dieses Reich handelt die Erzählung:

Die Stunde des Unheils

Tiberius, Schwiegersohn des Kaisers Augustus, des »Erhabenen«, war vor einiger Zeit unauffällig und ohne jeden militärischen Prunk im Militärlager Carnuntum angekommen. Nun meldete ihm eine Ordonnanz den Mann, auf den er schon täglich wartete:
»Lysander ist gekommen, Erhabener!«
Ein hochgewachsener Mann mit dunkler Hautfarbe und starkem, schwarzem Vollbart trat ein. Er verneigte sich in Gegenwart der Wachen tief. Kaum aber hatten diese das Zelt verlassen, trat er rasch auf Tiberius zu und umarmte ihn.
»Was bringst du mit?« fragte der Prokonsul.
»Die Stunde des Aufbruchs ist da, Freund!« sagte Lysander halblaut. Er ging noch einmal zum Eingang zurück und schlug die weiße Zeltleinwand hoch, um sich zu vergewissern, daß die Wachen sich weit genug entfernt hatten und kein Wort der Unterhaltung im Zelt verstehen konnten.
»Du spannst mich auf die Folter!« drängte Tiberius.
Lysander riß sich den Bart von der Wange, den er nur zur Tarnung getragen hatte.
»Die Lage ist günstig wie noch nie. Die Markomannenkämpfer sind in ihre Dörfer heimgekehrt. Sie haben die Schilde an die Wand ihrer Hütten gehängt und die Pferde auf die Weiden gelassen. Sie bebauen ihre Äcker oder liegen auf den Fellen beim Met. Überall ist Friede.«
»Wo hält sich der König auf, Marbod?«
»Alle neunzehn Kundschafter, die ich als kleine Händler ausgerüstet habe, sind zurückgekehrt. Sie melden übereinstimmend, der König sitzt weit im Westen an der Moldau auf seiner Wallburg.«
Tiberius überlegte. »Du hast wohl nicht Römer als Händler ausgesandt?«
»Bewahre!« lachte Lysander. »Wir sind dort oben im Barbarenland zu wenig beliebt! Illyrer sind es, Griechen, die mehr verstehen als nur Bernstein einzukaufen!«

68

Tiberius sagte: »Noch heute muß eine Stafette an den Main abgehen. An der unteren Elbe warten die Legionen des Drusus auf den Tag X, an dem sie sich zu Wasser und zu Land den Strom aufwärts gegen Böhmen in Bewegung setzen. Er liegt schon beschlossen in mir: Es ist der achte Tag, ante diem Idus Aprilis.«

Lysander nickte. »Marbods Reich besitzt noch keine besteinten Straßen. Bis dahin liegen dann auch die Erdpfade nach der Schmelze des Schnees in den letzten Kalenden trocken. Die Heere müssen sich im Norden treffen, bevor Marbod seine Reiterei geordnet hat und bevor seine Freunde im Osten, die Quaden, aus ihrem Winterschlaf aufwachen!«

Tiberius lächelte nachsichtig. »Hast du noch nie von den Eilmärschen meiner Legionen gehört? In neun Tagen müssen wir an der Landpforte stehen, an der sich die Wasser der March und der Oder nach Süden und Norden teilen (an der Mährischen Pforte)!«

Der oberste Befehlshaber der römischen Spionage im Markomannenreich schwieg. Was er jetzt dachte, durfte er auch dem Freund noch nicht sagen: daß er ihn dann zu einem weiteren Marsch von zehn Tagen an die Ostsee überreden würde. Lag einmal die Bernsteinstraße von der Adria bis zur Ostsee völlig in römischer Hand, so wuchsen Lysanders Gewinne ins Unermeßliche. Er verstand es vortrefflich, den militärischen Beruf und seine kaufmännischen Interessen aufeinander abzustimmen.

Tiberius, der vorbestimmte Erbe des römischen Kaisertitels, aber sprach aus, was er dachte: »Hat sich der Kreis vom Main über Elbe und Oder bis zur Donau, wo sie nach Pannonien eintritt, einmal geschlossen, ist Europa für immer römisch geworden. Die Donau, jetzt eine unsichere Grenze, wird dann ein friedlicher Binnenstrom, der von der Quelle bis zur Mündung durch römisch beherrschtes Land fließt!«

Lysanders Augen funkelten. »Es lebe Rom! Es lebe Augustus, der Erhabene! Es lebe Tiberius, der . . .«

Der Prokonsul des Imperius hob abwehrend die Hand. »Noch ist es nicht soweit. Das Letzte liegt bei den Göttern!« – –

Nach der heutigen Zeitrechnung erfolgte diese Begegnung im März des Jahres 6 nach Christi Geburt. Carnuntum war zum Ausgangspunkt der endgültigen Eroberung Europas ausersehen.

Bis zum achten April wurde jeder Verkehr über den Strom nach Norden gesperrt. Niemand im Markomannenland sollte erfahren, was in Carnuntum und den Militärlagern donauaufwärts vorbereitet wurde. Mit fliegender Hast wurden an den Wasserarmen, die durch Auwälder verdeckt lagen, breite Fähren und Flöße zur schnellen Übersetzung von vielen Legionen Soldaten gebaut. Bis weit nach Pannonien hinab requirierten die ausgesandten Kohorten alle Lebensmittel von den entsetzten illyrischen Bauern. Sie fingen die grunzenden Schweine ein, schlachteten sie und pökelten das Fleisch in Fässern. Die Rinder trieben sie einfach von der Weide weg mit sich als lebenden Proviant.

An einem neblig trüben Aprilabend begann mit einem Schlag das Übersetzen des römischen Heeres. Nur die obersten Kriegstribunen kannten die wirkliche Stärke des Heeres. Man sprach von zehn Legionen.

Lysander ritt diesmal in der Uniform eines Tribuns neben Tiberius, dem Oberbefehlshaber.

Am fünften Tag tauchten hinter einer baumlosen Hügelwelle markomannische Reiter auf. Späher mußten das römische Heer schon tagelang beobachtet haben. Die Dörfer, auf die das Heer traf, standen verlassen, die Rinder waren fortgetrieben. Man hatte richtig vorausgeplant, die Verpflegung so riesiger Heeresmassen mit sich zu führen. Roms Kriegsmaschine funktionierte bis ins kleinste Räderwerk.

Mit wildem Geschrei stürzten sich die Germanenreiter todesmutig in die Flanke des Römerheeres. Harte Befehlsrufe, Reiterkohorten der Römer, die das Fußvolk begleiteten, griffen ein mit Schlagen und Stechen. Der Angriff der Markomannen war abgewehrt. Er hatte nicht mehr als einen halben Tag Zeitverlust gekostet.

Aber von diesem Tag an fand das Heer der Römer keine Ruhe mehr. Weiß Jupiter, aus welchen Tiefen dieses unendlich weiten Landes immer wieder Tausende von Kriegern auftauchten und vor der gepanzerten Phalanx der Römer verblutend hinsanken.

Die ersten niedrigen Hügel der Mährischen Pforte tauchten bereits vor dem Römerheer auf. Lysander unterdrückte seinen Jubel – einen Tag noch, nicht länger!

Tiberius trat abends vor sein Zelt. »Es ist die Zeit gekommen, an König Marbod die Botschaft zu senden: ›Ergib dich, noch ist ein Vertrag mit dir möglich!‹«

In diesem Augenblick wurde dem Feldherrn durch die Lagerreihen ein Mann zugeführt. Er trug auf seinem Brustpanzer das Zeichen des schnellen Boten. Er beugte die Knie: »Eine Botschaft, Erhabener, noch diese Stunde zu lesen.«

Tiberius öffnete mit heimlichem Unbehagen die Rolle. Seine Augen flogen über die Schrift. Seine Hand zitterte, als er aufblickte: »Aufstand in Pannonien und Illyrien – die dalmatischen Daesidiaten und die pannonischen Breuker haben sich erhoben und bereits alle Straßen nördlich der Adria in der Hand!«

»Unmöglich!« erschrak Lysander. »Laß zwei Legionen umkehren. Sie werden Ordnung schaffen!«

Tiberius fand in dieser Nacht keinen Schlaf. Gegen Morgen traf ein zweiter Bote ein: »Der ganze Osten ist abgeschnitten, auch du mit deinem Heer, Tiberius! Kein Nachschub ist mehr möglich! Kehr um!«

Das Heer der Römer schwenkte zurück, jeden Tag umschwärmt von Markomannentruppen, die immer zudringlicher wurden, und erreichte das vom Hinterland abgeschnittene Carnuntum. Einer der blutigsten Kriege gegen Aufständische in Dalmatien und Pannonien begann, und er dauerte drei Jahre.

Marbod war indessen wachsam und stark geworden. Der Traum Roms von der Herrschaft über die Donau hinaus war für immer zu Ende.

Die Stunde des Unheils hatte für Tiberius, den großen Feldherrn, geschlagen.

23 Römisches Amphitheater v. Petronell (Carnuntum), NÖ.

Drei römische Provinzen

Rom hatte großes Interesse daran, vor seinem Kernland Italien im Norden befriedete Länder zu besitzen. In das heutige Gebiet Österreich griffen drei Provinzen hinein: Rätien im Westen, das über Tirol und Vorarlberg hinaus bis an die Donau reichte und der Hauptstadt Augusta Vindelicorum – Augsburg – unterstand; nach Osten folgte Noricum mit dem nördlichen Hauptort Ovilava, dazu Lauriacum – Lorch bei Linz – und dem südlichen

Virunum – auf dem Zollfeld in Kärnten; die Landschaft östlich des Wienerwaldes und das heutige Burgenland gehörte zur Provinz Pannonien mit der Hauptstadt Carnuntum.

150 Jahre herrschte über dem heutigen Österreich die »Pax Romana«, der Friede Roms. Eine römisch-italienische Besiedlung erfolgte nur in den Städten und Straßenorten. Das Land blieb von der illyrisch-keltischen Bevölkerung bewohnt. Nur im Norden, an der Donau entlang, die eine befestigte Grenzlinie mit römischer Militärbewachung wurde, setzten sich ausgediente Soldaten auch als Grenzbauern fest. Wer aus der eingeborenen Bevölkerung nach sozialem Aufstieg und nach Bildung strebte, erlernte die römische Sprache und wurde allmählich romanisiert. So entstand eine römische Provinzialkultur.

Im Jahre 166 überschritten die Markomannen in breiter Front die Donaugrenze, zogen kämpfend am Ostrand der Alpen entlang und sodann im Bogen nach Westen bis Aquileia an der Adria. Carnuntum wurde damals bis auf den Grund zerstört. Die Kriege bis zur Rückeroberung des österreichischen Raumes südlich der Donau dauerten von 167 bis 180 n. Chr. Kaiser Mark Aurel, der Sieger, schritt auch noch über die Donau hinweg und baute die römischen Stützpunkte Oberleiserberg und Stillfried aus. Viele tausend Germanen aus den Grenzgebieten an der Donau siedelte er nach Pannonien um. Die Pax Romana, der »römische Friede«, war wiederhergestellt. Er dauerte jedoch nicht lange. Von 213 an mußten die römischen Grenzsoldaten mit geringen Unterbrechungen 50 Jahre lang gegen die Einfälle neuer germanischer Völkerschaften kämpfen. Nach der Vernichtung der markomannischen Macht waren es vor allem die Alemannen, die von Nordwesten über die Donau drängten.

Im Jahre 308 fand im wiedererstandenen Carnuntum eine Versammlung von vier Anwärtern auf den römischen Kaiserthron statt. Kaiser Diokletian hatte 305 abgedankt. Nun ging der Streit um den Thron von West- und Ostrom. Diokletian, Galerius, Maximian und Licinus konnten sich nicht befriedigend einigen. Nach weiteren Machtkämpfen ging Kaiser Konstantin als alleiniger Kaiser hervor.

Er mußte die Vandalen, um sie zufriedenzustellen, in Pannonien ansiedeln. Der folgende, zehn Jahre währende Krieg gegen die Quaden hatte zur Folge, daß die einst blühenden Römerstädte Carnuntum und Vindobona schon um 374 allmählich verödeten; 375 erfolgte unter Valentinian eine Renovierung des Limes. Er nannte Carnuntum »ein Drecksnest«. Durchziehende Germa-

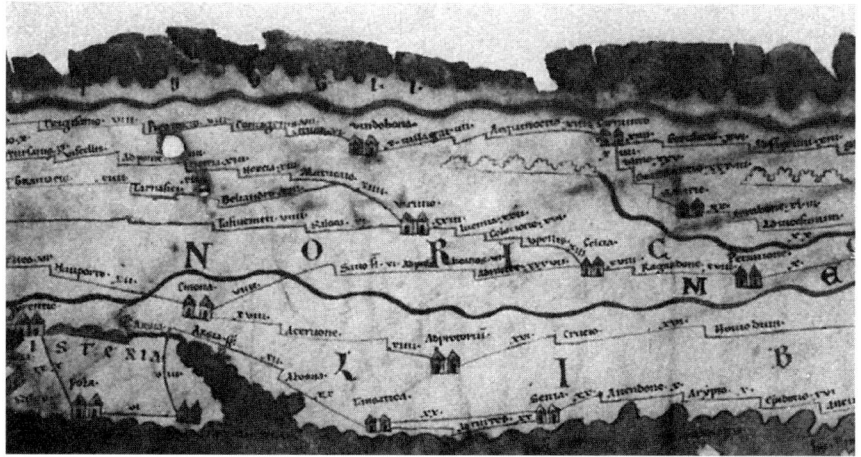

24 Ausschnitt aus der »Tabula Peutingeriana«, einer aus dem 13. Jh. stammenden Kopie einer
Karte mit den Straßen und Stationen des Römischen Reiches.

nen ließen sich bald danach in den Ruinenstädten nieder. Was war der
kulturelle und wirtschaftliche Ertrag dieses mehr als halben Jahrtausends
römischer Herrschaft?

Aus Pfaden werden Römerstraßen

Rom führte die technischen Errungenschafen seiner damaligen Hochkultur
in Österreich ein. Als erstes sei das dichte Netz der Straßen genannt, die selbst
über die Hochgebirge der Zentralalpen hinweg angelegt wurden. Aus Saum-
pfaden über die Alpenpässe, die früher nur mit Tragtieren überschreitbar
waren, machten die Römer Fahrstraßen mit festem Belag, so die Brennerstraße und die Tauernstraße.

Dem Ackerbau führten sie neue Fruchtsorten zu. In dieser Zeit fällt die
Anlage fruchtbarer Obstgärten, die das früher öde und arme Land in eine
Kulturlandschaft verwandelten. Es ist zwar nicht erwiesen, ob die Römer den
Weinbau in Österreich einführten; für seine Ausbreitung jedoch haben sie am
meisten beigetragen.

Der bergwerksmäßige Abbau des Tauerngoldes im norischen Reich erfolgte
später unter römischer Führung. Sie bauten die seit der keltischen Zeit
vernachlässigten Salzbergwerke neu auf. Anlagen römischer Häuser in Hall-

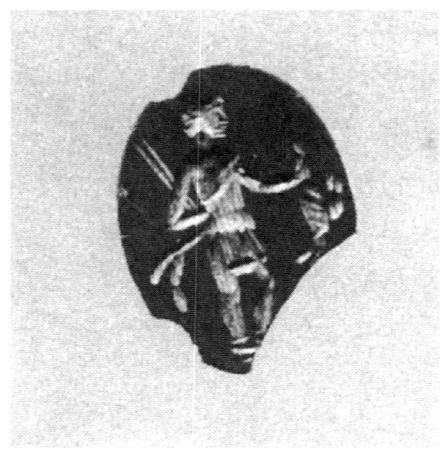

25 Römische Ringgemme, Aguntum, Tirol.

statt und Dürrnberg bezeugen dies besonders. Auch der steirische Erzberg erlebte seine erste Blüte. Nach dem schon in Italien geübten Brauch wandten sich die Römer besonders auch den Heilquellen zu. Sie bauten die Thermalbäder von Gastein und Baden bei Wien aus und forschten auch den kalten Heil- und Mineralquellen nach.

Eine bedeutende Umwälzung brachte die Einführung des Ziegel- und Mörtelbaues in Österreich. Schon die Kelten kannten den trockenen Steinbau. Der Städtebau setzte jedoch erst mit der Verwendung von gebrannten Ziegeln und gelöschtem Kalk ein. Den Luxus der Warmluftheizung in den Landhäusern, römischen Villen und Stadtpalästen brachten die Römer auch an die Donau mit.

Die römische Bildhauerkunst überlagerte völlig die illyrischen und keltischen Stilformen. Unter dem Ansturm dieser Hochkultur erlagen die früheren bildnerischen Äußerungen des eingesessenen Volkes. In den Zeiten des Friedens entwickelte sich in den Städten ein neuer Luxus und Reichtum. Die keltische Sprache wurde zur Mundart abgewertet.

Die ziemlich dichte Besiedlung des offenen Landes, vor allem der weiteren Alpentäler, verhinderte eine Einsetzung größerer Sklavenmassen der Völker des Ostens, der Skythen, Thraker usw. Über Carnuntum lief dennoch jahrhundertelang der Handel mit Menschen. Häuptlinge östlicher Völkerschaften boten eigene Stammesgenossen zum Verkauf und Tausch gegen die Waren des Westens an. Die meisten jener völlig Rechtlosen wurden in den Bergwerken und als Diener der Reichen in den Städten eingesetzt.

Da auch ein Lohnarbeiter außerordentlich gering bezahlt wurde – 25 Denare für den Tag –, breitete sich die Sklavenhaltung im römisch verwalteten

Österreich verhältnismäßig wenig aus. Dazu war der Kaufpreis für Sklaven ziemlich hoch. Ein ungelernter Sklave für die bäuerliche Ackerarbeit kostete 500 Denare. Gesunde, lernfähige Knaben mit 15 Jahren stiegen bis 600 Denare an. Ein Mädchen hingegen war nur 200 Denare wert.

In den Jahrhunderten des Friedens war es den Eltern durch Gesetz verboten, ihre Kinder als Sklaven zu verkaufen. Mit dem Verfall der Sicherheit nach 300 und dem steigenden Nahrungsmangel waren besonders kinderreiche Lohnarbeiter gezwungen, ihre Kinder in die Sklaverei zu verkaufen, um sie vor dem Verhungern zu bewahren.

Saßen in den ersten Jahrhunderten durchwegs noch die armen, aber freien keltischen Kleinbauern auf ihren Gütern, so wandelte der spätere wirtschaftliche Niedergang diese Struktur weitgehend. Die verschuldeten Bauern mußten ihre kleinen Güter an wohlhabende römische Grundherren, aber auch an städtische Besitzer verpfänden. Sie wanderten in die Städte als Lohnarbeiter ab oder verdingten sich als Knechte an reiche Herren. In den Städten verbanden sich die Arbeiter zu »Kollegien«, Vereinigungen im Sinne der heutigen Gewerkschaften, um sich vor völliger Rechtlosigkeit zu schützen.

Die römischen Herren brachten aus dem Süden auch ihre Gottheiten für Frieden und Krieg, für den häuslichen Herd und für Fruchtbarkeit mit. Das eingeborene Volk hielt jedoch weiterhin an Erd- und Schutzgöttern und an weiblichen Gottheiten wie Noreia und Alauna fest.

Durch den vielfachen Ortswechsel der römischen Legionssoldaten, die bald in Afrika, bald in Asien dienten, tauchten auch vorderasiatische Gottheiten, z. B. Baal, und ägyptische wie Isis auf. Sehr verbreitet war der persische Mithraskult, die Tötung des Urstiers als Symbol des Bösen. Alle diese Kulte sind anhand aufgefundener Altäre und Statuen nachweisbar.

Römische Städte und Siedlungen in Österreich

Römische Siedlungen auf dem Boden Österreichs wurden in vielen Fällen die Vorläufer der heutigen Städte. Einige davon seien, von Westen nach Osten gereiht, angeführt: Brigantium (Bregenz), Veldidena (Wilten, Innsbruck), Juvavum (Salzburg), Aguntum (Lienz), Ovilava (Wels), Lentia (Linz), Santicum (Villach), Flavia Solva (Leibnitz), Adjuvense (Ybbs), Cetium (St. Pölten), Comagena (Tulln) und Vindobona (Wien). Die Aufzählung dieser Namen, die nicht vollständig ist, soll das dichte Netz der römischen Besiedlung aufzeigen. Carnuntum wird in den römischen Berichten zum erstenmal

26 Römisches Fußbodenmosaik, Loigerfeldern, Sbg.

6 n. Chr. erwähnt. Im 1. Jahrhundert n. Chr. wurde das Fort aus Erdwällen und Holzpalisaden zu einer Festungs- und Zivilstadt aus Stein ausgebaut. Die römischen Kaiser Domitian, Trajan und Hadrian waren Gäste in Carnuntum. Kaiser Mark Aurel lebte lange Zeit hier und führte zwei Kriege gegen die Markomannen. 308 fand das schon erwähnte römische Thronfolgertreffen an der Donau statt. Noch im Jahre 375 n. Chr. besuchte Kaiser Valentinian die wichtige Festung.

Der Niedergang und die Zerstörung durch Germanen kam schnell und überraschend, so daß man bei den Grabungen 1500 Jahre später in einem Ziegelbackofen noch Brote fand, die nicht mehr gebacken worden waren.

Lauriacum, etwas abseits der Mündung der Enns in die Donau, eine alte keltische Niederlassung, wurde erst nach Kaiser Mark Aurel im 2. Jahrhundert zur zweiten großen Festung an der Donau ausgebaut. Der undurchdringliche Nordwald jenseits des Stroms wirkte wie eine ständige stumme Drohung vom »germanischen Ufer« auf die Festung und regsame Zivilstadt.

Agontum oberhalb von Lienz in Osttirol, ebenfalls eine keltische Siedlung, lebte seit der Besetzung Noricums dreihundert Jahre im »römischen Frieden«. 275 n. Chr. stießen zum erstenmal die Alemannen über Rätien vom Bodensee her bis Agontum vor. Die Stadt hielt sich jedoch mit ihren Tempeln und dem Forum bis in die frühchristliche Zeit. Um 400 brannte Agontum völlig nieder. Die römische Herrschaft war damit auch hier zu Ende, doch erst 612 wurde Agontum endgültig zerstört.

27 Römisches Kastell, Zwentendorf, NÖ (Rekonstruktion).

Die Grenzbefestigung längs des Südufers der Donau, Limes genannt, war anfangs ein Palisadenverhau mit Erdwall. Erst später wurde er zu einem Mauerwerk ausgebaut, das in Entfernungen von Rufweite mit Wehrtürmen und in größeren Abständen mit Tortürmen bestückt war. Der Limes begann in Carnuntum, setzte sich fort über Vindobona, Asturis (Zwentendorf), Comagena (Tulln), Trigisanum (Traismauer), Favianis (Mautern), Namare (Melk), Arellape (Pöchlarn), Loco Felicis (Wallsee), Lauriacum (Lorch), Lentia (Linz), Joviacum (Aschach) bis Castra Batava (Passau), wo er das Gebiet des heutigen Österreich verließ.

Erste Ausbreitung des Christentums

In die Zeit der römischen Herrschaft fällt auch die erste Ausbreitung des Christentums in Österreich. Die ersten Boten dieser neuen Religion waren sicher römische Soldaten und Verwaltungsbeamte, die an die Donau versetzt wurden. Ebenso orientalische und römische Kaufleute brachten die neue Lehre mit, die verkündete, daß alle Menschen Brüder und vor Gott Arme und Reiche gleich seien.

Das Christentum verwarf die Behauptung, daß der römische Kaiser zugleich göttlich sei. Das wurde eine der Ursachen der Christenverfolgungen in den ersten Jahrhunderten. Der letzten Verfolgung unter Kaiser Diokletian fiel der

Amtsvorstand des Statthalters von Ufernoricum, Florian, am 3. Mai 304 in Lauriacum zum Opfer. Er lebte bereits pensioniert in Cetium (St. Pölten), als er von der Einkerkerung von Christen in Lauriacum erfuhr. Er reiste dorthin, um seinen Glaubensgenossen beizustehen. Florian wurde vor den Statthalter gerufen. Weil er dem Christentum nicht abschwor, wurde er zum Tode verurteilt und im Fluß Enns ertränkt.

Nachdem Kaiser Konstantin im Jahre 313 das Christentum als erlaubte Religion erklärt hatte, trat es auch auf dem Boden Österreichs ans Licht. Im Jahre 343 nahmen drei Bischöfe aus Noricum – aus Virunum, Teurnia, Aguntum – an dem Konzil in Sofia teil. Lauriacum unterstand ebenso wie die drei genannten Bischofssitze der Erzdiözese Aquileja.

Dieses frühe Christentum, dessen Träger noch die norisch und romanisch sprechende Bevölkerung Österreichs war, ging jedoch zwischen 400 und 600 n. Chr. wieder unter. Schuld daran trugen die kriegerischen Durchzüge der Hunnen und Goten und später der Germanenvölker, die zwischen 400 und 500 über die Donau kamen.

Im Jahre 406 wurden die letzten römischen Soldaten von der Donaugrenze abgezogen. In die Grenztürme zogen von Rom bezahlte Germanen als Wächter ein. Das Ende der römischen Herrschaft über den Ostalpenraum wird für das Jahr 488 angesetzt, als große Teile der romanischen Bevölkerung über die Alpenpässe nach Italien zogen. Mehr als ein halbes Jahrtausend war Österreich römisch gewesen.

9 Norisches Zwischenreich

Mit Noricum bildete sich der erste selbständige Staat auf österreichischem Boden. Das Jahr seiner Gründung läßt sich nicht mehr ermitteln. Vermutlich entstand dieses keltische Königreich am Ende des 2. Jahrhunderts v. Chr. Nicht mehr überprüfbare Berichte melden 13 Teilfürstentümer, die von einem energischen Fürsten zu einer Einheit zusammengefügt wurden. Einige Berechtigung findet diese Annahme in mehreren keltischen Volksnamen, die uns vom Gebiet des Königreichs Noricum erhalten blieben.

Es sind uns die Taurisker – nach dem Siedlungsgebiet in den Hohen Tauern – bekannt, auch noch die Halauner – die Bewohner am Salzfluß, dann die Sevacer – im großen Dreieck zwischen Inn und Donau, sowie die Rhatakrier – in den niederösterreichischen Donaulandschaften.

Nachdem bereits im 3. vorchristlichen Jahrhundert die Veneter nördlich der Adria Untertanen der Römer geworden waren, wurden nach 176 v. Chr. auch die wirtschaftlichen Beziehungen zu den norischen Kelten in den Alpenländern dichter. Um 129 v. Chr. kam es zu einem Schutzbündnis der ungleichen Nachbarn. In den Jahrzehnten um Christi Geburt formte sich mit der Stationierung römischer Hilfstruppen auf dem Boden Noricums ein Protektorat Roms heraus, das dann 45 n. Chr. endgültig zur römischen Provinz Noricum wurde.

Die Teilung der großen, zwischen Inn und Wienerwald, Donau und Drau gelegenen Provinz in das nördliche Ufernoricum und das südlich der Tauern gelegene Binnennoricum geschah unter Kaiser Diokletian. Das Ende Noricums fällt etwa gleichzeitig mit dem Ende der römischen Herrschaft über den Raum Österreichs, die nach 400 nur noch dem Namen nach bestand, zusammen.

Die bodenständige illyrisch-keltische Bevölkerung Noricums nahm in ihren Oberschichten sehr bald die lateinische Sprache an, und damit breitete sich auch die römische Kultur aus. Die »Romanen«, von denen im Zusammenhang mit den Umwälzungen in der Zeit der Völkerwanderung oftmals die

Rede ist, waren also nicht sosehr zugewanderte Römer als vielmehr romanisierte spätkeltische Noriker.

Der Name Noriker taucht auch mehrere hundert Jahre nach dieser Zeit noch auf. Die Organisationsform der christlichen Kirche in Noricum hielt im Süden noch hundert Jahre nach ihrer Zerstörung in Ufernoricum stand und ging erst am Ende des 6. Jahrhunderts unter. Auf Eintragungen im 8. und 9. Jahrhundert weisen sogar Namensbezeichnungen noch den Zusatz »Noriker« auf. Bedeutende Kulturdenkmäler der Noriker brachten Ausgrabungen in reichem Maße zutage, die unter der Bezeichnung »römische Siedlungen« bekannt geworden sind.

Aguntum bei Lienz in Osttirol ist eine dieser Römerstädte, die zugleich norische Mittelpunkte bildeten. In Osttirol und im Pustertal wohnten die keltischen Völker der Laianken und Saevaten. Gegen Kärnten hin schlossen sich die Teurnenses und entlang den Seen die Virunenses an. Im oberen Drautal bestanden mehrere Goldvorkommen, die heute verschollen sind. Daß sich durch alle Jahrhunderte mit römischer Kultur das norische Keltentum erhalten hat, beweist gerade in Osttirol ein Brauch, der bis vor vierzig Jahren lebendig war: Die Kelten opferten ihren Erdmutter- und Fruchtbarkeitsgöttinnen vor allem gehörnte Tiere. Am Sonntag nach Ostern wurde ein Widder aus Virgen im Iseltal bis in unsere Zeit herauf bei der kirchlichen Prozession mitgeführt. Auf dem Lavanter Kirchbichl wurde er vor dem Altar der Peterskirche geopfert – nicht mehr, indem er geschlachtet, sondern zuletzt nur noch als Spende abgegeben wurde. Die Kirche aber steht über einem keltischen Tempel, bei dessen Ausgrabungen Knochen geopferter Widder gefunden wurden.

Teurnia, befestigtes Heiligtum

Teurnia bei St. Peter im Holz oberhalb des Mölltales in Kärnten besitzt viele Zeugnisse aus keltischer Zeit. Man fand dort in neuerer Zeit auch keltische Münzen. Um das befestigte Heiligtum hatte sich bald eine Stadtsiedlung entwickelt. Teurnia war seit den Jahren um 340 n. Chr. Bischofssitz. Von ihr ist heute noch in der Friedhofskirche der farbige Mosaikboden erhalten. Teurnia wurde wahrscheinlich erst um 591 bei den Kämpfen zwischen Bajuwaren und Slawen zerstört.

Einer der interessantesten Funde von Virunum auf dem Zollfeld ist die Statue der Isis Noreia. Es handelt sich dabei, trotz ihres Namens Isis, um die Darstellung einer keltischen Muttergottheit aus der Bildhauerschule von

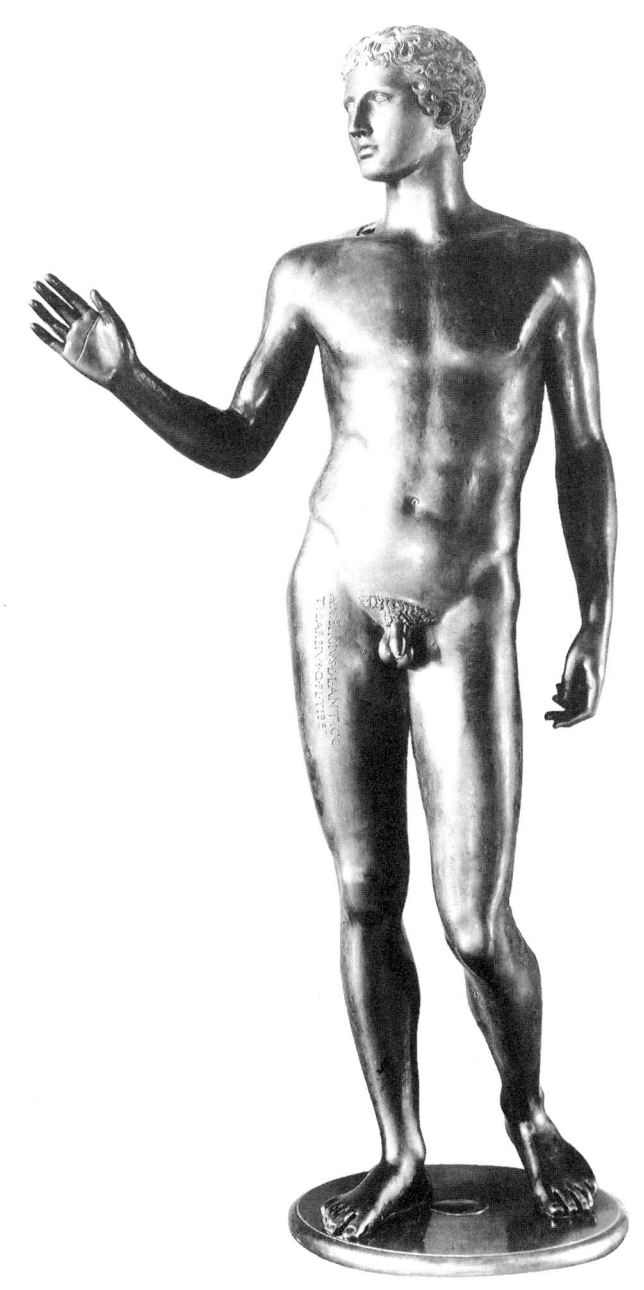

28　Jüngling in Bronze, Magdalensberg, Ktn.

Virunum aus dem 2. Jahrhundert n. Chr. Leider ist das Gesicht verstümmelt. Ihre Kleidung besteht aus einem keltischen Ärmelhemd, einem Gürtel mit typisch keltischen, lang herabhängenden Enden und einer reichen keltischen Gliederkette. Vor den Tempeln dieser Göttin stand stets ein Kultwasserbecken. Im Tempel wurden Rauchopfer dargebracht, die betäubend auf das Bewußtsein wirkten und Eingebungen hervorriefen. In ihren Anrufungen an die Göttin erflehten die Keltenfrauen vor allem den Segen bei der Geburt und Hilfe in allen Anliegen, wie in der Erzählung.

Im Tempel der Isis Noreia

Das Landhaus des Tauriskers Manotu in Virunum war an einen Hang gebaut. Seit die Römer die wirklichen Herren Noricums geworden waren, hatten sie auch hier den pompösen Stil ihrer Paläste eingeführt. Über eine breite Vortreppe führte Manotu seinen Besucher, den Veneter Feliculus, einen mächtigen Handelsherrn aus Aquileja, in eine überdachte Diele. Zu beiden Seiten des Hauses stieg der Blumengarten terrassenförmig empor. Geschnittene Hecken waren von breiten Rosengehängen unterbrochen. Um die Vorsäulen der Diele wanden sich Clematis mit großen, tiefblauen Blüten empor.

»Du kommst früh wieder aus Aquileja zurück«, begrüßte der Taurisker seinen venetischen Handelsfreund.

»Drei Wochen sind vergangen, ohne daß du mir Antwort auf meinen Antrag schicktest.« Der Bergherr hatte diese Antwort erwartet. »Du hast recht – Vissina, meine Tochter, hatte Zeit genug für die Entscheidung. Erlaube mir, daß ich dich einen Augenblick allein lasse. Ich will sie suchen.«

»Aber doch nicht du selber!« sprang Feliculus von seinem Stuhl auf. »Du hast doch Dienerinnen genug.«

Manotu war schon im Gehen. »Es ist ehrenvoller, ich führe sie dir selber zu, Freund!« Er wollte jedoch ein letztes Mal seine Tochter noch unter vier Augen sprechen. Er liebte sie, und sie sollte sich unbedrängt allein vor ihm entscheiden.

Er fand Vissina im Garten. Sie erschrak, als er die Ankunft Feliculus' meldete. Sie hatte viel an ihre Zukunft gedacht und hatte keine Entscheidung gefunden. Sicher gab es junge Männer in Virunum, die sie als Frau heimführen wollten. Doch wer schon war so reich wie der Bergherr Manotu? Wer wagte dessen Tochter zu begehren? Feliculus wagte es – doch er war ein Veneter, kein Noriker. Er war reich und gebildet. Mehr aber wußte sie nicht von ihm. Sollte sie zustimmen, ohne von ihrer Zuneigung zu ihm überzeugt zu sein?

»Einen Tag laß mir noch Zeit, Vater!« bat sie.

Er schüttelte enttäuscht den Kopf. »Was willst du tun?«

In diesem Augenblick wußte sie es – aber sie schwieg darüber vor dem Vater.

29 Ausgrabungen im Händlerviertel, Magdalensberg, Ktn.

»Ich werde antworten – morgen!«
Auf dem Berg über Virunum stand das Heiligtum der weiblichen norischen Gottheit
Isis Noreia. Die altkeltische Erdmuttergöttin stand in Noricum noch in hoher Vereh-
rung. Als die Mutter Vissinas noch lebte, hatte sie ihr kleine Tochter unter den Schutz
der Isis Noreia gestellt. Nur der Vater war seither ein halber Römer geworden.
Ungesehen verließ Vissina in der Dämmerung das Landhaus und lief rasch den steilen
Pfad hinauf. Jetzt fand sie den Tempel verlassen. Mit zitternden Beinen trat sie in die
kleine Säulenhalle, in deren Mitte mit leisem Plätschern Wasser in ein Becken rann.
Die Mutter hatte sie jedesmal hingeführt und gesagt: »Wasche fort, was unrein an dir ist!«
Sie tat es auch heute in der bereits dichten Finsternis. Im Hintergrund des Tempels
flackerte eine niedrige Flamme. In der seitlichen Nische lag auf einem Bord das
Rauchopfer – getrocknete Pflanzen zehn verschiedener Arten vom Hanf bis zum
ägyptischen Kraut der Buglosse. Bilsenkraut duftete stark neben fremden Gewächsen
aus dem Süden, die im Verglühen betäubend wirkten. Sie legte die Münze hin und trat
mit aufsteigender Furcht vor die Göttin.
Als das Rauchopfer an der niedrigen Flamme aufglühte, trat in dem schwachen Schein
die Statue der Göttin aus dem Dunkel hervor. Der harte, dunkelgrüne Stein gewann
einen Schimmer von Leben. Die Augen aus eingelegtem Glas schauten über das
Feueropfer hinweg. Im Flackern der Flammen schien ihr Mund sich zu bewegen.
Vissina atmete den süßlichen Rauch ein. Sie fühlte sich schwindlig werden und stützte
sich auf das Feuerbecken.
»Isis – Erhabene!« betete sie, »erleuchte meinen Weg – Beschützerin, erhöre mich!«
Ihr Gesicht sank auf das Becken mit der Glut. Sie fühlte diese so nahe, als versengte
sie sich an ihr. Ein unerträglicher Schwindel erfaßte sie.

Da dröhnen ihre Ohren; Stimmen – Bilder! Der Raum weitet sich – sie geht neben Abhängen! Da ist der schimmernde Gletscher über ihr – das Tal – die Goldgrube – und Stimmen – Stimmen, sie reden auf sie ein.

Da läuft sie, ihre Opanken rutschen im glatten Gras – die Tiefe – ihr schwarzer, schwarzer Rachen!

Ein Schlag – und Stille und die Stimme – »Vissina, geliebte Vissina . . .!«

Als sie die Augen öffnet, liegt sie noch immer über dem Rauchbecken. Der Rauch ist fort, die Glut fast erloschen. Sie erhebt sich stöhnend vor Schwäche. Sie weckt den Klang der Stimme wieder in ihrem Gedächtnis. Wer besitzt diese Stimme? Jäh erkennt sie Lanno darin, den Verwalter des Bergwerkes in den Hohen Tauern. Er hatte sie, als sie mit ihrem Vater und ihm die Goldgrube auf dem Naßfeld im oberen Gasteinertal besuchte, im letzten Augenblick vor dem Sturz über einen steilen Hang gerettet. Als er sie fast bewußtlos an sich preßte, hatte er ihr damals seine Liebe verraten. – – –

Vissina schaute jetzt an der Steingestalt im Isistempel empor. Die Augen der Göttin glühten nicht mehr im Feuerschein; das Geheimnis schob sich von neuem zwischen Mensch und Erdmutter.

Als Vissina aus dem Tempel trat, funkelten die Lichter Virunums wie Sterne in einem Himmel, der unter ihr war. Erfüllt von Glück stieg sie die Stufen des Tempels hinab. Von der untersten Stufe erhob sich eine Gestalt. Als Vissina erschrocken zurückwich, sprach eine bekannte Stimme: »Erschrick nicht, Vissina, ich bin es, Lanno.«

»Lanno!« sagte sie mit freudiger Stimme. Ihre Erinnerung verwirrte sie von neuem: Ja, ja, es war dieselbe Stimme, die sie im Rausch des Rauchs gehört hatte.

Er erzählte: »Ich ging am Abend zu deinem Haus und wollte dich noch einmal sehen, ehe ich wieder in das Bergwerk zurückkehre. Da sah ich dich fortgehen und folgte dir . . .«

Am nächsten Tag reiste Feliculus allein nach Aquileja zurück. Er sah Vissina nicht mehr an diesem Morgen. Ihre ablehnende Entscheidung überbrachte ihm der Bergherr.

Lanno, der Verwalter des Goldbergwerks in den Tauern, baute sein neues Landhaus auf den Berghang, auf dessen Gipfel der Tempel der Isis Noreia stand. Er förderte das tauriskische Golderz aus den Schächten im Naßfeld. Er öffnete einen Saumpfad noch tiefer hinunter in das Tal von Gastein, wo die heißen Gesundquellen strömten.

Der Herr über das tauriskische Gold starb in einem unbekannten Jahr vor bald zweitausend Jahren . . .

Das Geheimnis des Magdalensberges

Nordöstlich von Virunum erhebt sich der Magdalensberg bis auf über 1000 Meter Höhe. Oben stand, wie oftmals auf Berggipfeln in Noricum, ein keltischer Tempel. An seinen Südhängen befand sich eine keltische Stadt, deren Namen niemand mehr kennt. War die namenlose Stadt an den Terras-

30 Römisches Fresko vom Magdalensberg (1. Jh. n. Chr.).

sen des Magdalensberges nur ein Stadtteil von Virunum, der Hauptstadt von Noricum? Diese Frage wartet noch auf Antwort. Die Ausgrabungen auf dem Magdalensberg werden noch manche Einsicht in Noricums Leben bringen. In der Stadt am Magdalensberg trafen sich die Händler aus dem ganzen Raum des Mittelmeeres. Was sie herbeilockte, das waren vor allem die Metalle Noricums und die Fertigkeit der Noriker in Guß und Erzschmelze. Bei Grabungen am Magdalensberg fand man Erzschmelzen als Zeugnisse der frühen Industrie. Das norische Eisen wanderte bis nach Ägypten und Griechenland, das Gold der Taurisker wurde in Form von Staub als Geld verwendet. Aus den Goldbarren der Schmelzen in den Tauerntälern entstand der reiche Goldschmuck für die Römerinnen.

Die bisherigen Ausgrabungen vermitteln einen guten Einblick in das tägliche Leben, besonders zur Römerzeit. Auf dem Ausgrabungsfeld am Magdalensberg dient heute der römische Apsissaal als Museum für viele Funde. Eine als Becher gefaßte männliche Schädeldecke stammt aus dem 2. Jahrhundert v. Chr. Ihre Blütezeit aber mag die unbekannte Stadt im Jahrhundert nach Christi Geburt gehabt haben. Sie war damals moderne Messestadt mit Musterlagern der Kaufleute, mit Kanzleien und reichen Handwerksverkaufsständen. Die Gewichte und Stempel der Kaufleute sind im Museum zu sehen. Notizen und Aufschriften wurden damals schon an die gekalkten Wände gekritzelt. Schreibgriffel und Siegelbehälter gab es ebenso wie Schrifttäfelchen für Geldbeutel. Von weit her wurden Luxusgüter eingeführt. In ausgegrabenen Abfallhaufen wurden viele Schalen von Seeschnecken und Austern gefunden. Zum Abschluß eines Geschäftes setzten sich die Kaufleute zu einem Glas Rhodoswein zusammen, der aus Griechenland eingeführt wurde. Jedes der Häuser besaß einen Altar für die Schutzgötter des Hauses. In vielem wurde nach und nach die Religion der Römer übernommen, die die alten keltischen Gottheiten mit neuen Namen versah. Die Grabsteine geben Zeugnis dafür, wie weitgehend besonders in den Städten eine keltisch-römische Blutsvermischung erfolgte.

Auch viele griechische Sklaven wurden nach Noricum gebracht. Manche von ihnen, die wegen ihres gehobenen Bildungsstandes als Lehrer des Griechischen und Römischen gebraucht wurden, erhielten in Noricum ihre Freiheit und heirateten norische Frauen.

Noricum – römische Provinz

Die Durchdringung Binnennoricums mit römischer Lebensart begann mit der Beherrschung des Handels durch die römischen Kaufleute. Ihnen folgten in späteren Jahrzehnten überallhin die Legionen der Soldaten Roms. Der Fahne des Römischen Reiches folgte dann bald die Verwaltung – Noricum war römisch geworden.

Die fruchtbarste Zeit Noricums in Kultur und Handel war die Zeit vor 45 n. Chr., bevor es endgültig römische Provinz wurde. In jenen Abschnitt fällt auch die Hochblüte der unbekannten Stadt auf dem Magdalensberg. Später erhielt Virunum in der Ebene den Vorrang.

Mit dem Ende Noricums wurde das Volk der Kelten im Raum Österreich jedoch nicht ausgelöscht. Aber mit dem Verlust der eigenen Sprache sank die keltische Lebenskraft in den Untergrund des auch heute noch lebendigen Volkstums.

10 Die Hunnen – ein Volk auf Pferden

Die Hunnen sind ein Reitervolk aus Innerasien. Der Rasse nach waren sie nicht Mongolen, sondern Angehörige der Turkvölker, aus denen sich in späterer Zeit auch die Türken herausformten. Die Hirtennomaden Asiens konnten bei der ständigen Wanderung ihrer Herden von Weideplatz zu Weideplatz keine festen Häuser errichten. Sie lebten in Jurten oder Zelten, die sie oftmals reich und wohnlich ausstatteten. Sie waren darum nicht primitiver oder »wilder« als andere Völker ihrer Zeit, die in Hütten aus Holz lebten.

Nach chinesischen Quellen lautete der Name der Hunnen »Hiung-nu«. Die Hiung-nu bedrängten seit 200 v. Chr. das alte Chinesische Reich von Norden her. Nach endlosen Abwehrkämpfen entschlossen sich die Chinesen zuletzt zur Errichtung des größten Bauwerks der Welt – der Chinesischen Mauer, die über eine Länge von fast 3000 Kilometer durch Ebenen und über Bergland hinweg China gegen Norden hermetisch abschloß.

Diese Absperrung lenkte die Wanderrichtung der Hirtennomaden und ihrer kriegerischen Reiterelite gegen den Westen. Schon um Christi Geburt tauchten sie in der Senke um das Kaspische Meer auf und schoben sich mit ihren Großherden Jahr um Jahr weiter voran. Die Reiterkrieger trieben die iranischen Alanen vor sich her nach Südrußland. Dort wurden die Skythen aus ihren Siedlungsräumen vertrieben. Um 330 n. Chr. standen sie an der östlichen Donau, nachdem ein Klimasturz in Mittelasien die Lebensmöglichkeiten der Hirtennomaden weitgehend verschlechtert hatte.

Die Urteile über die Hunnen gehen weit auseinander. Römische und byzantinische Geschichtsschreiber nannten sie in ihrem panischen Schrecken: »Zweibeinigen wilden Tieren gleich ...«

Der Schriftsteller Jordanus schreibt: »Ihre Wildheit überstieg alle Vorstellungen. Ihr Anblick allein versetzte in Angst und Schrecken. Ein häßliches, kleines, kaum menschenähnliches Geschlecht, an keiner Sprache kenntlich.

Zweibeinigen, wilden Tieren gleich, die Beine mit Ziegenfell bedeckt, mit
einem Hemd, das sie nie ausziehen, bis es ihnen am Leib zerreißt. Borsten-
haarig, mit von Narben entstelltem Gesicht, das wie ein abscheulicher Klumpen aussieht, mit plattgedrückter Nase und aus tiefen Löchern punktförmig
herausglitzernden Schlitzaugen. An Wildheit alles übertreffend, mit massiven
Gliedmaßen, mächtigem Nacken. Sie leben von Wurzeln und rohem Fleisch,
das sie im Sattel mürbe reiten. Schwerfällig im Gehen, ohne festen Wohnsitz,
aber von unerhörter Gewandtheit und Ausdauer zu Pferde. Sie sind furchtbare Kämpfer, gefährlich durch Lasso und Bogen. Sie sind treulos, verschlagen, undurchdringlich, unbeständig, ohne Achtung vor Göttern und Religion. Sie sind unbeherrscht und wankelmütig, aber unersättlich nach
Gold . . .« Wer nur so ein Volk beschreibt, das die Kraft und Fähigkeit besaß,
durch Jahrhunderte der endlosen Wanderung seinen Zusammenhalt zu bewahren, der urteilt in höchstem Maße ungerecht.
Andere Berichte bezeugen nämlich, daß die Hunnen trotz ihres Wanderle-
bens die Organisationsformen eines Staates mit Schreibern und Verwaltungs-
beamten aufbauten. Jahrhundertelang unterhielten sie ein Doppelkönigtum,
das einen Ausgleich gegenüber einer ungerechten Alleinherrschaft herstellen
sollte. Sie kannten Heldenlieder, in denen die Taten ihrer Vorfahren besungen
wurden. Sie waren Meister in der Lederbearbeitung und Teppichknüpferei.
Ihre Bronzeschmiede trieben kunstvolle Metallbeschläge für Pferdezäume
und Gürtelschließen.
Der ungarische Forscher Alföldi versucht die hunnische Staatsbildung zu
erklären: ». . . Die oft sehr ausgedehnten Nomadenreiche, die sich nacheinander in Innerasien ablösten, entstanden nach anderen Gesetzen als die
Staaten europäischer Völker. Die Reiche der Ackerbauern verankern sich
selbst in der Erde, sie wachsen sozusagen in die Tiefe und streben weniger
die große Ausdehnung an. Bei den Reiternomaden ist es genau umgekehrt.
Ihre Lebensart ist nicht in der Erde verwurzelt, ihr Machtwille zielt auf eine
Überschichtung fest angesiedelter Völker. Eine solche geschah immer durch
Verpflanzung kleinerer Reitergruppen als Herren in die Gebiete der unter-
jochten Ackerbauern . . .«

Hunnenreich an der Theiß

Als der Hunneneinbruch in Europa sich nach 300 gefestigt hatte, lag der
Mittelpunkt des Hunnenreiches an der unteren Theiß in Ungarn. Die größte

Machtausdehnung erreichte es unter seinem König Attila, was in der Sprache der Goten, die lange Zeit den Hunnen tributpflichtig waren, »Väterchen« heißt. Attilas Geburtsjahr ist unbekannt. Er regierte von 434 bis 453. Zeitweilig übte er eine lose Oberherrschaft über den ganzen Länderraum zwischen Schwarzem Meer und dem Rhein aus. Sein größter Kriegszug nach dem Westen führte ihn bis Paris. Ob die berühmte Schlacht auf den Katalaunischen Feldern für Attila eine Niederlage gewesen war (451) oder nur ein taktischer Rückzug, weil sein letztes Ziel Rom und die Kaiserherrschaft über Europa war, ist heute noch ungewiß. Ein völlig geschlagener Feldherr hätte nicht bereits ein Jahr später den Kriegszug gegen Italien beginnen können. Er brannte Aquileja, Verona und Mailand nieder. Eine hohe römische Gesandtschaft, der sogar Papst Leo I. angehörte, konnte Attila vom Sturm auf Rom abbringen. Die Hunnenheere zogen über die Alpenpässe nach Norden, brannten Augsburg nieder und ließen auf ihrem Ritt bis Ungarn wahrscheinlich auch die offenen Donaulandschaften als »verbrannte Erde« zurück.

Zur Zeit Attilas gehörte Niederösterreich unter dem Wienerwald, wahrscheinlich sogar das Land bis an die Enns, viele Jahre lang fest zu Attilas Reich. Über die Jahre von 433 bis 451 herrscht dichtes Dunkel in der österreichischen Geschichte. Roms Herrschaft an der Donau bestand längst nur mehr dem Namen nach. Die Durchzüge germanischer Völkerschaften aus dem Norden wurden wahrscheinlich durch Attilas Herrschaft an der Donau unterbrochen.

Hunnische Kriegskunst

Worin lag überhaupt die unaufhaltsame Siegeskunst dieser Reiternomaden? Sie hatten bereits Jahrhunderte früher die um ein Vielfaches stärkeren Chinesenheere geschlagen. Sie hatten die geübten Kampfheere der Goten vernichtet und dieses Volk in ein Untertanenverhältnis zu ihnen gebracht. Das unfaßbar rasche Wenden der hunnischen Reiterschwärme erschien den Gegnern oft wie eine Flucht. Sie folgten ihnen unvorsichtigerweise und wurden plötzlich von hinten überritten. Mit ihren Lassoschleudern rissen sie noch Widerstand leistende Kampfgruppen nieder.
Die eigentliche Wunderwaffe war jedoch der Reflexbogen, der auch in hunnischen Gräbern in Niederösterreich aufgefunden wurde. Schon der von Homer geschilderte Kampfbogen war ein solcher. Dieser aus flachen Holz-

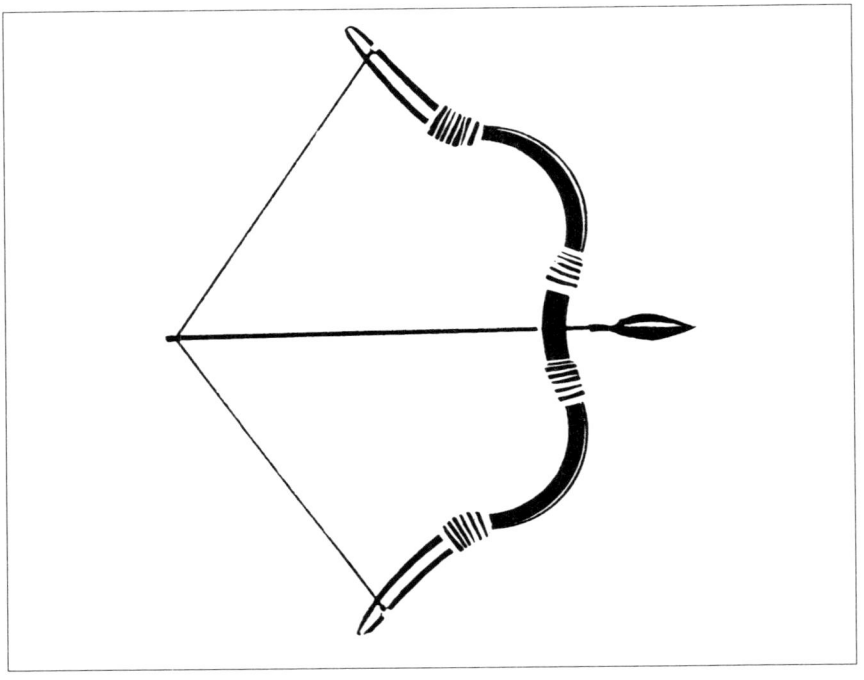

31 Hunnischer Reflexbogen (Rekonstruktion).

leisten und angefügten Hornplatten zusammengesetzte Bogen, mit dünnem
Leder überzogen, ergab eine beinahe unvorstellbare Durchschlagskraft, die
einen Reiter glatt vom Pferd zu stoßen vermochte. Ein Pfeilschuß auf emp-
findliche Körperstellen war absolut tödlich. Damit erreichte der Reflexbogen
in mancher Hinsicht die Kampfwirkung von Schußwaffen unserer Zeit.
Die Legende des Mürbereitens von rohem Fleisch, die durch die Geschichts-
bücher geistert, findet in den eigenartig gebauten Holzsätteln der Hunnen
ihre Erklärung. Sie sind aus vielen Grabfunden von Asien bis nach Wien
belegbar.
Der harte Sitz der Sättel wurde gemildert, indem die Reiter frisches Fleisch
als Unterlage zwischen Sattel und Pferdekörper legten, wodurch ein Auf-
scheuern vermieden wurde. Dieses Fleisch wurde sicherlich, sobald es in
Verwesung überging, fortgeworfen. Die Hunnen brieten und kochten ihr
Fleisch wie andere Hirtenvölker auch. Doch das Bild der rohes Fleisch
kauenden Hunnen ist schwerlich auszulöschen.

Attilas Residenz

Attilas »Burg« ist nicht mehr aufzufinden, da sie aus Holz erbaut war. Doch Priskos, ein byzantinischer Schriftsteller, ließ genaue Schilderungen zurück: »Auf einem Hügel, der von einem Palisadenzaun umschlossen war, stand der Königshof, nochmals dicht abgeschlossen. An den fugenlos gearbeiteten Holzwänden hingen farbenprächtige Knüpfteppiche. Neben dem Hof stand ein Badehaus, das auch Attilas Gesandte aus Griechenland kannten.« Die Königsempfänge in der großen Holzhalle waren für Priskos das stärkste Erlebnis. Attila, der gegenüber dem Eingang auf einem erhöhten Thronsitz saß, lud die Gäste vor sich im Halbkreis auf gewölbte Ledersitze zum Platznehmen ein und ließ griechischen Wein einschenken. Fleisch, Brot und Zuspeisen wurden, köstlich zubereitet, auf Silberplatten aufgetragen. Während er den Gästen den Wein in goldenen Bechern kredenzte, trank er selber aus einem Holzbecher. Die Kleidung des Königs stach von den anderen Würdenträgern dadurch ab, daß sie die einfachste und schmuckloseste war. Er trug nur das goldene Königszeichen.
Die Schreiber des Königs fertigten alle Verträge in hunnischer Schrift aus. Griechische und lateinische Dolmetscher übersetzten sie für ausländische Gesandtschaften in deren Sprache und Schriftzeichen. Der König selbst unterzeichnete alle wichtigen Akten. Er las sie seinen Gästen laut vor und unterhandelte zurückhaltend und höflich.
Aus diesen Berichten ersteht das Bild eines großen Staatsmannes. Aus seinen Verhandlungszielen war darauf zu schließen, daß es sein größtes und letztes Ziel war, die ewige Wanderschaft des hunnischen Volkes zu beenden und es seßhaft zu machen. Vielleicht schwebte ihm eine Reichsform wie die römische vor, für die er große Hochachtung zeigte. Eine Monarchie war jedoch nur über ein Volk zu errichten, das Straßen und feste Städte zu bauen lernte – ein Ziel, das Attila nicht mehr erreichte. Er hatte die Kraft besessen, das Römische Reich in zwei Teile zu spalten, indem er bis an die Adria vorstieß. Er führte die Töchter germanischer Stammesfürsten durch Heirat in sein Frauenhaus – mit einer Hauptfrau und vielen Nebenfrauen – ein, um diese Völker an sich zu binden . . .

War Ildiko Kriemhild?

Die Traditionsgeschichte weiß sogar zu berichten, daß eine germanische

Prinzessin mit dem Namen Ildiko jene Frau war, mit der er als letzter Hochzeit hielt. Während des Hochzeitsfestes, das wahrscheinlich mehrere Tage dauerte, starb er an einem Blutsturz.

Diese Überlieferung erhellt auch den Wahrheitsgehalt der Nibelungensage, die von der Hochzeit Kriemhilds mit Etzel berichtet. Dunkle, unvollständige Erinnerungen an diese Zeit um 450 führten viel später zur Aufnahme in die Dichtung des Nibelungenliedes, das unter Bischof Pilgrim von Passau im 10. Jahrhundert aufgeschrieben und so bis in die Gegenwart erhalten wurde. Wir folgen dem Zug Kriemhildes in jenem Teil, der auf der Donau durch Österreich führte.

Brautfahrt zu den Hunnen

Eine Flottille fuhr den Strom hinab, wie einst zu der Zeit, als die römischen Donau-flotten noch den Strom beherrschten. Auf Kriemhildens breitem Boot waren die Sitze mit Stoff überzogen, ein Dach aus Leder schützte vor Sonne und Regen. Neben ihr saß der Brautwerber König Etzels, Markgraf Rüdiger von Bechelaren. Ihre Brüder und Hagen fuhren in einem anderen Boot.

Die Reisenden vom hellen Rhein erschraken vor den düsteren, hohen Wälderufern rechts und links des Stroms. Aber bei Eferding wurde er breit wie ein See und löste sich auf in viele Flußarme.

»Man war, da brach die Nacht an, bis Everdingen kommen...«

Rüdiger ließ die warmen, wollenen Zelte ans Ufer stellen, ihre Mägde bereiteten ihr das Lager auf langhaarigen Fellen.

Am Morgen fuhren sie wieder zurück in den breiten Strom und lenkten die Schiffe um die wasserumschäumten Felsen des Kürnbergs. Kriemhild erblaßte von dem Schwanken des Bootes.

Dann weitete das Land am Strom sich wieder. Vom Alpengebirge strömten die grünen Wasser der Traun und der Enns. Die zweite Nacht stand hinter dem Nordwald, als sie an einer breiten Sandbank anlegten.

> »Jenseits der Trun gekommen bei Ense auf das Feld
> da haben sie errichtet viel Hütten und Gezelt...
> aus ihrem fernen Schlosse ritt ihnen dort entgegen
> die schöne Gotelinde...«

Gotelind, die Gemahlin Rüdigers von Bechelaren, war Kriemhild und ihrem Gefolge bis an die Grenze der Markgrafschaft entgegengeritten. Erst am nächsten Tag sahen sie die Burg.

> »Die Fenster an den Mauern sah man geöffnet stehn,
> die Veste Bechelaren war aufgetan zu sehn...«

32 Skythischer Nomadenkessel (1.–3. Jh. n. Chr.).

Busch und Weiden begleiteten die niederen Ufer in dem mächtig weiten Strombogen, in den sie nun einfuhren. Immer einsamer standen die Ufer. Das Grenzland zwischen dem germanischen und dem hunnischen Herrschaftsbereich blieb wenig besiedelt und wurde selten von einem wandernden Händler durchquert.
Sie legten erst am Uferort Melk an, der sich unter die senkrecht abfallenden Granitfelsen duckte.

>»Aus Medeliche wurde auf Händen dargetragen
     manch reich Gefäß mit Golde, darinnen bracht man Wein . . .«
In Melk übernahm ein neuer Ferge, ein Steuermann, der den Strom gegen Osten hin kannte und mehrmals befahren hatte, die Führung der Schiffe. Der Ferge hieß Astold und redete in einer Sprache, die nur Rüdiger noch verstand.

»Liegt das Land friedlich vor uns, Astold?« fragte der Markgraf.
»Friedlich das Land, hoch fließt der Strom. Du hast eine gute Reise mit der Braut für
Etzel!«
In Mautern standen die Uferleute stumm vor Staunen.
    ». . . die blaue Donau nieder bis gen Mutaren hin;
    dort diente man gar löblich der schönen Königin . . .«
Sie fuhren in einen neuen Morgen hinein. Die Donau floß in die Weite auseinander.
Im Süden lag das Land eben bis an den silbern verschwimmenden Horizont; linker
Hand begleitete sie über niedrigen Auwäldern der gelbe Lößabfall des Wagram.
Große, weiße Vogelschwärme stiegen aus den Auen in den blassen Himmel.
Rüdiger trat bis an den Kiel des schwerfälligen, aber starken Bootes, das seit Melk die
Königin aus dem Burgundenland trug. Er spähte voraus, bis er im Dunst den Wiener-
wald erkannte.
»Siehst du den Höhenzug im Osten, Kriemhild? Dahinter liegt schon Etzels Reich.«
Kriemhild spürte Unruhe kommen. Sie hatte den Schritt gewagt, jetzt mußte sie vor
dem Mächtigsten auch bestehen.
    »Man brachte zu der Treysen die Gäste hin sodann . . .
    . . . es hatte an der Treysen der Fürst vom Hunnenland
    gar eine stoze Veste, die weithin war bekannt:
    geheißen Treysenmure . . .«
Als Kriemhilds Schiff in Traismauer anlegte, sah die schöne Frau zum erstenmal
hunnische Menschen. Sie erschrak: schrägäugige, kleine Gestalten mit schütteren
Spitzbärten am Kinn, gekleidet in Reitumhänge, die nur eine Halsöffnung, aber keine
Ärmel aufwiesen, Wollhauben mit aufgesteckten Geierfedern.
Der Hauptmann führte sie in das Gästehaus König Etzels. Er ließ Kriemhild durch
Rüdiger sagen: »Herrin, ruh dich hier drei Tage aus!«
    »Sie war zu Treysemure bis an den vierten Tag . . .
    . . . dieweil durch Oest'reich ritten des Etzels stolze Mannen . . .«
König Etzel erwartete die Königsbraut in Tulln. Kriemhild stieg auf einen weißen
Zelter und ritt dem Herrn allen Landes im Osten entgegen. Der König, in einem
Mantel aus Zobelfell, erwartete sie auf einem Rappen mit rotem Sattel und goldenem
Saum. Er sprang vom Pferd.
»Das ganze Land liegt dir zu Füßen, Königin der Hunnen!« begrüßte er sie.
    »Dies war zur selben Stunde, als Etzel bei ihr stand . . .«

Nach dem Tode Attilas erhoben sich die Goten wiederum gegen die Hunnen.
Der Sieg der Ostgermanen in der Schlacht an der Leitha 455 brachte den
Zerfall des Hunnenreiches. Große Teile des Volkes flohen in den Osten
zurück; damit verlöscht die Spur der Hunnen, der »Geißel Gottes«, in der
Geschichte.

11 Die Zeit der Völkerwanderung

Goten – Erben der Hunnen

Wie eine Heldensage liegt Severins Leben aus der Ferne von 1500 Jahren vor uns. Ohne den ausführlichen Bericht des Eugippius lägen diese Jahrzehnte zwischen 450 und 500 in Österreich nördlich der Alpen völlig im Dunkel.

Es ist jene Zeit, in die auch die Regierung der Goten über weite Teile des östlichen Österreich fällt. Die Ostgoten waren von 455 bis 471 die alleinigen Herren über Pannonien, aber ihre Herrschaft griff auch weit nach Westen über den Neusiedler See und die Leitha hinweg. Über die Geschichte der Goten berichtet uns vor allem der Geschichtsschreiber Jordanis, der um die Mitte des 6. Jahrhunderts wahrscheinlich als christlicher Mönch in einem Kloster in Thrakien oder Mösien an der unteren Donau lebte. Er schreibt:

»Als die Goten sahen, daß die Gepiden [ein germanisches Volk, das wahrscheinlich in der Gegend der heutigen Slowakei lebte] die Wohnsitze der Hunnen siegreich behaupteten, diese aber ihre eigenen alten Wohnsitze nördlich des Schwarzen Meeres besetzten, zogen sie es vor, das Römische Reich [Ostrom] um Land zu bitten. Sie erhielten Pannonien, eine weithin sich erstreckende Ebene ... ein Land, das mit vielen Städten geziert ist, von denen die uns nächste Sirmis, die westlichste Vindomina [Wien] ist. Walamer war Oberkönig über sie alle. Sein Bruder Thiudimer regierte im Westen und Widimer im Süden ...«

In der Zusammenfassung vieler Namen von Flüssen und Seen, die Jordanis kannte, kann das Reich der Goten im Süden und Norden von Drau und Donau, im Osten und Westen von Plattensee und Wienerwald begrenzt gedacht werden.

Thiudimer war der Vater Theoderichs, des späteren Begründers und Königs des Ostgotenreiches in Italien. Damals – 455 – regierte Thiudimer in der Landschaft des Neusiedler Sees, zu der auch Vindomina (Wien) gehörte. Also kann mit einigem Recht angenommen werden, daß Theoderich der Große auf dem Boden des heutigen Österreich zur Welt kam.

Aufstieg und Untergang Odoakers

In diesen Jahren konnte sich endlich auch das germanische Volk der Skiren von den Hunnen, denen sie tributpflichtig waren, trennen und seine Wanderung im Norden der Donau gegen Westen bis in das Land an der March antreten. Eugippius berichtet in seinem »Leben Severins«, der König der Rugier habe den Skiren erlaubt, durch ihr Siedlungsland im niederösterreichischen Weinviertel und Waldviertel zu ziehen, weil sie angaben, bis nach Italien wandern zu wollen. Der junge Skirenfürst Odoaker ließ sich von Severin prophezeien: ». . . bald wirst du hoch erhoben werden und der Mächtigste des Römischen Reiches sein.«
Odoakers Aufstieg, Macht und Untergang geben die unermeßlichen Möglichkeiten wieder, die einem mutigen Abenteurer in jenem Jahrhundert offenstanden, als das alte Europa zerfiel und sich neu zu formen begann. Er wurde 433 geboren, als Attila eben die Herrschaft über Mitteleuropa antrat, und entwickelte sich während der jahrelangen Wanderung seines Skirenvolkes zu dessen alleinigem Führer. 470 bot er sich mit seinen germanischen Kriegern in Italien der kaiserlichen Garde an. Es war deren Hauptaufgabe, das Leben des römischen Kaisers zu schützen. Statt dessen setzte Odoaker 476 den römischen Knabenkaiser Augustulus Romulus ab und übernahm selber die Herrschaft über Rom. Zeno, der Kaiser des Oströmischen Reiches, mußte ihn, obwohl gegen seinen Willen, als Statthalter Westroms anerkennen.
Odoaker gelang es sogar, den Rugierkönig zu besiegen und die Macht Roms noch einmal an der Donau zu festigen. Dann jedoch trat ihm Theoderich, der neue Günstling des oströmischen Kaisers, entgegen. 489 wurde Odoaker in Ravenna eingeschlossen und besiegt. Gegen die Abmachungen des Waffenstillstands, der Odoaker das Leben sichern sollte, ließ ihn Theoderich ebenso wie seine Frau Sunigild und seinen Sohn Thela 493 erschlagen. Damit tritt das Volk der Goten wiederum in unseren Gesichtskreis.

Während sich die Goten im oberen Pannonien also nochmals gegen einen hunnischen Angriff vom Osten zur Wehr setzen mußten, brachen die Sweben aus der heutigen Slowakei nach Süden quer durch ihr Kernland durch. Es ist anzunehmen, daß sie dabei durch das heutige Burgenland zogen. Es heißt auch, sie hätten die großen Viehherden der Goten fortgetrieben. Die Sweben unternahmen unter ihrem Heerführer Hunimund auch einen vorübergehenden Raubzug in das reiche römische Dalmatien.

Als die Sweben bei ihrer Rückkehr wiederum durch die Gegend am Platten- und Neusiedler See wollten, war dort jedoch der Gotenfürst Thiudimer zu Hause. Er besiegte sie, nahm ihnen ihre reiche Beute ab und setzte Hunimund gefangen. Tief gedemütigt und arm durfte dieser erst viel später heimkehren. Hunimund sann auf Rache. Er verband sich mit den Gepiden, den Skiren, den Sarmaten, den Rugiern und gewann sogar oströmischen Beistand. Die Goten siegten jedoch auch gegen diese erdrückend scheinende Übermacht. In der Gegend um Budapest überschritt das siegreiche Gotenheer die zugefrorene Donau und fiel den Sweben in den Rücken.

Hunimund mußte mit seinen Kriegern nach Westen fliehen und fand Anschluß bei den Alamannen an der oberen Donau. Zusammen mit diesen überfiel und plünderte er 472 Passau und brannte die alte römische Siedlung völlig aus.

Eugippius, Severins Schüler und Begleiter, berichtet uns, hier in einigen Bildern kurz wiedergegeben, über:

Das Leben Severins

Oberhalb Vindobonas schritt ein Wanderer donauaufwärts. Er trug einen grob gewebten Überwurf und Holzsandalen an den Füßen. Ein kleines Holzkreuz steckte in seinem Gürtel. Wo die grünen Buchenhänge des Wienerwaldes hart an den Strom stießen, sah er auf einer Anhöhe das aufgepflanzte römische Feldzeichen. »Dem Himmel sei Dank! Ich bin wieder im Vaterland!«

Eine erwartungsvolle Unruhe stieg in ihm auf. Steht Favianis (Mautern bei Krems) noch, das Haus im Weingarten, von dem die Großmutter ihm als Kind Abend für Abend in Afrika erzählte? Favianis, von wo nach den Erinnerungen der Großmutter einst die romanische Familie im Strudel der Vandalenwanderung durch ganz Europa bis nach Afrika hinab verschlagen wurde!

Vor dem Wachttor von Asturis mußte Severin ein Verhör über sich ergehen lassen.

Dann aber schritt er durch die befestigte römische Siedlung, hörte Lachen und Lärmen aus einer Schenke und ging in das Haus des Priesters, der den Mönch mit Freuden aufnahm.

In der Nacht fuhr Severin wie aus einem schweren Traum empor. Er sah einen jungen gotischen Heerführer vor seinen Kriegern, der ihnen einen Beutezug nach Westen versprach. Deutlich hörte er den Namen Asturis. Für Severin stand fest, daß der Stadt ein Überfall drohte. Seit er zehn Jahre als Einsiedler in Ägypten gelebt hatte, sah und ahnte er Geschehnisse voraus.

Am nächsten Tag beschwor er die Einwohner von Asturis, die Schutzmauern auszubauen oder die Stadt zu verlassen. Zuerst horchten die Leute auf, dann aber verhärteten sich die Gesichter: »Der Mönch gönnt uns unser frohes Leben nicht!« Sie warfen mit Steinen nach ihm.

Noch in der Nacht verließ Severin die Stadt donauaufwärts. In der Siedlung Comagena (Tulln) rief er wiederum: »Befestigt die Stadt, die Goten kommen!«

Auch hier zweifelten die Bewohner. Doch sie sorgten vor und meinten: »Bald wird sich ja erweisen, ob Wahres daran ist.«

Comagena lag am Südufer der Donau. Mit den Rugiern nördlich des Stroms hatte die Stadt einen Schutzvertrag geschlossen und eine rugische Besatzung aufgenommen. Der Kommandant der Rugier rief die Bauern von ihren Äckern vor der Satdt zurück und ließ auch das Vieh hinter die Befestigung treiben.

Zwei Tage später erschien des Abends ein alter Mann vor dem Tor. »Öffnet mir rasch! Asturis ist schon in den Händen der Goten! Sie kommen!«

Noch im Dunkel der folgenden Nacht erschienen die Goten und wollten Comagena ebenso überrumpeln wie Asturis. Sie schossen Feuerpfeile über die Mauern. Da und dort erkletterten sie bereits die Vorwälle. Doch die starke rugische Besatzung wehrte den Angriff ab.

Wie ein Lauffeuer breitete sich die Kunde von der Rettung Comagenas durch Severin und seine Weissagung über Asturis längs der Donau aus. Einige Tage später wollten Fremde zu Severin geführt werden. »Wir kommen aus Favianis. Die Siedlung leidet Hunger, weil die Getreideschiffe von Rätien nicht eingetroffen sind. Komm und hilf uns, heiliger Mann!«

Favianis, der Ort seiner Herkunft, rief ihn! Ungern ließen ihn die Leute in Comagena ziehen.

In Favianis fand Severin alle Bewohner bereits auf dem Marktplatz versammelt. Severin blickte um sich. Er trat auf eine Frau zu, die sich neugierig vorgedrängt hatte. Sie hieß Procula und war die Witwe eines reichen Römers.

»Procula, warum bist du eine Magd des Geizes geworden? Gib das Getreide, das du verborgen hast, sofort heraus und laß es verteilen! Damit ist allen und auch dir geholfen.«

Die Frau war so betroffen, daß sie nicht zu leugnen wagte. Das Getreide nährte alle im Ort länger als eine Woche. Bis dahin legte endlich auch das Kornschiff aus Rätien an.

VOTIENS CVQ; INCIPIT P FATIO IN VITA ·S· SEVERI· EPI·
uirorū gesta fortiū aclaudabiliū puecraf patrū
in ecclesiif recitantur: qui desiderio celestiū flagran
tes premioz infirmioribz pximī plamorē uiam
fidei reliquerunt./obid pculdubio actitari cottidie
habundante iniquitate mseif uirisflatu quodā aquilonif
frigescere solet./uerū quasi austri gratissimo spiramine reac
cendatur: Unde ecela meantiaf furge aquilo et ueni auster:
H inc e qd nof pene idiote atqz inertef pciosissimi lilii x
SEVERI archi psulif uitā ordinationem nec ñ & obitū
sacratissimū qualicūqz stilo palificare gestientef simpliciter
ea que deranto uiro ad nre parumtuif noticiā puenire potuer:
auribz fideliū intimare ppositum?plusp spicientef illoz edifi-
cationi ac saluti qua curiosorū pompatice urbanitati. Qui
eni iuxta salomone sophistice loquitur do odibilif e. qa
& semetipsū iactantie spiculo p cuitt. & tam auditoz infirmi
tati ñ consulit. S; qa re gestę fidi anchorā annectere opus e.

33 Anfang der Lebensbeschreibung des hl. Severin (von Eugippius).

Mamertinus, der römische Hauptmann, sagte verwundert zu Severin: »Andere Menschen fliehen aus dem Lande an der Donau. Du hast es aufgesucht! Woher kommst du?«

»Ich bin überall zu Hause, wo sich Menschen in Bedrängnis befinden.«

Aus den Ländern nördlich der Donau drängten neue Volksstämme heran. Diesmal tauchten an der oberen Donau die Thuringer auf. Sie überfielen schwache Kastelle des Limes und führten die Bewohner als Sklaven weg. Boten kamen auch von dort zu Severin. Der Mönch begab sich sogleich mit einigen Begleitern auf Wanderung stromaufwärts. Diesmal kam er nach Lauriacum (Lorch bei Enns) an der Mündung der Enns in die Donau. Er traf dort große Mutlosigkeit an, denn hier fehlte der Schutz der Rugier, die den dichten Nordwald jenseits des Stroms mieden.

Er sagte zu den Besitzenden: »Bevor euch allen geholfen werden kann, müßt ihr den Hungernden in der Stadt helfen.« Er führte von allen, die Land besaßen, einen festen Zehnt als Abgabe ein. Die Bauern rief er wiederum an den Pflug, die Handwerker in die Werkstätten. Die Bürger von Lauriacum wollten ihn zum Bischof machen.

Aber Severin mied alle Macht, auch jede kirchliche. In einer folgenden Nacht zog er ungesehen weiter. Er hatte in einem seiner Gesichte erfahren, daß sich über Castra Batava (Passau) ein Unheil zusammenzog ...

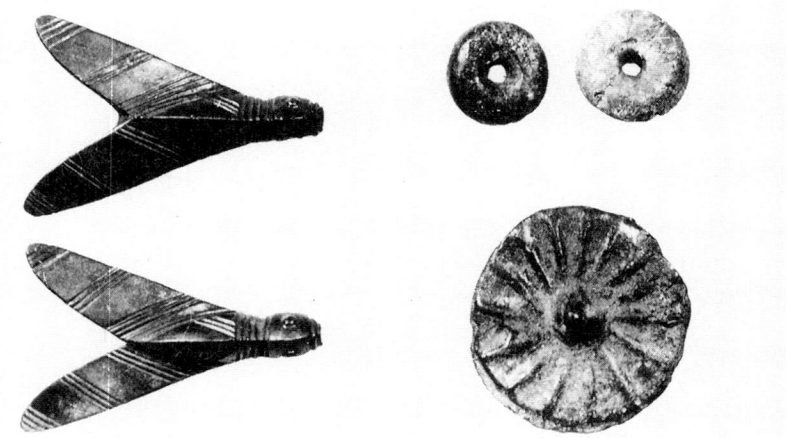

34 Westgotisch-alanischer Grabschmuck (Spiegel, zwei Fibeln, Bernsteinperlen), Untersieben-brunn, NÖ.

Seine Sehergabe wurde vom Volk wie das Siegel eines Heiligen betrachtet. Eugippius schrieb in 46 Kapiteln auf, was er über den Retter an der Donau wußte, unter anderem: »wie Severin dem jungen Odoaker im Fellkleid die kommende Königswürde voraus-sagte«;

»wie in Juvavum [Salzburg] Severins Kerzen zu brennen begannen, obwohl nirgends ein Feuer zur Entzündung aufzutreiben war«;

»wie der tote Priester Silvinus auf Severins Anruf wieder vom Tode erwachte, jedoch den Seher bat, ihn nicht länger der köstlichen Ruhe im Herrn zu berauben.«

Severin hatte auch seinen eigenen Tod vorausgesagt und daß bei der Umsiedlung der romanischen Bevölkerung nach Italien auch sein Leichnam mitgeführt würde. Auf seiner letzten großen Reise die Donau entlang gebot er den Bewohnern: »Eure Stunde ist da! Die Alamannen sind nahe!«

Viele Römer fuhren mit den Flößen die Donau abwärts. Lauriacum wurde ein einziges großes Flüchtlingslager – die Umsiedlung der Römer begann.

Der Zug der Ostgoten nach Italien

Die Goten fühlten sich im oberen Pannonien nicht mehr sicher. Das brüder-liche Herrscherpaar Widimer und Thiudimer beschloß, mit je einer Volks-hälfte auszuwandern. Thiudimer zog in die Balkanlandschaften bis in die

35 Westgotischer Schmuck (zwei Fibeln, Armreifen, Ohrringe, Ringe), Untersiebenbrunn, NÖ.

Gegend von Nisch in Serbien. Widimers Marschziel war Italien. Da er den Alpenübergängen ausweichen wollte, zog er südwärts bis an die Mur und Drau und an diesen Flüssen aufwärts.

In den Jahren 473/74 wurde dabei Kärnten das Beuteland der Ostgoten. Die Siedlungen, die sich nicht mit hohen Geldzahlungen freikaufen konnten, wurden ausgeplündert. Der Schutz der Römer für Binnennoricum war längst nicht mehr vorhanden. In jener Zeit spielte sich folgende Episode ab: Während Ufernoricum, das Land nördlich der Alpen bis an die Donau, seit etwa hundert Jahren – seit dem ersten Erscheinen der Hunnen in Wien 375 – total ausgeplündert und verarmt war, lebte Binnennoricum – Kärnten, das östliche Tirol und ein Teil der heutigen Steiermark – noch in Frieden und verhältnismäßiger Wohlhabenheit. Damals wurde im ganzen Land – vielleicht auf Veranlassung Severins, der ja öfter seine »Bettelbrüder« auf Sammlung ausschickte – eine Kleidersammlung für die verarmten norischen Brüder im Norden durchgeführt. Die Kleider wurden in Teurnia gestapelt.

Da erschienen die Goten vor der Stadt und forderten einen hohen Preis für Schonung vor Plünderung und Zerstörung. Nun wanderte die Kleidersammlung als Tributzahlung in die Hände der Goten. Widimer erreichte noch Italien, wo er dann starb. Dessen Sohn überredete Glycerius, der römische Kaiser, die Ostgoten weiter nach Gallien zu führen, wo sie sich mit den

Westgoten vereinigten und damit als Macht in der Geschichte endgültig erloschen.

Das nunmehr leere Land von Oberpannonien bis zum Alpenostrand zog sicherlich wie ein Magnet die umwohnenden Völker an. Nach dem Verschwinden der übermächtigen Goten konnten sich kleinere Germanenvölker dort niederlassen. Es wurde vor allem Heimat der Sweben, über deren Züge noch hundert Jahre später verschiedene Angaben vorliegen.

Das Rugierreich an der Donau

Auf österreichischem Boden trugen die Rugier den Nutzen davon. Sie überschritten nun die Donau und besetzten das Alpenvorland westlich des Wienerwalds. Asturis (Klosterneuburg), Comagenis (Tulln), Favianis (Mautern) und Lauriacum (Lorch an der Enns) erhielten rugische Besatzungen. Wiederum ist Eugippius für diese Vorgänge der zuverlässige Berichterstatter. Doch die Herrschaft der Rugier über diese Gebiete Österreichs stand bereits vor dem nahenden Ende.

Kurz vor Severins Tod mußte es zwischen ihm und dem Rugierkönig Fewa eine Zusammenkunft gegeben haben. Dabei ließ sich Severin vom König zusichern, die Romanen auch nach seinem Tode zu beschirmen. Ferderuch, Fewas Bruder, war zu dieser Zeit Stadtkommandant von Favianis.

482 starb Severin. Ferderuch hielt seine Zusage nur so lange ein, bis Severin tot war. Dann plünderte er die kleine Stadt und vor allem das Kloster Severins bis auf die kahlen Mauern aus und vertrieb die Mönchsbrüder. Als es kurze Zeit später zu einem Herrschaftsstreit mit dem Sohn seines Bruders Fewa kam, wurde er von diesem ermordet. Das entsetzte und verängstigte Volk an der Donau sah dies als Strafe Gottes für seine Frevel.

König Fewa, der sich nun als unangefochtener Herrscher über die österreichischen Donauländer fühlte, ließ sich vom oströmischen Kaiser Zeno verleiten, nach Italien zu ziehen, mit dem Ziel, Odoaker zu schlagen und selber Herrscher des Weströmischen Reiches zu werden.

Die Spionage mußte in jenen Zeiten vorzüglich ausgebaut gewesen sein. Odoaker erfuhr von dem Plan des Rugiers, der ihm einst den Durchzug durch sein Land erlaubt hatte. Er zog 487 mit einem stark ausgerüsteten Römerheer über die Alpen an die Donau, stellte die rugische Heeresmacht zum Kampf und schlug sie. König Fewa und dessen Frau Gido nahm er als Geiseln für die Einhaltung des Friedens an der Donau mit sich nach Italien.

Fewas Sohn Friedrich entging Odoakers Zugriff. Er erhob sich ein Jahr später
– 488 – mit seinen Rugiern. Odoaker sandte seinen Bruder Hunwulf zur
neuerlichen Strafexpedition, die das völlige Ende des Rugierreiches herbei-
führte. Damit tauchte dieses germanische Königreich auf dem Boden Österreichs in das Schweigen der Geschichte hinab. Fewa und Gido, die königlichen Geiseln, büßten den Aufstand ihres Sohnes Friedrich mit dem Leben.
Der schreckliche Kreislauf in der Ausrottung königlicher Germanenge-
schlechter war aber damit noch nicht zu Ende. Auch diesmal konnte Friedrich, der letzte Rugierkönig, entkommen. Er flüchtete zum Sohn des einstigen Gotenkönigs Thiudimer, dem nunmehrigen König Theoderich, nach
Makedonien. Kaiser Zeno, der seit Odoakers Sieg in Italien dessen Vernichtung betrieb, indem er Theoderich seine volle Hilfe versprach, fand nun in
dem Rugier Friedrich den stärksten Hetzer gegen den germanischen Herrscher Odoaker in Westrom. Schon um 454 hatten die Alemannen die endgültige Herrschaft über den westlichen Teil der römischen Provinz Rätien
angetreten. Mit dem Untergang Odoakers fiel Österreichs letzte Bindung an
Rom . . .

12 Langobarden, Slawen und Awaren

Langobardisches Zwischenreich

Vor dem Auftauchen der Slawen und Awaren in Österreich gab es auf dem Boden unseres Vaterlandes noch ein langobardisches Zwischenspiel. In den Ländern an der Donau, in Niederösterreich und Westungarn lebten die Langobarden von 490 bis 568. Über 40 Jahre lang hatten sie ein eigenes Königreich.

Die Abstammung der Langobarden und ihre Wanderung sind ziemlich genau bekannt. Ihre Stammheimat lag wahrscheinlich in Südschweden. Bereits zwischen 200 und 100 v. Chr. setzten sie nach dem nördlichen Jütland über. Entlang der dänischen Halbinsel schoben sie sich in die Ebene Norddeutschlands vor. Als sie mit den Vandalen zusammenstießen, kam es zum Kampf auf Leben und Tod. Sie täuschten dem Feind eine mächtige Streitmacht vor, indem auch die Frauen in die Schlachtreihen eingeordnet wurden. Um für bärtige Krieger gehalten zu werden, banden diese ihre langen Haare über dem Kinn zusammen. Darauf soll nach der Überlieferung ihr Name (Langbärte) zurückgehen. Der weite Wanderweg führte die Langobarden in die Lüneburger Heide, die darum bis in das Mittelalter hinein der »Bardengau« hieß.

Zur Zeit der Markomannenherrschaft erschienen um 167 an der Donau 6000 Langobarden und übersetzten den Fluß; doch wurden sie dann in der Gegend des Burgenlandes von den Römern zum Abzug gezwungen. Sie zogen tausend Kilometer weit wieder nach Norden bis an die untere Elbe.

Erst um 400 n. Chr. setzten sich die Langobarden von neuem in Bewegung und trafen um 487 im »Rugiland«, dem nördlichen Niederösterreich und Südmähren, ein. Im gleichen Jahr hatte Odoaker das Reich der Rugier vernichtet. Das stärkste Volk der Heruler hatte die Langobarden sogleich in ein Tributverhältnis gezwungen. Die Heruler überließen ihnen dann das »Feld« – die Marchebene – gegen hohe Zinsleistungen zur Ansiedlung.

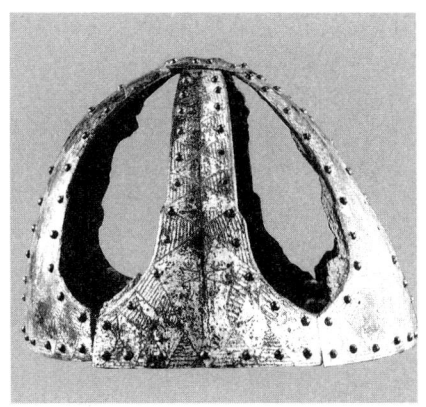

36 Langobardischer Spangenhelm mit
Kreuzsymbol, Steinbrunn, Bgld.

37 Langobardisches Stengelglas, Pfaffenho-
fen, Tirol.

491 kam es zum Aufstand der Langobarden gegen ihre Unterdrücker. Prokop
berichtet darüber: »Im Jahre 491 hatten die kampflustigen Heruler keine
Gegner mehr, gegen die sie losziehen konnten. So verlief ein Zeitraum in
Frieden. Mit dieser Lage wurden die Heruler bald unzufrieden. Sie be-
schimpften ihren Anführer Rodulf und nannten ihn weichlich und weibisch
und schmähten ihn lange. Rodulf konnte diesen Übermut nicht lange aushal-
ten und zog gegen die Langobarden, die gar nichts Ungerechtes getan hatten,
in den Krieg.
Als sie den Langobarden gegenüberstanden, senkte sich über die Heruler eine
sonderbare schwarze Wolke herab. Über den Langobarden aber blieb der
Himmel rein. Ein schlimmeres Zeichen hätte gar nicht auftreten können. Die
Heruler achteten in ihrem Hochmut nicht darauf und gingen leichtsinnig auf
die Gegner los, weil sie sich in großer Überzahl wußten. Bei dieser Schlacht
wurde der Anführer Rodulf getötet und mit ihm viele Heruler. Sogar auf der
Flucht starben noch viele Feinde. Seit dieser Zeit war die Kraft der Heruler
gebrochen, weil sie keinen König mehr über sich hatten.«
Der Langobardenkönig Tato, der Sieger, war der erste Herrscher des niederösterreichischen Langobardenreiches. Doch nicht lange danach überfiel Wacho, ein Neffe Tatos, den Herrscher und tötete ihn. Der Königsmörder
schenkte den Langobarden eine lange Friedensperiode. Er hielt sich aus allen
Nachbarkriegen heraus. Nacheinander heiratete er drei Frauen aus königlichen Geschlechtern: Radegunde, die Tochter des Thüringerkönigs, Austri-

gusa, die Tochter des Gepidenkönigs, zuletzt die Tochter des einstigen He-
rulerkönigs Rodulf. Den weiteren Weg der Langobarden über die Donau
hinweg nach Süden weisen die vielen Gräberfunde.

Um 526 besiegte Wacho die Sweben im oberen Pannonien und zog in dieses
Land am Rande der Ostalpen. Als die Awaren aus Osten auftauchten, besiegte sie sein Nachfolger, König Alboin, 568. Im gleichen Jahr noch verließ er
mit seinem ganzen Volk Pannonien und zog in das Land Venetien nördlich
der Adria. Er eroberte Pavia und Mailand. Nach vielen Kämpfen und Wanderungen siedelte sich das Volk in der Poebene an. Nach und nach ging es in
der italienischen Bevölkerung vollständig auf. Als letzte Erinnerung an die
Langobarden blieb der Name einer Provinz: Lombardei . . .

In der Zeit zwischen 582 und 592 tauchten aus dem Osten die Slawen und
Awaren im südlichen Alpengebiet der Steiermark und Kärntens auf. Über die
Slawen kann nur im Zusammenhang mit den Awaren berichtet werden.
Letztere – ein mongolisches Volk aus Innerasien – hatten jene aus ihren
Stammsitzen vertrieben, die man in der westlichen Ukraine annimmt.

Die Awaren

Die Macht der Awaren lag wie bei den Hunnen, die hundertfünfzig Jahre
vorher die Länder an der Donau unterworfen hatten, in der unwiderstehli-
chen Kampfkraft ihrer Reiterheere. Um 600 behrrschten die Awaren alle
unterworfenen Völker in dem riesigen Raum zwischen Wolga und Donau.
Das östliche Österreich bedrohten sie zweihundert Jahre lang. Die Absicht
der Awaren bei der Unterwerfung anderer Völker war nicht deren Ausrottung, sondern ihre Verpflichtung zu Tributleistungen.

Das erste Ziel des awarischen Sturms war das reiche Ostrom mit der Hauptstadt Byzanz. Jahrelang griffen die schnellen Reitersoldaten mit ihrem sonderbaren Haarschmuck aus zwei lang herabhängenden Zöpfen die oströmischen Grenzen an. Schließlich war Byzanz bereit, einen jährlichen Tribut von
80.000 Goldstücken zu bezahlen.

Der oströmische Kaiser Justinian verfolgte dabei ein bestimmtes Ziel: die
Awaren gegen die Franken zu lenken, die das Herrschaftsrecht über das
Weströmische Reich beanspruchten. Die Awaren trieben nun längs der Karpaten die Slawen vor sich her in den Raum von Mähren und Böhmen, der
sich allmählich von den germanischen Völkern geleert hatte.

Mittelpunkt des Awarenreiches wurde die Tiefebene zwischen Theiß und

Donau. Dort baute König Bajan seine riesige Burg. Die Awarenkönige herrschten zweihundert Jahre lang über das heutige Ungarn und die Landschaft bis zum Wienerwald. Bereits um 600 unternahmen sie Beutezüge in die Untersteiermark und nach Kärnten. Dabei mußten die Slawen sie in ihren Dörfern in Winterquartiere aufnehmen.

Das rein awarische Wohngebiet reichte im Norden Österreichs bis an den Kamp, südlich der Donau bis an die Wienerwaldhöhen. Soweit kennt man heute das geschlossene Fundgebiet von Awarengräbern. Doch auch darüber hinaus lassen sich awarische Spuren nachweisen, und zwar bis zum Fund in dem bairischen Reihengrab von Zizlau bei Linz. Das Burgenland war zur Gänze und über hundert Jahre lang Wohngebiet der Awaren. Um 700 wurde bei einem Beuteritt der Awaren über die Enns hinweg die alte Siedlung Lorch, das römische Lauriacum, geplündert und niedergebrannt. In dem besetzten Land wurden Stationen eingerichtet, die den Zehnt der unterworfenen Bauern einhoben und die Bevölkerung in ständiger Furcht hielten.

Im eigenen Siedlungsraum gaben sich die Awaren nicht mit Ackerbau ab. Sie lebten vom Weidebetrieb riesiger Vieh- und besonders auch Pferdeherden. Die Pferde waren für sie Milch-, Last- und Reittiere. Nach dem Zusammenbruch ihrer Macht um 800 wurde gerade der Umstand, daß sie niemals Ackerbauern waren, die Ursache ihres schnellen Untergangs.

Um 740 schlugen die vereinigten Baiern und Slawen den letzten awarischen Angriff gegen Karantanien zurück. Das Land an der Donau befreite erst Karl der Große 791 auf seinem großen Awarenzug. Nach Berichten erreichten damals die fränkischen Heere den Fluß Raab in Oberungarn. Dort vernichtete eine schwere Pferdeseuche – wahrscheinlich war es Rauschbrand – fast alle Tiere. Karl der Große mußte mitten im Siegeszug umkehren.

799 kam es noch einmal zu einem awarischen Aufstand im Raum des Neusiedler Sees. Erst 803 erlosch der letzte Widerstand. Die Awaren, nun von den umwohnenden Slawen schwer bedrückt und verfolgt, siedelte Karl der Große in begrenzte Landschaftsräume östlich und südlich des Burgenlandes um. Sie sollten nach dem Plan des Kaisers endlich friedliche Ackerbauern werden.

Diese Umerziehung des Reitervolkes versagte völlig. Auf wenig Land zusammengedrängt, starben sie an Seuchen und wahrscheinlich auch an Hunger dahin. Fünfzig Jahre später berichtet ein Geschichtsschreiber, daß das angesiedelte awarische Volk ausgestorben sei.

38 Awarische Gürtelbeschläge aus Bronze, Linz.

Die Slawen

Das Auftauchen der Slawen, einem Zweig der indogermanischen Völker, fällt zeitlich mit dem Eindringen der Awaren zusammen. Nördlich der Donau erreichten sie um 550 das Marchfeld. Das niederösterreichische Weinviertel mag nur noch dünn mit Germanen besiedelt gewesen sein. Wahrscheinlich geschah diese Landnahme nicht kriegerisch. Germanen und Slawen lebten friedlich nebeneinander. Gräberfunde beider Völker beweisen das. Die Germanen pflegten die Erdbestattung, die Slawen die Brandbestattung.

Das Eindringen der Slawen in das südliche Alpenland erfolgte erst fünfzig Jahre später. Wahrscheinlich lenkten die Awaren diese Slawenwanderung an den Flüssen Mur, Drau und Save aufwärts, um ihnen neues Ackerland zu erschließen und sich selbst ausreichende und nahrhafte Winterquartiere zu sichern. Der erste Slawenzug erreichte 592 Osttirol und das Pustertal.

Die aus dem Balkan kommenden Slawen waren nicht nur Bauern wie die Nordslawen im Marchfeld. Daß ihnen Raub und Krieg nicht fremd waren, das beweisen die Zerstörung von Virunum und mehrere Funde von vergrabenen oströmischen Münzen.

Den Slawen stellten sich jedoch die zur selben Zeit von Westen her in die Alpentäler einwandernden Baiern entgegen. Der baierische Herzog Tassilo I. siegte 592 im »Slawenland«, mit dem sicherlich eine kärntnerische Landschaft gemeint war. Im Jahre 610 wiederum wurde der bairische Herzog Garibald bei Aguntum, dem heutigen Lienz, von den Slawen geschlagen und aus dem Drautal vertrieben. Die »Fredegarchronik« berichtet, daß ein fränkischer Kaufmann mit dem Namen Samo einen Aufstand der Slawen gegen die Awaren anführte.

Samo, König der Slawen

Walluk, der Herzog der Winden, stand am Fenster der Burg und blickte hinab auf den hochgehenden Draufluß. »Bistrica« – schnelles Wasser – war der Name dieser heimlichen Burg und Versammlungsstätte der windischen Slawen. Es war ein armseliger Lehmbau.

»Hilf du uns, Samo!« sagte jetzt Walluk und wandte sich zu seinem Gast.

»Ich bin als einfacher Kaufmann zu dir gekommen, Fürst, das weißt du. Warum hältst du so viel von mir?«

»Du bist weit gereist und erfahren.«

Der Fürst der karantanischen Winden setzte sich dem Kaufmann aus dem fernen Franken gegenüber. Er schloß die Augen halb und begann zu erzählen:

»Seit unsere Väter sich erinnern können, leiden wir unter der Bedrückung durch die Awaren. Diese Hunnen« – in seiner kehligen Sprache klang es wie Chunnen – »sitzen uns Slawen auf den Schultern wie ein Reiter auf dem Pferd. Jetzt sind sie aus unseren Tälern abgezogen auf die pannonischen Weiden. Im Herbst kehren sie wieder zurück. Sie nisten sich in den Hütten der armen windischen Bauern ein, und wir müssen diese Herren durch den Winter füttern. Sie fordern Fleisch und immer wieder Fleisch. Bis der neue Frühling kommt, stehen unsere Viehställe fast leer. Ohne Ochsen müssen sich die Bauern zu sechst und acht vor die Pflüge spannen, damit die Felder geackert werden. Sie nehmen unsere Frauen als die ihren und lassen uns die Bastarde zurück!« Er schrie einen harten windischen Fluch hinaus. »Wir ertragen diese schmachvolle Unterdrückung nicht mehr länger!«

Erregt durch diesen Bericht stieß der Kaufmann den ledernen Rückenkorb mit den Nadeln und Ahlen, den Spangen und Fibeln und dem billigen Glasschmuck vom Tisch, daß sein Inhalt klirrend über den Boden rollte. Nur diese Händlerkraxe hatte es ihm möglich gemacht, allmählich herauszufinden, wo Walluk, der Fürst der Winden, lebte.

»Ich gehe nicht mehr zu den Franken zurück, Fürst! Ich will Slawe werden und euch beistehen, sobald ihr losschlagt!«

Walluk umschlang den Gast mit beiden Armen. »Besiegeln wir unsere Bruderschaft mit dem Blutsversprechen!«

Walluk ritzte zuerst seinen entblößten Arm, dann den Arm des Kaufmannes. In einer Schüssel sammelte sich eine kleine Blutlache. Walluk sagte den alten Spruch:

39 Slawischer Wellenbandtopf, Mistelbach, NÖ.

»Blut zu Blut,
Leben zu Leben,
Tod zu Tod!«

»Du bist jetzt Slawe, Samo!«

»Ich bin Slawe, Walluk!« In Samos Innern ging eine sonderbare Wandlung vor sich. Er dachte an die Geschichten magischer Verzauberung, an die Entrückung in ein anderes Wesen. Samo, der fränkische Händler, war tot; Samo, der Slawe, war erwacht. Nachts im Traum sah er sich wieder vor König Dagobert, dem Franken, stehen. Er hörte die harte Befehlsstimme . . . »Ich baue auf dich, Samo! Wiegle die Slawen in Karantanien gegen die Awaren auf, führe sie bis zum Aufstand! Werfen sie ihr Joch ab, werden sie unsere Freunde sein. Wir durchkreuzen die Absichten von Ostrom und herrschen dann als Erben des Reiches von Westrom auch im Osten!«

Samo hörte im Traum auch seine Antwort: . . . »Ich gehe, König. Sobald ich wiederkehre, lege ich dir das Land der Slawen zu Füßen . . .«

Er erschrak so sehr, daß er erwachte. Hatte er laut geredet? Niemals käme ein Wort über seine Lippen, das er mit König Dagobert gesprochen hatte. Es war vergessen, mußte vergessen sein für immer! –

Samo schlief erschöpft ein. Als er erwachte, stand ein gedeckter, niedriger Tisch neben seinem Lager. Als Weitgereister war er ein Liebhaber guter Speisen. Der Slibowitz, der Maisschnaps, die kühle Milch, die duftige Räucherforelle – alles schmeckte ihm. Die Angst der Nacht war fort. Diener huschten barfuß und geduckt herein und brachten schneeweiße, gewebte Hemden, enge Wollhosen, einen langhaarigen Schafwollmantel und rote Lederopanken mit hoch aufgebogener Spitze. »Jetzt bist du auch gekleidet wie ein Slawe!« sagte Walluk.

Sie ritten in versteckte, abgelegene Hütten zu den versammelten Slawen. »Wir müssen den Sommer nutzen!« sagte Samo. »Solang der Sommer trocken ist, bauen wir an seichten Stellen Wehren in die Drau, die Glan und die Gurk ein, damit wir im Herbst diese Flüsse anstauen, sobald die Awaren aus dem Tiefland zurückkehren. Die Reitpfade längs der Ufer werden davon überschwemmt sein. Sie müssen dann mit ihren Pferden in Gestrüpp und Wälder ausweichen – dort überfallen wir sie! Am wichtigsten ist das Entführen der Pferde! Ein Aware ohne Roß ist wie ein knieweiches Kind . . .«

Die Sommertage waren vorbei, Reif lag morgens auf den Feldern. Die ersten Awaren tauchten auf. Die Slawen, die in den Wäldern versteckt lagen, ließen die Reiter passieren. »Erst den Hauptschwarm von hinten her anfallen, damit keinem die Rückkehr möglich ist!« hatte Samo befohlen.

Die Awaren schimpften über die überschwemmten Reitpfade. Unmassen von Gestrüpp stauten die Flüsse. Sie fürchteten die struppigen, unwegsamen Wälder. Nachts brannten Feuer auf hohen, kahlen Gipfeln – losschlagen! hieß das.

Die Schlacht begann im Morgengrauen. Überall warfen die herangeschlichenen Slawen Feuerbrände in die Zeltlager, entführten die Pferde. Ein Wüten, Schlagen und Metzeln begann – drei Tage und Nächte lang. Die Wut der Winden wuchs ins Unermeßliche. Sie begruben die toten Awaren nicht, sie sammelten die Leichen und warfen sie in die Drau. Die Wehrdämme, die wie Biberbauten geschaffen worden waren, stießen sie wieder auf. Die aufgestauten Wasser brachen durch und brausten mit unzähligen Awarenleibern hinab in die Ebenen Syrmiums und Mösiens und verbreiteten noch unter den Awaren-Chanen, die dort herrschten, Entsetzen und Grauen.

Mitten in den Jubel der siegreichen Slawen fiel das Wort: »Samo muß unser König sein!«

»Du mußt alle Slawen befreien – die an der Donau, die im Bojerland im Norden!«
drängte Walluk, der Herzog der Winden. »Meine Gefolgschaft gehört dir!«
Die Woge der Befreiungskriege rollte weiter. In den Ebenen am großen Strom
schlugen die Donauslawen los. Die Nordslawen fielen wie der Blitz über die awarischen Unterdrücker her. Überall, wo es zum Aufstand kam, tauchte Samo auf, Samo,
der König!

Das Volk der Franken horchte auf. König Dagobert, westlich des Rheins, wartete
Woche um Woche auf den Besuch Samos. Ein Vorfall bot dem König Anlaß, eine
Gesandtschaft an den Hof König Samos zu senden: Im Wendenland waren fränkische
Kaufleute überfallen, beraubt und getötet worden. Die Franken aber mußten auf freie,
gesicherte Handelswege bestehen. Diese Gesandtschaft führte Sycharius an.

Als dieser mit seiner Begleitschaft am slawischen Hof ankam, war Samo nicht bereit,
die fränkische Abordnung zu empfangen. Nach tagelangem demütigendem Warten
verfiel Sycharius auf eine List. Sie kleideten sich nach der Art slawischer Würdenträger
und verlangten kurz und barsch Einlaß. In der großen, von Holzpfeilern getragenen
Halle standen sie unerwartet König Samo gegenüber.

Sycharius trat vor und überbrachte die Botschaft des Frankenkönigs: »In deinem Land
wurden fränkische Kaufleute getötet. Ich, König Dagobert, fordere Wiedergutmachung und Auslieferung der Mörder!«

Samos Antwort lautete: »Wenn es zutrifft, was dein König behauptet, so sollen die
Mörder eingefangen und bestraft werden, doch nur von slawischen Richtern im
slawischen Land. Der König mag Beobachter senden!«

Sycharius konnte seinen Zorn nicht mehr zügeln: »Du vergißt, Samo, daß du mit dem
ganzen slawischen Volk König Dagobert dienstbar zu sein hast! Es ist nicht weiter
möglich, daß wir fränkischen Christen, die Gottes Knechte sind, mit euch unwürdigen
Hunden in Freundschaft stehen!«

Samo sprang auf und schrie: »Wenn ihr Franken Knechte Gottes seid und wir nur
Hunde, muß es uns erlaubt sein, falls ihr gegen Gottes Willen, Frieden zu halten,
handelt, euch zu beißen!«

Er hob den Arm und rief einen scharfen Befehl auf windisch. Die Wächter fielen über
Sycharius und seine Gefolgschaft her und stießen sie aus der Burg hinaus. Aber ohne
weitere Behinderung erreichte die fränkische Abordnung wieder den Rhein.

Dagobert schäumte vor Zorn über den Verrat des Franken Samo. Seine Boten jagten
durch das ganze Frankenland, zu den befreundeten und dienstpflichtigen Völkern.
Alle bot er zum Vernichtungskrieg gegen die Slawen auf.

Die südlichen Germanen zogen in drei Abteilungen gegen die Winden. Das waren die
Langobarden aus der Ebene am Po, die Alamannen und die Baiern. Die Langobarden
und Alamannen drangen derart stürmisch in das Land der karantanischen Slawen ein,
daß Schrecken diese lähmte. Eine ungeheure Menge von Gefangenen wurde von ihnen
weggeführt. Über die Baiern aber schweigt die Chronik.

Gegen die Nordslawen traten die Franken und die Thuringer an. Die Wenden und die

Sorbier hatten sich dem Kampf gegen die Franken angeschlossen, deren Joch sie nur widerwillig trugen. Die Schlacht vor der Wogatisburg, wohin König Samo geeilt war, endete unglücklich für die Franken, die sich bis zu diesem Tage für unbesiegbar gehalten hatten. Die Franken flohen in hellen Scharen und überließen sogar das reiche Zeltlager den Siegern. Seither stand Thuringens und Ostfrankens Grenze den wilden Einfällen der Nordslawen ungeschützt offen.

Solange Samo König der Slawen war, blieben sie frei von den Awaren im Osten und von den Franken im Westen. Samo heiratete windische Frauen und regierte 35 Jahre lang. In vielen slawischen Liedern wurde der große König besungen . . .

Erste Slawen-Missionierung

Als nach dem Tode Samos der Großstaat der Slawen zusammengebrochen war, traten die Awaren von neuem die Oberherrschaft über die Nordslawen an. Den karantanischen Slawen drohte das gleiche Los. Es mag sein, daß sie die Unterwerfung durch die Baiern vorzogen, mit denen sie dann längere Zeit gemeinsam die Awaren abwehrten.

Um 650 hatten die Slawen ihre größte Ausdehnung in den Ländern des heutigen Österreich erreicht. Die ungefähre Grenzlinie, die deutlich an den Ortsnamen abzulesen ist, verlief folgendermaßen: Im Pustertal wurde in Innichen ein bairisches Kloster an der Slawengrenze errichtet. Die Grenze gegen Norden bildete die Gipfellinie der Hohen Tauern, wobei allerdings noch slawische Nachweise in den Tälern des Pongaues nördlich der Tauern zu finden sind. Weiter ging die Grenze über das Ennstal bei Radstadt hinweg bis in das Salzkammergut, dann die Traun abwärts bis an die Donau. Durch das kaum besiedelte dichte Urwaldland des niederösterreichischen Waldviertels wurde nach Norden der Anschluß an den böhmisch-mährischen Slawenraum gefunden.

In den Alpentälern fanden die Slawen noch die eingeborene illyrisch-keltische Bevölkerung vor, die sich während der ruhelosen Völkerwanderungszeit aus dem offenen Donauland in besser gesicherte Fluchträume zurückgezogen hatte. Auch rugische und langobardische Germanen waren in Resten auf österreichischem Gebiet zurückgeblieben. Erst die Slawen hatten die letzten christlichen Gemeinden der alten romanischen Bevölkerung in Kärnten und der südlichen Steiermark ausgelöscht.

Fast zur selben Zeit aber begann in den Alpenländern die Missionierung durch irische Mönche. In Vorarlberg, das schon 536 unter fränkische Herr-

schaft gekommen war, predigten Gallus und Kolumban um 610 den Alamannen den christlichen Glauben. Die Christianisierung erfolgte jedoch in
jener Zeit nur sporadisch. Die geschlossene Bekehrung zum Christentum
setzte erst ein, als die Awaren von Karl dem Großen endgültig geschlagen
und aus Österreich vertrieben wurden. Ein Zentrum der Missionierung der
Slawen, die nach 700 in Kärnten unter bairischen Herzogen lebten, war
Salzburg. Kremsmünster wurde 777 als Waldkloster zur Missionierung der
Slawen westlich und östlich der Enns gegründet.
Mit der Ausbreitung der Karolingischen Mark bis weit nach Pannonien
hinein wurde auch awarisches Grenzland Salzburger Missionsgebiet. Die
Salzburger Bischöfe Rupert und Virgil wirkten bereits inmitten der gefestig-
ten Besiedlung Österreichs, die bis heute von Dauer blieb – der bairischen
und in seinem westlichen Landschaftsraum der alamannischen ...

13 Das neue Volk – Ostarrichi

Dunkel um Herkunft der Baiern

Die Baiern tauchen bald nach 500 in den Alpenvorländern südlich der Donau auf. Von den frühen römischen Schriftstellern wurden sie »Baioarii oder Bajuwarii« genannt. Aus dieser lateinischen Benennung leitete sich auch das später eingedeutschte Wort »Bajuwaren« ab. Feststehend aber blieb für dieses Volk der Name Baiern.

Das Stammland der Baiern, in dem sie als besonderer deutscher Stamm zu einem Volk wurden, lag zwischen den Flüssen Enns und Lech, seine Südgrenze bildeten die Vorberge und Haupttäler der Alpen, die Donau war lange Zeit die Abgrenzung gegen Norden.

Die Baiern sind das letzte germanische Volk, das in die Geschichte eintritt. Man könnte vielleicht treffender behaupten, sie waren der erste deutsche Volksstamm, der sich den anderen Stämmen gegenüber aufschloß und diesen eine gemeinsame Sprache bescherte, die deutsche. In die Sprache der Baiern sind nämlich ebenso ostgermanische wie westgermanische Wortstämme aufgenommen und »eingedeutscht« worden.

Die Herkunft der Baiern ist trotz aller intensiven Forschung heute noch dunkel. Daher seien drei der bekanntesten Theorien nacheinander angeführt: Die Baiern sind die direkten Nachkommen der Markomannen in Österreich. Vor den Germanen besiedelten den großen Raum nördlich der Donau, der tausend Jahre lang rings von ungeheuren Urwäldern umgeben und darum so schwer zugänglich war, die keltischen Bojern. Von diesen Bojern erhielt das Land den Namen Böhmen. Nach der frühen germanischen Benennung »Bojerheim« wurde nun auch das germanische Volk, das weit mehr zum Zweck des Landbaus als in kriegerischer Absicht die Donau übersetzte, »Baiern« genannt.

Eine zweite Theorie untersucht die gotischen, also ostgermanischen Wort-

40 Fibel, Silber vergoldet, bairisch, Zizlau, OÖ.

stämme, die in der bairischen Sprache enthalten sind. Dabei tauchen viele Übereinstimmungen auf. Auch die allerfrühesten Berichte, die vom Leben an einem Stromdelta, einer Bai (Bucht), berichten und sogar den Namen Istrien für Baiern anführen (Ister gilt auch als Name für die untere Donau), weisen auf das Land der Donaumündungen am Schwarzen Meer als bairisches Herkunftsland hin. Der Grieche Ptolemäus berichtet dazu vom Volk der Baianoi, das in den Westkarpaten lebte. Auch die alten Sagen der Langobarden wissen von einem Land »Bainaib« zu erzählen. Kamen die »Baianoi« aus dem Osten, so mußte auf österreichischem Boden das Land zwischen Wienerwald und Enns die Gegend ihres ersten Auftauchens an der Donau gewesen sein. Unter dem Druck der Slawen, die nach ihnen, getrieben von den Awaren, die gleiche Wanderrichtung einschlugen, schoben sich die Baiern dann ziemlich rasch bis zum Inn und noch weiter nach Westen bis fast an den Lech vor. Auch die geographische Lage der neuen Baiernheimat, gegen Westen und Norden von Alemannen, Franken und Sachsen begrenzt, deutet eher auf eine ostgermanische Abkunft.

Die dritte Theorie macht sich die Erklärung am leichtesten. Nach ihr wären die Baiern überhaupt nie in die Donauländer »eingewandert«. Sie sollen sich nämlich erst in diesem Landstrich aus mehreren germanischen Volkssplittern – Markomannen, Rugiern, Skiren (auf sie deuten die »Scheyern«-Orte

116

Bayerns hin), Herulern – und der eingesessenen illyrisch-keltischen Urbe-völkerung zu einer eigenen Volkseinheit entwickelt haben. Dafür spräche besonders die Tatsache, daß der Grundcharakter der Baiern bäuerlich und nicht kriegerisch wie bei fast allen anderen bekannten germanischen Stäm-men war.

Die Agilolfinger

Nach vielen geschichtlichen Darstellungen wären die Baiern seit ihrem ersten Auftreten schon in Abhängigkeit von den Franken gestanden. Doch der Frankenkönig Theudebert (534–548) führt in einem Brief an den oströmi-schen Kaiser Justinian bei der Aufzählung der »untertänigen Völker« die Baiern nicht an. Somit ist anzunehmen, daß die Baiern erst in fränkische Abhängigkeit gerieten, als sie vor dem Druck der Slawen und Awaren immer mehr nach Westen abgedrängt wurden. Die fränkischen Könige setzten auch sogleich über die Baiern ein burgundisches Geschlecht ein, denn die Burgun-den standen bereits unter fränkischer Herrschaft. Dies waren die Agilolfin-ger, die jedoch vom ersten Tag an sich dem Volk der Baiern mehr verbunden fühlten als dem fränkischen Herrn. Es gibt jedoch auch manche Anzeichen, daß die Agilofinger einheimische Fürsten waren und nur ihre Herzogswürde von den Franken bestätigt erhielten, um sie in Abhängigkeit zu halten.
Das Volk der Baiern stürmte nicht in kriegerischen Reiterzügen über die Alpenpässe hinweg, um rasch das gelobte Land Italien zu erreichen, wie es vor ihm die Skiren, Rugier und Goten getan hatten. Es schob sich, Land nehmend und Land bebauend, in die Alpentäler vor. Es wich aber auch vor

41 Kamm aus Bein, bairisch, Zizlau, OÖ.

117

42 Bairisches Langschwert mit Schildbuckel, Zizlau, OÖ.

hohen Bergpässen nicht zurück, wanderte über den Brenner, über die Tauern und die steirischen Pässe in die Gegenden südlich des Alpenhauptkammes hinab. In Osttirol, Kärnten und der oberen Steiermark trafen sie wieder auf die Slawen. Diesmal waren es nicht die Nordslawen, sondern die Balkanslawen, die den Alpenflüssen Save, Drau und Mur entlang in die inneren Alpentäler vordrangen.

Ein Baiernherzog, Tassilo I., stieß 592 in Osttirol in kriegerischer Auseinandersetzung mit den Slawen zusammen und drängte sie zurück. Wenig später tauchten die Baiern bereits in Innerkärnten auf. Dafür aber zogen die Slawen in schon von Baiern besiedelte Landstriche nördlich der Niederen Tauern und ließen sich dort nieder. So ergab sich besonders in den Donaugegenden östlich der Enns und in Innerösterreich lange Zeit ein friedliches Nebeneinander dieser beiden Völker.

Das änderte sich, als die christlichen Agilolfingerherzoge im Volk verhältnismäßig schnell das Christentum einführten. Sie dehnten diese Missionierung bald auch auf die Slawen aus. Diese erhoben sich gegen den neuen Glauben, der sicherlich zumeist in der Sprache der Baiern verbreitet wurde. So kam es nach mehr als hundert Jahren friedlichen Zusammenlebens zu Aufständen und blutigen Slawenkriegen. Eine alte Lungauer Sage berichtet von einer

118

großen Schlacht auf der »Blutigen Alm« im Bundschuhgebiet; die Alm hat diese Bezeichnung bis heute beibehalten. Gerade Flurnamen halten ja Geschehnisse am längsten fest. Die Sage fand hierbei eine besondere Bestätigung, als vor rund 100 Jahren auf der »Blutigen Alm« ein bairisches Eisenschwert aus dem 7. Jahrhundert gefunden wurde. Die Verbreitung der Baiern und die gemischte Besiedlung mit Slawen vor der Christianisierung war aus den reichen Gräberfunden leicht zu ermitteln. Die heidnischen Baiern wurden auf großen Feldern abseits der Dörfer in Reihengräbern bestattet. Eins der reichsten Gräberfelder wurde in Hörsching bei Linz aufgedeckt: Über 250 Bestattungen, zum Teil in Baumsärgen, zum Teil auch nur auf Totenbrettern, ließen sich aus den Grabbeigaben, der Bewaffnung und dem Schmuck, bestimmen. An Waffen gab es Kurz- und Langschwerter; dem hölzernen Schild war in der Mitte ein eiserner Buckel aufgeschraubt. Am Schmuck – Ohrgehänge aus awarischen und oströmischen Werkstätten, langobardische Schnallen und Fibeln, aber auch prachtvoll geschnittene und gegossene bairische Ziernadeln – läßt sich erkennen, daß die Baiern in ständigem Handelsaustausch mit dem Osten standen. Um 800 scheint die Christianisierung des ganzen österreichischen Raumes abgeschlossen zu sein.
In dieser Zeit war auch bereits die Idee Herzog Tassilos III. von einem geschlossenen bairischen Reich und Königtum untergegangen:

Der bairische Königstraum

Tassilo und seine Gemahlin, die langobardische Königstochter Liutbirga, standen im Turmgemach des Waldklosters Kremsmünster. Zehn Jahre zuvor – 777 – hatte es der Baiernherzog zur Missionierung der Slawen, die jenseits der Enns noch verstreut zwischen den bairischen Neusiedlern lebten, gegründet.
Der Herzog klatschte in die Hände. »Meine Gemahlin läßt Abt Albo bitten!«
Der junge, dunkelgelockte Benediktiner, ein Langobarde wie Liutbirga, erschien an der hohen Eichentür, die mit Kupfer beschlagen war, das jetzt im Gegenlicht der Sonne rot aufleuchtete.
»Mein Hochzeitskelch und die Leuchter stehen im Kloster aufbewahrt. Mich gelüstet es, das Geschenk wieder einmal zu sehen und in den Händen zu halten«, sagte Liutbirga.
Als der hohe, schwere Kelch aus vergoldetem Kupfer Liutbirga dunkel entgegenfunkelte, faßte sie eine schmerzhafte Sehnsucht, einen Tag wieder so froh und glücklich zu leben wie damals, als sie ihn zum Geschenk erhielt. Dieses Kunstwerk war in jahrelanger Goldschmiedearbeit allein für sie geschaffen worden. Sie fuhr mit ihren

tastenden Händen vom Fuß bis zum Lippenrand des Kelchs empor und spürte seine metallene Haut, die rings mit Pflanzenranken in breiten, schmuckvollen Bändern ausgekerbt war. Sie fühlte die Tierleiber, die sich darin wanden. Ehrfürchtig streichelte sie die fünf ovalen Silberplatten an der Cuppa, die Christus und die Evangelisten darstellten.

Sie hätte noch länger bewundernd gestanden, aber da wurde mit hartem Schlag an die Tür gepocht.

Tassilo wandte sich zornig um. »Kannst du nicht warten?« fuhr er den Wächter an.

»Verzeih, Herzog – der Hauptmann der Torwache braucht sofort Antwort! Awarische Reiter stehen vor dem Kloster, sie behaupten, von dir bestellt zu sein!«

Die Herzogin fuhr vom Kelch zurück, als hätte sie jemand auf die Hände geschlagen.

»Awaren hast du bestellt – hieher ins Kloster?« fragte sie betroffen und entsetzt, als die Wache den Raum verlassen hatte.

Tassilo war verlegen. »Ich wollte es dir noch vorher sagen, Frau: Dieser Awaren wegen bin ich nach Kremsmünster geritten. Auf meiner Herzogspfalz in Ötting werde ich ja doch auf Schritt und Tritt beobachtet.«

»Tassilo, sei vorsichtig!« flüsterte sie bebend, als sie das Turmgemach verließ.

Tassilo trat ans Fenster. Vielleicht hatte Liutbirga recht mit ihrer Angst. Der Frankenkönig Karl hätte keinem seiner Herzoge, die ihm den Vasalleneid geschworen hatten, Verhandlungen mit Völkern erlaubt, die außerhalb des Frankenreiches noch unabhängig lebten. Was er jetzt unternahm, durfte Karl nie erfahren!

Die Buchen an der hohen Leite östlich des Kremsflusses standen voll blutrotem Laub schimmernd im Gegenlicht. Das Gestrüpp darunter ließ keinen Blick durch sein dichtes Zweiggewirr. Tassilo lachte krampfhaft: Er hätte keinen sichereren Begegnungsort mit den Abgesandten des awarischen Chagan, des Königs, wählen können!

Die Awaren waren auf ihren Opanken aus Wildleder lautlos und so rasch die Steinstufen heraufgestiegen, daß der schwerfällige bairische Wächter kaum folgen konnte.

Der erste der Awaren – an der prächtigen Spange, die aus Gold und nicht wie sonst aus Bronze gegossen und mit blau funkelndem Email eingelegt war, erkannte man den Anführer – trat einen Schritt vor: »Frieden für immer!« Das war das vereinbarte Losungswort.

»Seid willkommen in meinem Land! Wie war der Ritt?« sagte der Herzog.

Der Oberste verstand die Sprache der Baiern. Seine mongolischen Augen unter der langhaarigen Fellhaube schlossen sich bis auf einen schmalen Schlitz, als er mit einem halben Lächeln entgegnete: »Es war ein Ritt durch ein Land im Frieden. Wir sahen keine Krieger zwischen dem Waldrücken bei Vindobona bis zum Fluß Enns.«

Tassilo nickte befriedigt. »Solange euer König die Abmachung einhält, den Wald von Vindobona nicht zu überschreiten, übersetzt auch kein bairischer Krieger den Ennsfluß! Die Zeit unseres letzten Vertrages, den wir nach dem Krieg in Karantanien schlossen, läuft bald aus. Er hat sich bewährt. An den Grenzen herrscht Friede.«

Der Aware schwieg noch. So fuhr der Herzog fort: »Mein Regnum ist seither gewachsen – an Volkszahl und Land.«

Der Oberste kniff wieder seine Augen zu – wie eine Katze, die schnurrte und die Krallen noch eingezogen hielt.

»Dein Reich, Herzog? – Es ist ein Teil vom Reich des Frankenkönigs – unseres größten Feindes!«

»Baiern ist in meiner Hand und wird es bleiben!« fuhr Tassilo auf. »Ich biete euch Frieden für weitere zwanzig Jahre, wenn . . . .« Er überlegte noch einmal das letzte Wort, seine Bedingung.

Als er schwieg, fragte der Aware: »Wenn . . .?«

»Wenn euer König jeden Krieger zehn Reitstunden weit aus dem Niemandsland von der Donau bis nach Karantanien hinab zurücknimmt!«

Der Oberste übersetzte alles halblaut seinen Begleitern. Sie senkten die Köpfe und schlossen die Schlitzaugen fast ganz. Im Geist wiederholten sie nochmals den Auftrag ihres Chagan: »Bringt einen Erfolg zurück oder kehrt nicht mehr heim, denn sonst rollen eure Köpfe!«

Jetzt antwortete der Aware: »Zehn Reitstunden zurück, das ist eine große Forderung. Was gibst du dafür, Herzog der Baiern?«

Tassilo hatte diese Frage erwartet. »Ich könnte das Kriegsheer der Franken jederzeit in mein Land rufen, dann seid ihr verloren. Ich werde das nicht zulassen – das ist meine Leistung!«

Der Aware schüttelte den Kopf. »Wenn der Franke kommt, bist auch du verloren, Herzog. Wir müssen uns gegen Karl verbünden!«

Gegen Karl? Tassilo erschrak. Er war mit dem Frankenkönig eng verwandt. Seine Mutter war die Schwester Pippins, des Vaters Karls. Obwohl er den Vetter, der gleichen Alters mit ihm war, wegen seiner Herrschsucht haßte, schreckte er doch vor einer Verbindung mit den Feinden des Frankenreiches zurück. Doch im Hintergrund lockte die Vorstellung: Verbindung mit den Reitermassen des Chagan – bairische Kriegsheere und Awarenreiter erscheinen am Rhein – die Langobarden erheben sich in Italien – die Sachsen im Norden – das Frankenreich wird zerstampft unter zehntausend Hufen! Tassilo faßte sich mit einem Ruck. Das aber hieß Krieg – nein, nein!

Der Herzog erwiderte: »Verbündete ist ein schweres Wort. Vielleicht liegt es noch in der Zukunft – bleiben wir bis dahin gute Nachbarn!«

Wahrscheinlich hatte der Oberste darauf auch noch keine Zustimmung erwartet. Nun sprach er seine reale Forderung an den Herzog aus: »Wir brauchen Waffen – nicht gegen die Franken – gegen Byzanz! Wir ziehen die Reiter von eurer Grenze zurück und bieten zwanzig Jahre Frieden!«

»Waffen? Könntet ihr sie bezahlen?«

»Wir bezahlen jeden Transport sogleich an der Grenze!«

Tassilo überlegte. Die Awarenreiter weit von Baierns Grenze, volle Kassen, um sein eigenes Her auszurüsten – »Habt ihr Vollmacht für den Vertrag?«

Der Oberste besaß sie. Ein junger Mönch beherrschte die Kunst des Schreibens in Latein. Er setzte ein knapp diktiertes Pergament in zwei Gleichschriften auf, und Tassilo überreichte eines dem Obersten. »Bringe es dem Chagan und kehre mit seiner Unterschrift zurück. Dann sollst du die meine haben. Von diesem Tag an gilt der Vertrag!« Er begleitete die Gäste bis an das Klostertor. »Ein Tag des Erfolgs!« dachte er, als er wieder die steilen Steinstufen in den Klosterturm emporstieg. –

Als die Awarenreiter die Furt des Kremsflusses überquerten, sah einer im Dickicht des Ufergestrüpps spähende Augen auf sich gerichtet.

»Wir werden beobachtet!« zischte er leise dem Obersten zu. »Wenn wir vorüberreiten, von den Pferden springen und ihn einkreisen, ist er unser!«

Der Oberste blickte hinüber – das Gesicht im Dickicht war fort. Er hatte bereits zugestimmt, doch bevor sie jetzt absaßen, riet er ab. »Wir haben vielleicht Schwierigkeiten, wenn wir den Spion erschlagen. Die Waldrücken von Vindobona sind noch zu fern.«

Die Awaren sahen sich nicht mehr um, als sie durch das Niemandsland nach Osten ritten. –

Zwei Mondwechsel nach dieser Begegnung überbrachte ein Königsbote Karls eine Einladung an den Baiernherzog zu einem Ritt an den Rhein in die Königspfalz Ingelheim.

Eine Woche später brachte ein Fährschiff die Herzogsfamilie über den Strom, auf dessen Wogen Eisschollen trieben. Es war sehr kalt in diesem Winter des Jahres 788.

Auch König Karl hatte sich unterwegs befunden – in Burgund – und war erst zwei Tage zuvor nach Ingelheim zurückgekehrt. In den offenen Feuerstellen der weitläufigen Königsburg brannten Tag und Nacht die Buchenscheiter, um die kalten Mauern zu wärmen.

Schon am zweiten Tag nach der Ankunft ließ der König den Baiernherzog in die große Beratungshalle rufen. Tassilo kannte die meisten der Herzoge und Grafen, die rechts und links der Wand entlang standen. Er grüßte nach allen Seiten, während er bis vor den etwas erhöht aufgestellten Stuhl des Königs trat. Die Gesichter blieben wie versteinert. Keiner dankte für Tassilos Gruß.

Was bedeutete dies? Plötzlich fror es den Herzog bis ins Mark.

Er stand jetzt vor Karl und ging nach dem Zeremoniell in die Knie.

Er wartete, daß der König ihm aufzustehen befahl. Nichts geschah. Als Tassilo diese Situation unerträglich wurde, sprang er auf. »Was bedeutet dies, Vetter Karl?« fragte er scharf und laut.

Zwei Wächter sprangen herzu, Tassilo stieß sie mit einem Fluch zur Seite. »Ich weiche keinen Schritt, bevor ich nicht Aufklärung erhalte!«

Das Gesicht Karls lief rot an. »Die sollst du haben, sogleich!«

Auf einen Wink teilte sich der hohe Vorhang hinter dem Stuhl des Königs. Auf einer silbernen Platte lag ein gelbes Pergament. Als die Diener vor Tassilo standen, befahl der Frankenkönig: »Lies das laut, daß jeder es hört!«

43 Tassilo-Leuchter, ca. 775, aus dem Zepter Tassilos umgearbeitet, Stift Kremsmünster, OÖ.

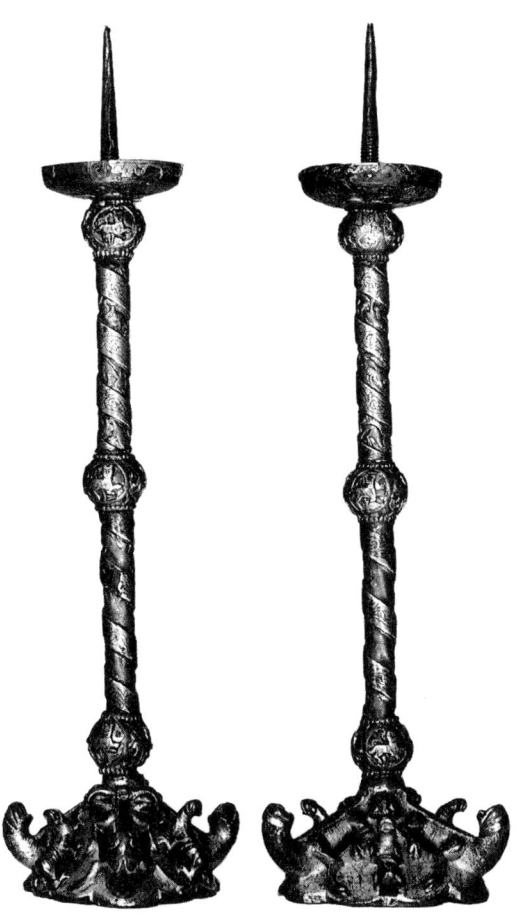

Der Herzog warf einen Blick auf das Blatt. Er begann plötzlich, ohne es zurückhalten zu können, am ganzen Körper zu zittern – es war der Vertrag mit den Awaren! Darum also hatte er auf den Awarenvertrag vergeblich gewartet! Die Spione Karls hatten die Boten abgefangen. Doch wie ging das zu? Woher?

Obwohl Karl auf einem erhöhten Podest stand, überragte ihn Tassilo noch an Größe. Der König blickte ihm unverwandt ins Gesicht. Dann sagte er kalt: »Du bist überführt, Tassilo! Gestehe alles!«

Tassilo stand nun, von vier Wächtern gehalten, an der gegenüberliegenden Wand der Halle. An die Seite des Frankenkönigs traten zwei Richter. Karl sprach laut und langsam: »Ich erkläre den Königsbann über dich, Feind des Frankenreiches!«

Die Richter warteten, bis Karl ihnen zu reden befahl. Dann verkündeten sie: »Tassilo,

123

der Feind des Reiches, beging Königsverrat. Die Sühne dafür lautet auf Tod!«
Alle Anwesenden in der Halle schlugen auf ihre Schilde – das bedeutete Zustimmung.
Tassilo dachte an Liutbirga, seine Söhne, seine kleinen Töchter. Er fiel auf die Knie
und hob die Hände: »Karl, wir sind Vettern! Denk an meine Familie!«
Der König aber blieb hart wie Stein. »Ist das Reich der Franken in Gefahr, müssen
Blutsbande schweigen! Führt ihn weg. Meine Augen ertragen ihn nicht mehr!«
Die spätere Fürbitte des Bischofs von Mainz bewirkte die Umwandlung der Todes-
strafe in lebenslange Haft. Tassilos Familie verschwand gleichfalls lebenslang hinter
den Mauern verschiedener Frankenklöster. Tassilo, der Herzog von Baiern, starb als
kahlgeschorener Häftling nach 794 in Lorch am Rhein.
Der bairische Königstraum war zu Ende . . .

Die karolingische Mark und der Ungarnsturm

Im Jahre 800 krönte Papst Leo den fränkischen König Karl zum Kaiser.
Damit begann auch für die österreichischen Länder eine neue, raschere
Entwicklung. 803 wurden die Awaren endgültig vernichtet. Die Mark der
Karolinger weitete sich bis an den Plattensee aus. Wien wurde endgültig
bairisches Siedlungsgebiet, ebenso der gesamte Ostrand der Alpen über das
Burgenland und die Steiermark hinaus.
Mit dem Ende der fränkischen Kaiserherrschaft zwischen 850 und 900 und
unter den Kriegsstürmen der Magyaren nach der Schlacht von 907 an der
Marchmündung beginnt für die Donauländer wiederum eine fünfzig Jahre
während Leidenszeit. Die Awarische Mark Karls des Großen verschwand.
Seine Reichsordnung, die den Handel und Wandel eines geregelten Staatswe-
sens auch in den Ländern des heutigen Österreich eingeführt hatte, brach in
sich zusammen. Die Dörfer gingen in Flammen auf, und die Bewohner der
Städte hungerten infolge Ausbleibens jeder bäuerlichen Nahrungsmittelzufuhr.
Der Sturm der Ungarn endete 955 auf dem Lechfeld.

Die Sachsenkaiser

Nach der Vertreibung der Ungarn aus den österreichischen Donauländern stellte
König Otto I., der Sachse, die Awarische Mark im Osten verkleinert wieder her.
Um 970 traten die von ihm eingesetzten Markgrafen auf, nämlich Markwart für
das Land an der Mur und Burkhard für das Land unter der Enns. Die neue Mark

44 Ostarrichi-Urkunde.

reichte in Niederösterreich bis in die Gegend an der Traisen. Beide Marken
wurden als feste Glieder dem bairischen Herzogtum angegliedert.
Der bairische Adel wandte sich jedoch bald gegen die sächsische – wie früher
gegen die fränkische – Oberhoheit in Baiern. Kaiser Otto I., der »Große«,
hielt die widerstrebenden Baiern noch im Zaum. Während dann sein Sohn
Otto II., der von 973 bis 983 regierte, tief in Italien um das Erbteil seiner
oströmischen Frau – Theophanu – kämpfte, erhoben sich die Baiern unter
ihrem Herzog Heinrich II., dem Zänker. Die Markgrafen Heinrich von
Kärnten und Burkhard von Österreich unterstützten den Aufstand. Der
Kaiser schlug in einem vierjährigen blutigen Krieg, der vor allem um die
Kaiserstadt Regensburg tobte, die Rebellion des bairischen Adels nieder.
Mit Heinrich dem Zänker wurden auch Heinrich von Kärnten und Burkhard
von Österreich aller Ämter und Besitzungen verlustig erklärt. Der Kaiser
trennte nun Kärnten und Steier völlig von Baiern ab und schuf die »Karantanische Mark«.

125

Leopold von Babenberg

Österreich aber erhielt als neuen Markgrafen Luitpold (Leopold) von Babenberg. Er war ein Enkel des Grafen der Awarischen Mark, der im Kampf gegen die Ungarn 907 auf dem Marchfeld gefallen war. Seine Mutter stammte aus dem mainfränkischen Nordgau um Bamberg.

Die Einsetzung des ersten Babenbergers über die Markgrafschaft im Osten der Enns geschah im Jahre 976. Die erste urkundliche Erwähnung des Namens Ostarrichi stammt vom Jahr 996, als Kaiser Otto III. einige Besitzungen mit dem volkstümlichen Namen »Ostarrichi« (vulgari vocabulo ostarrichi) in der Gegend von »Niwanhova« (Neuhofen a. d. Ybbs) in den Besitz des Bischofs von Freising übergab.

Die Grenzen der ersten Babenbergermark waren noch sehr eng gezogen. Im Westen war es die Enns, jenseits der Donau der Haselgraben bis zum böhmischen »Nordwald«; dazu gehörte das ganze Waldviertel bis zum Kamp im Osten, während südlich der Donau die Traisen bis zum Gebirge die Ostgrenze bildete. Im Süden endete die Mark ungefähr an der heutigen steirischen Grenze.

Diese babenbergische Mark wurde zum Kern eines Staates von mehr als tausendjährigem Bestand: Österreich!

Ostarrichi – Österreich!

Auch der Name Ostarrichi ist tausend Jahre alt. Im 9. Jahrhundert übersetzte Isidor von Sevilla die lateinische Bezeichnung für das Land südlich der Donau – innerhalb der Grenzen unseres heutigen Österreich – »Regio orientalis« in das althochdeutsche Wort »Ostarrichi«. Später erscheint dann »Ostarrichi« öfters in der frühen höfischen Dichtung. In der bäuerlichen Dichtung taucht mehrmals »Osterlant« auf. Seit Otakar von Horneck in der späteren Hofdichtung wird der Name »Osterrich« immer gebräuchlicher.

Osterrich – Österreich!

Wie vielen Völkerschaften seit den Mammutjägern der ausgehenden Eiszeit war dieses Land Schutz und Lebensspender gewesen! Wir beleuchteten in einer großräumigen Überschau deren Leben, deren Schicksal, Glückszeit und Ende. Sie ließen ihre Spuren in den Gräbern zurück. Namenlose Völker beherbergte Österreich bis herauf in die Eisenzeit vor heute dreitausend Jahren. Viele der Völker, die nachher kamen, blieben – die Illyrer, die Kelten, die Stämme der Germanen, die Slawen; sie leben in uns weiter. Mit der Einsetzung der Babenbergerherzoge begann ein neuer Zeitabschnitt – die Geschichte des österreichischen Volkes, die tausendjährige Geschichte Österreichs!

14 Zeittafel

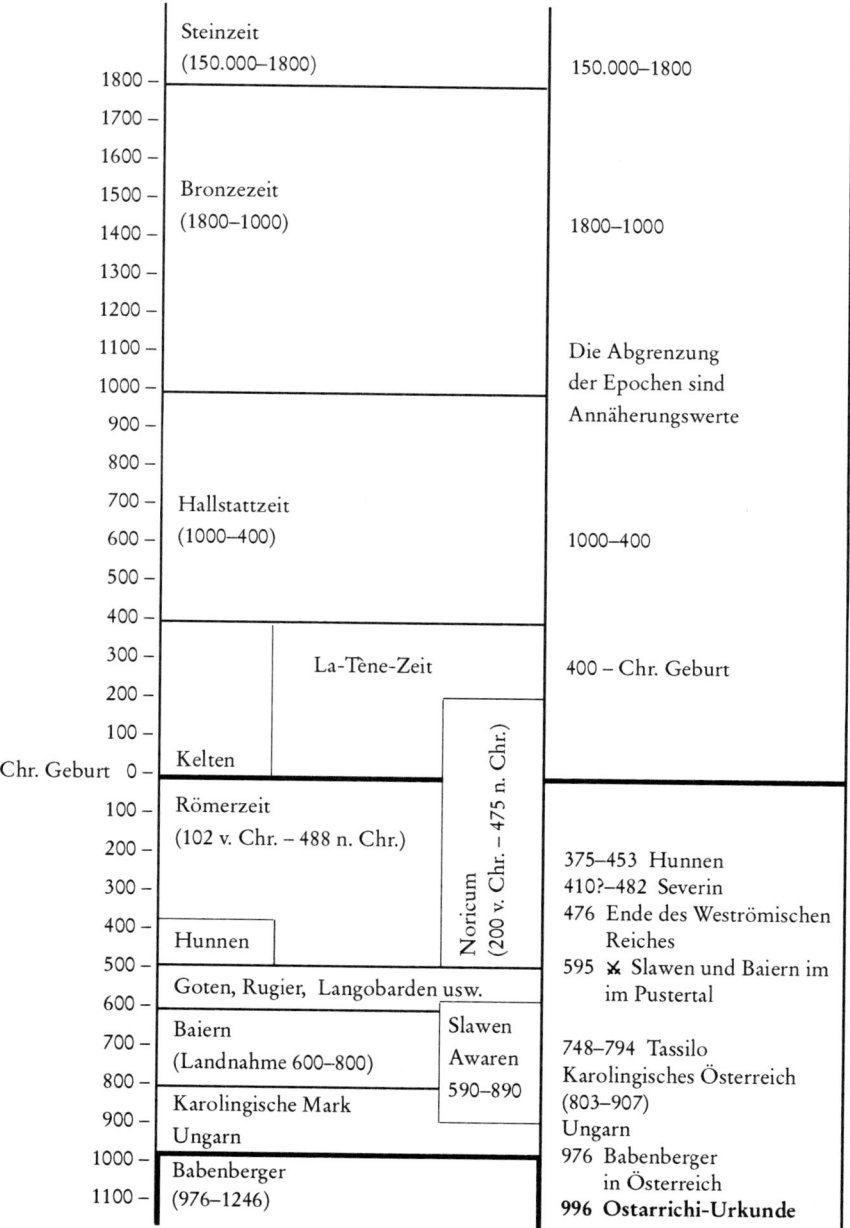

1800 –	Steinzeit (150.000–1800)		150.000–1800
1700 –			
1600 –			
1500 –	Bronzezeit		
1400 –	(1800–1000)		1800–1000
1300 –			
1200 –			
1100 –			Die Abgrenzung
1000 –			der Epochen sind
900 –			Annäherungswerte
800 –			
700 –	Hallstattzeit		
600 –	(1000–400)		1000–400
500 –			
400 –			
300 –		La-Tène-Zeit	400 – Chr. Geburt
200 –			
100 –			
Chr. Geburt 0 –	Kelten		
100 –	Römerzeit		
200 –	(102 v. Chr. – 488 n. Chr.)	Noricum (200 v. Chr. – 475 n. Chr.)	375–453 Hunnen
300 –			410?–482 Severin
400 –	Hunnen		476 Ende des Weströmischen
500 –			Reiches
	Goten, Rugier, Langobarden usw.		595 ✄ Slawen und Baiern im
600 –			im Pustertal
700 –	Baiern	Slawen	748–794 Tassilo
800 –	(Landnahme 600–800)	Awaren 590–890	Karolingisches Österreich (803–907)
900 –	Karolingische Mark		Ungarn
1000 –	Ungarn		976 Babenberger
	Babenberger		in Österreich
1100 –	(976–1246)		**996 Ostarrichi-Urkunde**

127

15 Literaturnachweis

G. Bibby, The Testimony of the Spade, New York 1958
Franz Eppel, Fund und Deutung, Wien 1958
Leonhard Franz, Vorgeschichtliches Leben in den Alpen, Wien 1929
Jean-Jacques Hatt, Kelten und Galloromanen, München 1970
B. Hubensteiner, Bayerische Geschichte, München 1950
H. A. Junghans, Das Nibelungenlied, Leipzig 1897
Salzburger Landeskunde, Sämtl. Jahresbände seit 1930, Salzburg
Kurt Lange, Fremdling zwischen Gott und Welt, Frankfurt 1959
Oswald Menghin, Urgeschichte Wiens, Wien 1924
H. Mitscha-Märheim, Dunkler Jahrhunderte goldene Spuren, Wien 1963
Friedrich Morton, Hallstatt und die Hallstattzeit, Hallstatt 1953
R. Noll, Eugippius – Das Leben des hl. Severin, Linz 1947
R. Noll, Frühe Christentum in Österreich, Wien 1954
Richard Pittioni, Urgeschichte des österreichischen Raumes, Wien 1954
Richard Pittioni, Vom Faustkeil zum Eisenschwert, Horn 1964
R. Pörtner, Mit dem Fahrstuhl in die Römerzeit, Düsseldorf 1961
G. T. E. Powell, Die Kelten, Köln 1959
Josef Reitinger, Ur- und frühgeschichtliche Funde in Oberösterreich, Linz 1968
Jan de Vries, Kelten und Germanen, Bern 1960
Dr. Ignaz Zibermayr, Noricum, Bayern und Österreich, München 1944

16 Quellenverzeichnis der Abbildungen

270 Jahre Babenberger in Österreich

Vorwort

Die Babenberger! Was haben wir Menschen des Atomzeitalters mit dieser Fürstenfamilie aus dem frühen Mittelalter zu schaffen? Für geschichtsbewußte Leser dieses Buches steht die Antwort von vornherein fest. Die Babenberger und ihre Zeit – das bedeutet das erste große Kapitel in dem Buch der Geschichte unseres Landes. Ein Kapitel, ohne das sich die Entwicklung in den späteren Jahrhunderten bis auf unsere Tage nicht denken, nicht verstehen läßt.

Aber viele Menschen unserer vorwiegend von Technik und Wirtschaft geprägten Epoche mangelt das Verständnis für eine so weit zurückliegende Vergangenheit. Sie sind mit den Problemen ihres täglichen Lebens so randvoll ausgefüllt, daß es ihnen gar nicht in den Sinn kommt, sich mit Personen und Zuständen zu beschäftigen, die vor 1000 oder 700 Jahren gewesen sind. Sie sollten es trotzdem tun. Denn dann wird vielleicht die Erkenntnis in ihnen erwachen, daß jene anscheinend so ferne Zeit irgendwie noch immer in uns lebendig ist, daß sie uns weit mehr beeinflußt, als man für gewöhnlich zu glauben geneigt ist.

Österreich, ein Land der europäischen Mitte, ein natürlicher Vermittler zwischen West und Ost: das ist es schon damals gewesen. Die Hauptstadt Wien mit ihren alten Kirchenbauten und Straßenzügen, die Länder Niederösterreich, Oberösterreich und Steiermark mit vielen ihrer Hauptorte und Verkehrswege – all dies ist in der Zeit der Babenberger geworden und gewachsen, wäre ohne sie gar nicht denkbar. Unser so wichtiges und so kompliziertes Wirtschaftsleben hat in jenen Jahrhunderten die ersten, für die Zukunft entscheidenden Atemzüge getan, und unsere Kunst und Literatur haben damals ihre erste Blütezeit erlebt, in der alles, was nachher kam, wurzelt.

Und die Menschen jener Zeit, sind sie uns wirklich so unnahbar fremd? Es ist ja richtig: von vielen wissen wir kaum mehr als ihre Namen, ihre Lebenszeit und manche ihrer Taten. Doch da und dort, wo genauere Nachrichten auf uns gekommen sind, eröffnet sich uns auch ein Blick auf die Wesensart einzelner Persönlichkeiten, und da entdecken wir, daß diese, bei aller Verschiedenheit von Sprache und Sitte, von Lebensformen und geistigen Interessen, im Grunde doch kaum anders gewesen sind als wir Heutigen: gutartig die einen und streitsüchtig die anderen, diese schlicht und jene anspruchsvoll, manche ernsthaft und streng, manche leichtlebig und heiter . . .

In unseren Tagen hat der ruhelose Menschengeist begonnen, sich um die Erforschung unendlich ferner Gestirne zu bemühen. Liegt es da nicht nahe, außer dem Raum auch die Zeit zu überwinden und zuweilen eine Vergangenheit zu beschwören, der wir innerlich zutiefst verbunden sind –?

Heinz Grill

1 Es begann an der Donau

Die Babenberger – keine Babenberger?

Im Juli 976 fand ein Ereignis statt, das erst im Rückblick eine besondere
Bedeutung erlangt hat. Für die damalige Zeit war es nämlich nichts Außer-
gewöhnliches, daß ein aufständischer Herzog vom Kaiser abgesetzt, sein
Land verkleinert und ein selbständiges Grenzgebiet eingerichtet wurde.
Der Kaiser war der junge Otto II., Sohn und Nachfolger des berühmten
ersten Otto aus dem sächsischen Haus der Liudolfinger. Der Herzog war sein
Vetter Heinrich II. von Bayern, wegen seines aggressiven Charakters »der
Zänker« genannt. Das von Bayern abgetrennte Grenzgebiet hatte damals, wie
es scheint, noch keinen eigenen Namen, es sei denn, vielleicht, »marchia
orientalis« = östliche Mark. Die deutsche Bezeichnung »Ostmark« ist unge-
schichtlich und kommt in den Quellen nicht vor.
Übrigens hatte es diese Mark schon vorher gegeben, seit dem entscheidenden
Sieg Ottos I. über die Magyaren auf dem Lechfeld, 955. Einige Jahre danach
war das Grenzland gegen die Ungarn im Osten und gegen die Böhmen im
Norden geschaffen und einem gewissen Burchard, Burggrafen von Regensburg, als Markgrafen anvertraut worden. Er stand unter der Oberhoheit des
Bayernherzogs. Und als Heinrich der Zänker seine Stellung verlor, mußte
auch Burchard gehen. Der Kaiser entzog die Mark im Osten der bairischen
Hoheit und vergab sie an einen seiner getreuen Anhänger namens Liutpold.
Wir kennen diesen Mann als den »ersten Babenberger«. Das ist insoweit
richtig, als er der erste einer Dynastie war, die sich später so nannte und 270
Jahre über das spätere Österreich regierte. Tatsächlich aber war er vermutlich
gar kein Babenberger, und wenn doch, dann nicht der erste.
Babenberg ist der alte Name der Stadt Bamberg in Ostfranken, und unter
»Babenberger« verstand man eine dort residierende, seinerzeit sehr mächtige
fränkische Sippe, die im Machtkampf mit einem konkurrierenden Geschlecht

und mit dem deutschen König untergegangen war. 70 Jahre vor der Belehnung Liutpolds mit der östlichen Mark war der Babenberger Adalbert als Empörer hingerichtet worden. Im Gedächtnis der darauffolgenden Generationen lebte sein Andenken als das eines bedeutenden, heimtückisch verratenen Heerführers weiter. Und wenn die späteren österreichischen Markgrafen und Herzoge sich schließlich gleichfalls »Babenberger« nannten, so gedachten sie dadurch absichtsvoll an die ruhmreiche Tadition jener älteren Familie anzuknüpfen. Das Wiederkehren bestimmter Vornamen ist im Mittelalter ein ziemlich sicherer Hinweis auf nahe Verwandtschaft. Nun haben die »älteren« Babenberger mit den »jüngeren« tatsächlich mehrere Namen gemeinsam, doch nicht den Namen Liutpold. Diesen führte ein bairischer Markgraf, der im Jahre 907 bei Preßburg im Kampf gegen die Magyaren gefallen war. Seine Nachkommen nennt man nach ihm »Liutpoldinger«. Und es ist sehr wahrscheinlich, daß der gleichnamige, um zwei Generationen jüngere Markgraf des Ostens zu dieser Familie gehörte und vielleicht mütterlicherseits von den früheren Babenbergern abstammte.

Markgraf Liutpold I., »der Erleuchtete« (976–994)

Überhaupt weiß man vom Vorleben dieses Liutpold nur wenig. Gewiß gehörte er dem bairischen Großadel an, und sicher ist er ein treuer Anhänger des Herrscherhauses gewesen. Von seiner Familie ist nur bekannt, daß er mit einer Dame namens Richeza verheiratet und daß sein älterer Bruder Berthold im nördlichen Ostfranken reich begütert war. Bei der Kaiserkrönung Ottos I. in Rom, 962, dürfte Liutpold anwesend gewesen sein. Er besaß Grafschaften in Bayern (um Straubing und Deggendorf) sowie in dem jetzt zu Oberösterreich gehörigen Traungau. In seiner neuen Mark dagegen hatte er so gut wie keinen Besitz; hier gab es geistliche und weltliche Herren, die ungleich begüterter waren als er und auf deren Wohlwollen er daher weitgehend angewiesen war. Am 21. Juli 976 erscheint Liutpold (oder Liutbald) in einer Kaiserurkunde für ein bairisches Kloster erstmals in seiner neuen Würde. Um die gleiche Zeit ist übrigens auch Karantanien, das jetzige Kärnten, von Bayern abgetrennt und zu einem eigenen Herzogtum erhoben worden. In der heutigen Steiermark gab es damals drei Marken – an der mittleren Mur, an der Drau und an der Sann, in der Obersteiermark vier Grafschaften, die dem Herzog von Kärnten unterstanden.

Bald nach seinem Regierungsantritt gelang es dem Markgrafen, sich der Burg

1 Heinrich »der Zänker«, Herzog von Bayern. Abbildung in der Handschrift des Regelbuchs von Niedermünster, Regensburg, Ende des 10. Jh.s.
Der Herzog, ein Vetter Kaiser Ottos II., wurde im Jahr 976 abgesetzt. Die Folge hievon war die Trennung des späteren Österreich vom Herzogtum Bayern als selbständige Markgrafschaft.

Melk zu bemächtigen. Dort befehligte ein Graf Sizo, Bruder des Erzbischofs von Salzburg, für den er die Burg halten wollte. Aber Liutpold erstürmte die Festung, zerstörte die Wehranlagen und übergab die Burg zwölf weltlichen Kanonikern. Bis dahin dürfte er in dem eine Strecke weiter donauaufwärts gelegenen Pöchlarn residiert haben. Nun machte er Melk, dazumal Medeliche genannt, zu seiner Residenz, wo er sich eine befestigte Wohnstatt errichtete. Die Aufgabe des neuen Markgrafen war, die Rechte des Königs in seinem Gebiet wahrzunehmen, es gegen die Böhmen und besonders gegen die häufigen Einfälle der noch heidnischen Magyaren zu verteidigen und den Heerbann der Mark anzuführen. Zur Erhaltung der in den Feldzügen verwendeten Pferde gab es eine eigene Steuer, eine Haferabgabe, die »Marchfutter« genannt wurde und deren Einhebung dem Markgrafen als militärischem Oberbefehlshaber oblag.

Im Jahr 985 erhielt Heinrich der Zänker Bayern zurück, nicht aber Karantanien und die Mark im Osten. Hier gebärdete er sich aber trotzdem als oberster Gerichtsherr, und er führte den Heerbann der Mark persönlich gegen die Ungarn, so daß die Befugnisse Liutpolds erheblich eingeschränkt wurden. Sechs Jahre später errang Heinrich einen Sieg über die Magyaren, der eine weitere Ausdehnung der Mark gegen Osten zur Folge hatte: die bisherige Grenze, etwa bei Greifenstein gelegen, verlagerte sich nun bis zum Wienerwald. Liutpold I. erlag am 10. Juli 994 in Würzburg einem Pfeilschuß, der, wie es scheint, nicht ihm gegolten hatte. In Würzburg wurde er auch begraben. Ein späterer Chronist, der es als ein patriotisches Anliegen betrachtete, sämtliche österreichische Regenten mit Beinamen zu charakterisieren, hat ihm die Bezeichnung »illustris«, das ist der Erleuchtete, Erlauchte, verliehen und ihn damit als den Ahnherrn eines in der Tat »erlauchten« Geschlechtes geehrt.

Land der Wälder, Land am Strome

Das geographische und wirtschaftliche Zentrum der Mark war das Donautal, die natürliche Hauptverkehrsader des kleinen Landes. Hier gab es eine Reihe von Siedlungen, die zum Teil noch aus der Römerzeit stammten: Pöchlarn, Melk, Mautern, Krems, Tulln. Wien gehörte noch nicht zum Machtbereich Liutpolds I. Südwärts, an der Traisen, lag der Ort Traisma, später nach der Kirche des hl. Hippolyt St. Pölten genannt. Im Norden und Süden zogen sich Urwälder und Forste hin, die erst allmählich der Besiedlung zugänglich gemacht werden mußten. Im Osten hatten die Magyaren ihre Grenzstellun-

2   Luftaufnahme des Donautals (Wachau).
Das Donautal war geographisches und – als wichtigster Verkehrsweg – wirtschaftliches Zentrum
des babenbergischen Österreich. Wichtig vor allem Melk als erste Markgrafenresidenz und
Krems als frühester Handelsort des Landes. In der späteren Babenbergerzeit entstanden die
Wachau-Burgen Aggstein und Dürnstein.

gen mit Verschanzungen und Pfählen gesichert, während gegenüber von den
Baiern Erdwerke errichtet worden waren.
Die Bevölkerung war schon seit drei Jahrhunderten großenteils deutscher,
hauptsächlich bairischer Herkunft; nach und nach waren auch Siedler aus
anderen Teilen des Reichs, Franken, Sachsen, Thüringer, sogar Rheinländer
zugezogen. In manchen Gegenden, so im Dunkelsteiner Wald bei Melk,
siedelten Slawen.
Wie schon angedeutet, hatten mehrere geistliche und weltliche Würdenträger
ausgedehnte Besitzungen im Land. Dem Bischof von Passau oblag die geistliche Oberhoheit in der Mark. Er, sowie der Erzbischof von Salzburg, die
Bischöfe von Regensburg und Freising sowie die Grafen von Ebersberg, von
Formbach und vom Chiemseegau besaßen noch aus der Zeit der Karolinger,
also seit wenigstens siebzig Jahren, zahlreiche Güter, die durch königliche

Schenkungen weiter vermehrt wurden. So war der Salzburger an der Ybbs, um St. Pölten und im Tullner Feld, der Regensburger um Pöchlarn, der Freisinger in der Wachau begütert. Vor allem war es der bedeutende Bischof Pilgrim von Passau, der seine Rechte im Donautal zu wahren und zu mehren bestrebt war, zu welchem Zweck er sogar vor Fälschung von Papsturkunden nicht zurückschreckte. Er organisierte das kirchliche Leben in der Mark, hielt dort Synoden ab und unterstellte die drei alten Klöster Kremsmünster, St. Florian und St. Pölten seinem Bistum.

Ferner gab es Landstriche, die zum Königsgut gehörten; auf diese mag sich der im Land fast besitzlose Markgraf als Treuhänder des Königs gestützt haben, um sich den anderen Grundherren gegenüber zu behaupten. Er, sowie die geistlichen und weltlichen Landbesitzer, errichteten befestigte Siedlungen mit Burgen im Mittelpunkt, zu deren Erhaltung die Bewohner der Umgegend verpflichtet waren. Zu jeder Burg gehörten eine Kirche und ein Kloster, und an ihrem Fuß breitete sich die dazugehörige Siedlung aus.

Die nichtadeligen weltlichen Bewohner der Mark waren in dieser ersten Zeit fast durchwegs Bauern. Sie wohnten teils in Dörfern, teils in verstreut liegenden Einzelhöfen. Die Dörfer in Grenznähe waren für Verteidigungszwecke eingerichtet, mit einem großen Platz und einem als Wasserreserve dienenden Teich in der Mitte. Die zugehörigen Kirchen waren befestigt (»Wehrkirchen«) und standen auf Anhöhen; von diesen Dorfgotteshäusern leiten sich die Ortsnamen auf -kirchen ab. Größere Siedlungen hatten mit Türmen bewehrte Höfe, zu denen jeweils ein der Landwirtschaft dienendes Areal gehörte. Die Bauern waren den jeweiligen Gutsherren untertan, denen sie, wenn es not tat, als ihren Befehlshabern in den Kampf folgten.

Althochdeutsch und Frühromanisch

Die Anfänge des Schrifttums in der Mark waren recht dürftig. Denn was an Sagen, Legenden, Sprüchen und dergleichen im Volk umging, wurde fast durchwegs mündlich überliefert. So sind uns für diese ersten Zeiten an althochdeutsch geschriebenen Dokumenten nur zwei kleine Schriften geblieben: der »Wiener Hundesegen«, ein Segensspruch zum Schutz der Hunde, und das »Klosterneuburger Gebet«, eine Bitte um Vergebung der Sünden, worin Gott mit dem Wort »trohtin«, also »Trauter«, »Lieber«, angeredet wird.

Die Bauten der Zeit gehörten dem frühromanischen Stil an; sie waren fast durchwegs aus Holz errichtet. Die Herrensitze hatten mehrere Geschosse

3 Pfarrkirche St. Ulrich in Wieselburg.
Das älteste erhaltene Bauwerk der Babenbergerzeit, errichtet um 980. Der Grundriß ist quadratisch, das zweite Geschoß achteckig, darüber erhebt sich eine hohe Kuppel. Die Malerei beschränkt sich auf kreisförmige Medaillons mit den Symbolen der Evangelisten, inmitten der Kuppel ist Christus als Pantokrator (Beherrscher des Alls) dargestellt.

und geräumige Säle. Das Aussehen der Kirchen können wir aus der noch erhaltenen St.-Ulrichs-Kirche in Wieselburg, die von dem hl. Wolfgang gestiftet wurde, erschließen: ein quadratischer Grundriß mit vier Kreuzarmen, darüber ein Zentralbau mit achteckiger Kuppel. Die in St. Ulrich noch teilweise erkennbaren Fresken bestanden in kreisförmigen Ornamenten in Rot und Ocker. Im Mittelpunkt erkennt man noch eine Darstellung Christi als Beherrscher des Alls.

Die Burgen, aus Holz und Erde errichtet, waren von Ringwällen umgeben (»Wallburgen«). Solche gab es zum Beispiel in Pöchlarn, Melk, Mautern, Traismauer, Tulln und Gars am Kamp.

Markgraf Heinrich I., »der Starke« (994–1018)

Die Söhne Liutpolds I. brachten es zu angesehenen Stellungen im Reich. Der älteste, Heinrich, folgte ihm in der Regierung der Mark nach. Ernst, der zweite, heiratete die Tochter des Herzogs von Schwaben, nach dessen Tod er selbst dieses südwestdeutsche Herzogtum erlangte. Poppo wurde Kleriker und brachte es zum Erzbischof von Trier.

Heinrich I. wird wegen seiner Tapferkeit gepriesen und als »der Starke« gekennzeichnet. Aus seinem zweiten Regierungsjahr, 996, stammt die denkwürdige Urkunde Kaiser Ottos III. für Freising, in der die Benennung »Ostarrichi« erstmals erscheint. Die Bezeichnung »Ostreich« an sich war nicht neu: zur Karolingerzeit wurde das gesamte ostfränkische, später Deutsche Reich zum Unterschied von Westfranken, also Frankreich, so genannt.

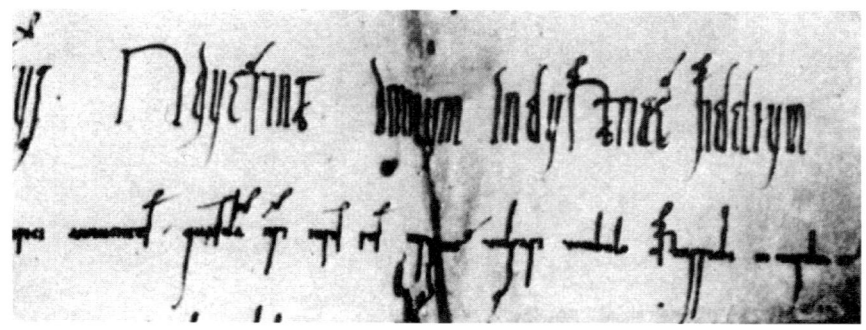

4 Ausschnitt aus der Urkunde Kaiser Ottos III. für Freising vom 1. November 996. Bayerisches Hauptstaatsarchiv München. Siehe auch Abdruck am Vorsatz vorne. Bekannt als »Ostarrichi-Urkunde«, weil diese Bezeichnung des Landes hier erstmalig überliefert ist. Das Dokument ist auf Pergament geschrieben; es beinhaltet die Schenkung von 30 Königshufen in Neuhofen an der Ybbs an die bischöfliche Kirche von Freising. In der zweiten Zeile steht die Textstelle »vulgari vocabulo ostarrichi« (»mit der volkstümlichen Bezeichnung Ostarrichi«).

IM NAMEN DER HEILIGEN UND UNGETEILTEN
DREIEINIGKEIT.
Otto, durch göttliche vorbestimmte Milde Kaiser und Herrscher des
Reiches. Es möge der Eifer aller unserer Getreuen, sowohl der gegenwärtigen als der zukünftigen, wissen, daß wir, den würdigen Bitten
unseres geliebtesten Vetters Heinrich, des Herzogs der Baiern, zustim-
mend, gewisse Besitzungen unseres Reiches im Landstrich mit der
volkstümlichen Bezeichnung

OSTARRICHI

in der Mark und Grafschaft des Grafen Heinrich, des Sohnes des
Markgrafen Liutpold, in dem Ort, der Niwanhova (Neuhofen) genannt
wird, in den Schoß der Freisinger Kirche, zum Dienste der heiligen
Maria und des heiligen Bekenners Christi und Hohenpriesters Corbi-
nian, der nun unser getreuer Kotascalhus, der ehrwürdige Bischof,
vorsteht, zum eigenen und ewigen Gebrauch gewährt und durch unsere
kaiserliche Macht festlich übergeben haben, und zwar mit eben diesem
Hofe und dreißig in der nächsten Umgebung anliegenden Königshufen
mit Ländereien, bebauten und unbebauten, Wiesen, Weiden, Wäldern,
Gebäuden, Gewässern und Wasserläufen, Jagden, Bienenweiden, Fisch-
wässern, Mühlen, beweglichen und unbeweglichen Gütern, Wegen und
unwegsamem Terrain, Ausgaben und Einkünften, erforschtem und
unerforschtem Gebiet und mit allem rechtlichen und gesetzlichen Zu-
gehör dieser Hufen, und zwar auf die Weise und unter der Bestimmung,
daß die vorgenannte Freisinger Kirche und der erwähnte Hoheprie-
ster K. und alle seine Nachfolger fürderhin sich nach freiem Ermessen
erfreuen, dies alles zu halten, zu vertauschen und was immer sie wollen,
von nun an zu tun. Und auf daß der Beschluß unserer Freigebigkeit
zuverlässiger und unerschütterlicher von allen Söhnen der heiligen
Kirche Gottes auf ewig geglaubt werde, haben wir befohlen, daß diese
Urkunde geschrieben werde und haben sie, besiegelt mit unserem
Siegelring, unten mit eigener Hand bekräftigt.
Das Zeichen des Herrn Otto, unbesiegbarsten Kaisers und Herrschers.
Ich Hildibald, Bischof und Kanzler, habe sie an Stelle des Erzbischofs
Willigis beglaubigt. Gegeben 1. November im Jahre des Herrn 996,
Indiction X, im 13. Königsjahr Otto III., des Kaisertums im ersten.
Geschehen in Bruchsal. Glückseligermaßen.

5 Luftaufnahme von Melk.
Die Burg von Melk wurde von Liutpold I. bald nach seiner Erhebung zum Markgrafen 976 dem bairischen Grafen Sizo entrissen, worauf er in diesem Ort seine Residenz errichtete und die Burg Kanonikern übergab. Melk blieb bis in die erste Hälfte des 11. Jh.s Sitz und Begräbnisstätte der österreichischen Markgrafen.

Für die kleine Mark scheint die Formulierung »Reich« etwas großspurig, denn dieses Ländchen hatte damals ja noch nicht einmal die Ausdehnung des heutigen Landes Niederösterreich.

144

Im gleichen Jahr 996, zu Weihnachten, erfolgte in Köln die Taufe des magyarischen Großfürsten Wajk, der nun den Namen Stephan erhielt. Vier Jahre später nahm er die Königswürde an. Damit waren die gefährlichsten Nachbarn der Mark zu Freunden des Reichs geworden – ein Zustand, der freilich keineswegs dauerhaft bleiben sollte.

1002 wurde der Sohn Heinrichs des Zänkers deutscher König – Heinrich II. Gleich nach seiner Thronbesteigung sicherte er sich die Treue seines Namensvetters in »Ostarrichi« durch eine großzügige Schenkung aus dem Königsgut, im Waldland zwischen der Dürren Liesing und der Triesting (um Traiskirchen, Gumpoldskirchen und Baden) sowie zwischen dem Kamp und der March.

Heinrichs Regierung ist ferner durch ein Ereignis geistlicher Natur bemerkenswert. Im Jahr 1012 wurde ein irischer Fürstensohn namens Koloman, der sich auf einer Pilgerfahrt befand, in der Gegend von Stockerau, unweit der damaligen mährischen Grenze, unter dem Verdacht der Spionage angehalten und getötet. Die Empörung des Volks über den vermeintlichen Spion erklärt sich daraus, daß um diese Zeit das Nachbarland Mähren von dem mächtigen Polenherzog Boleslaw Chrobry unterworfen worden war und diese Grenze besonders bedroht erschien. Da sich an der Leiche des Ermordeten Wunderzeichen gezeigt haben sollen, ließ Heinrich sie in seine Residenzstadt Melk bringen und dort in der dem hl. Petrus geweihten Kirche feierlich beisetzen. Dort steht noch heute der Koloman-Altar. Der als Märtyrer verehrte Ire wurde später Landespatron von Österreich, und er blieb es, bis er durch den gleichfalls der Ehre der Altäre gewürdigten Markgrafen Leopold III. verdrängt wurde.

Heinrich I. regierte sein kleines »Reich« 24 Jahre lang. Er starb 1018 und wurde in Melk beigesetzt. Über seine Familienverhältnisse ist nichts überliefert; wir wissen nicht, ob bzw. mit wem er verheiratet war. Manche Forscher glauben, sein Nachfolger Adalbert wäre sein Sohn gewesen, andere halten diesen für seinen viel jüngeren Bruder. Wir wollen hier noch festhalten, daß Heinrichs nächstälterer Bruder, Herzog Ernst von Schwaben, ihm um drei Jahre im Tod vorausging und daß dessen Witwe Gisela sich dann mit dem nachmaligen König und Kaiser Konrad II. vermählte – die erste, wenn auch indirekte, Verschwägerung der österreichischen Dynastie mit dem deutschen Herrscherhaus. Ernsts und Giselas Sohn, Ernst II. von Schwaben, ist der Held des beliebten Volksbuches vom »Herzog Ernst« geworden.

Das Land wird erschlossen

Die Organisation des kirchlichen Lebens schritt unter Heinrichs Regierung rüstig fort. Auf den großen Bischof Pilgrim von Passau war Berengar gefolgt; er gründete mehrere neue Kirchen in der Mark und wurde dort vom Kaiser mit weiterem Besitz ausgestattet. Die neu eingerichteten Großpfarren besaßen meist stattlichen Grundbesitz, und sie erlangten eine besondere wirtschaftliche Bedeutung. Gelegentlich der Sonntagsgottesdienste fanden sich in den Pfarrorten größere Menschenmengen zusammen, wobei Märkte abgehalten wurden und so mancher Handel zustande kam. Die Gebühren, die von den Händlern für die Standerlaubnis zu entrichten waren, gehörten zu den Einkünften der Pfarrer. Da das besiedlungsfähige Land jetzt aufgeteilt war, begann man mit der Rodung der Waldgebiete. Das war Sache der Bauern, die dabei von ihren Grundherren unterstützt wurden. Es handelte sich meist um Laubwälder nördlich und südlich vom Donautal, in denen sich mancherlei Raubwild umhertrieb, besonders Wölfe, deren Erlegung zu den Aufgaben der Kolonisten gehörte.
Der wirtschaftliche Mittelpunkt der Mark war damals »Chremisa«, das heutige Krems; dort befand sich das Marchfutteramt. Wien unterstand zu dieser Zeit nicht dem Markgrafen, sondern einer anderen Adelsfamilie. Dort gab es um die alte Kirche St. Ruprecht sowie nördlich des heutigen Hohen Markts bereits seit geraumer Zeit kleine Siedlungen, in denen Märkte abgehalten wurden. Der bedeutendste Straßenzug war die Straße der »Wildwerker« (Kürschner), die jetzige Wipplingerstraße.

Markgraf Adalbert »der Siegreiche« (1018–1055)

Der dritte in der Reihe der Markgrafen wurde nachträglich mit dem Beinamen »victoriosus« (= der Siegreiche) geehrt. Während seiner langen Regierung ereigneten sich zahlreiche Kämpfe nicht nur gegen die Böhmen im Norden, sondern auch gegen die christlich gewordenen Magyaren im Osten. Der Streit mit Ungarn hatte diesmal dynastische Ursachen. Adalbert war mit einer gewissen Frowiza verheiratet, die dem Ehebund zwischen dem Dogen von Venedig, Otto Orseoli, und einer Schwester des Ungarnkönigs Stephan entstammte. Ihr Bruder Peter, »der Venetianer«, war als König von Ungarn von heidnischen Reaktionären unter Führung des Samuel Aba verdrängt worden, und Adalbert hatte daher allen Grund, für die Rechte seines Schwagers einzutreten.
Auch der deutsche König, der erste aus dem salischen Haus, Konrad II., sah

sich veranlaßt, in diese Kämpfe einzugreifen. Aber im Jahr 1030 wurde sein Heer von den Ungarn bei Wien (»Vienni«) geschlagen. Dadurch gingen die Gebiete zwischen Fischa und Leitha sowie nördlich der Donau bis zur mährischen Grenze für Ostarrichi verloren. Konrad II. entschädigte Adalbert für diesen Verlust durch eine Güterschenkung zwischen den Flüssen Triesting und Piesting.

Auf Konrad folgte sein Sohn Heinrich III. Zu seinen ersten Anliegen gehörte die Wiedergutmachung der im Osten erlittenen Niederlage. Er kam 1042 zu Schiff über die Donau nach Wien, wo er einen Hoftag abhielt, und führte dann das Reichsaufgebot sowohl gegen Böhmen als auch gegen Ungarn. Es gelang ihm, die alten Grenzen wiederherzustellen; einen wiedergewonnenen Landstrich, westlich von March und Leitha, richtete er als eine eigene Mark ein, die »Neumark«, für deren Leitung Adalberts ältester Sohn Liutpold vorgesehen war. Der aber starb schon im nächsten Jahr, und so erhielt ein Graf Siegfried aus dem Rheinland die Neumark, er wurde mit reichen Schenkungen ausgestattet. Eine weitere, die »böhmische«, Mark entstand im Norden, an der Grenze gegen Böhmen und Mähren, im Pulkautal. Ein Jahr später glückte dem Kaiser ein entscheidender Sieg über den Thronräuber Samuel Aba.

Der eben erwähnte früh verstorbene Markgrafensohn Liutpold hatte sich im Feldzug gegen die Böhmen ausgezeichnet; er wurde deshalb später als der »starke Ritter« gepriesen. Er eroberte und zerstörte die Slawenburg Thunau am Kamp. Von ihm gibt es übrigens eine Nachricht, wonach ein Spielmann vor ihm gesungen habe, der dann, reich beschenkt, nach Rom weitergezogen sei. Wir können das, wenn wir wollen, als ältestes Zeugnis der Musikliebe am österreichischen Hof nehmen.

Markgraf Adalbert hatte das Glück, seinen Besitz beträchtlich vermehren zu können. Er beerbte die reichen Grafen von Ebersberg und erhielt vom Kaiser noch weitere Schenkungen: an der Pielach, am Zusammenfluß der beiden Zaya und bei Scheibbs, seine Frau Frowiza bekam Besitzungen im Tullner Feld.

Adalberts persönliche Eigenschaften bleiben so wie die seiner Vorgänger im dunkeln. Es sei denn, wir wollten die finanzielle Unterstützung, die er nach einer Urkunde seines Urenkels dem Kloster und Stift seiner Residenz Melk angedeihen ließ, als Zeugnis seiner Frömmigkeit und Freigebigkeit ansehen. Dagegen hat ein merkwürdiger Umstand uns eine gewisse Vorstellung von seinem Äußeren vermittelt. In Melk, wo er nach 37jähriger Regierung 1055 seine letzte Ruhestätte fand, wurde im Jahre 1968 ein Sarg geöffnet, der die Überreste von etwa 15 Mitgliedern der markgräflichen Familie barg. Es gelang, die Skelette Adalberts und Frowizas, ihres Sohnes Ernst und ihrer

6 Das »Melker Kreuz«. Schatz-
kammer des Stiftes Melk.
Der in der Goldschmiedearbeit ent-
haltene angebliche Bestandteil des
Kreuzes Christi soll um 1040 von
Markgraf Adalbert dem Kloster
Melk gewidmet worden sein. In seiner gegenwärtigen Gestalt stammt
das Kunstwerk erst aus dem Jahr
1362. Es ist aus vergoldetem Silber,
besetzt mit Edelsteinen und Perlen,
61 cm hoch.

Schwiegertochter zu identifizieren. So konnte festgestellt werden, daß der
Markgraf von athletischem Körperbau war und die für die damalige Zeit
enorme Größe von 180,5 cm hatte. Sein Schädel war lang und wies einen
kräftigen Unterkiefer sowie ein gutes Gebiß auf. Aber in seinen letzten Zeiten
– er starb mit etwa 64 Jahren – litt Adalbert an einer allgemeinen Arthrose,
die besonders das linke Hüftgelenk erfaßt hatte, so daß er sich jedenfalls nicht
mehr normal fortbewegen konnte. Seine Frau Frowiza, die ihn überlebte, war
162 cm groß, hatte gleichfalls gute Zähne, einen auffallend kräftigen Unterkiefer und eine robuste Figur.

Kreuz und Schwert

Der neue geistliche Oberhirte der Mark, Bischof Engilbert von Passau, setzte
die systematische Aufgliederung der Kirchensprengel in der Mark fort, vor

allem im Wiener Becken und im Weinviertel. Neue Pfarren entstanden, darunter das Stift zu Ardagger, ferner in Mödling, Traiskirchen, Klosterneuburg und anderorts, in der »Neumark« Altenburg. Dem Kloster seiner Residenz Melk spendete Adalbert eine Partikel des Heiligen Kreuzes, das später mit einer neuen Fassung versehene »Melker Kreuz«.

Neben dem alten Adel kam um diese Zeit ein neuer auf: die sogenannten Ministerialen. Das waren ursprünglich Unfreie, die auch weiterhin noch persönliches Eigentum ihrer Herren blieben, aber zum Reiterkriegsdienst freigestellt wurden, in den Kämpfen bald eine hervorragende Rolle spielten und dadurch allmählich den Altadeligen an Rang und Bedeutung nahekamen. Sie errichteten künstliche Hügelburgen, sogenannte Motten: auf einem Erdhügel erhob sich ein kleines, wehrhaftes Gebäude, oft mit einem Turm versehen und mit einer Vorburg für das Gefolge und die Dienerschaft.

Mehr und mehr wurden die Burgen von den Siedlungen, die anfänglich immer dazugehört hatten (daher die Ortsnamen auf -burg, wie Altenburg und Hainburg), getrennt. Nunmehr wurden die Adelssitze auf Höhen errichtet; ihr Mittelpunkt war ein turmartiger Würfel, das »feste Haus«, worin die Herrschaft wohnte und das für Verteidigungszwecke gerüstet war. Diese Adelsburgen wurden die Mittelpunkte kleiner Herrschaftsbereiche.

Planvolle Kolonisierung

Die ursprünglich regellos errichteten Dörfer wurden jetzt planmäßig angelegt. Ein Dorfgebiet besaß eine Anzahl von Feldern (»Gewannen«), die es bewirtschaftete, jedes Haus des Dorfes hatte in jedem der Felder ein Ackerlos. Wiederum zeugen die Ortsnamen von dieser Veränderung. An die Stelle der Benennungen auf -ing, die die Abhängigkeit der Bewohner von ihrem Herrn andeuteten (z. B. Ottakring = die Leute des Otakar), und jener auf -hofen und -hausen, -heim und -stetten, die auf den Mittelpunkt der Siedlung, also den Hof, das Haus, die Heimstätte, hinwiesen, traten nun solche auf -dorf: die Bauerndörfer standen jetzt den Herrschaftshöfen selbständig gegenüber. Während früher Unfreie die großen Höfe der Grundherren bewirtschaftet hatten, wurden jetzt Höfe an Bauern gegen Leistung eines Zinses zur freien Nutzung abgegeben.

Zur besseren Ausnützung des Bodens wurde die Dreifelderwirtschaft eingeführt, bei der Winterfrucht, Sommerfrucht und Brache geregelt aufeinander

7 Tragaltar der Markgräfin Swanhilde. Sammlungen des Stiftes Melk.
Das Altärchen ist niederrheinische Arbeit aus der Mitte des 11. Jh.s, Elfenbein auf Holz, mit
Verwendung von Serpentin und Gold. Die Inschrift besagt, daß »Svonehild« (die Gemahlin des
Markgrafen Ernst) den Altar, in dem Reliquien des hl. Cyriacus enthalten waren, zur Erlösung
von ihren Sünden gestiftet habe.

folgten. Auch die Viehzucht wurde insofern planvoll gestaltet, als man die
jeweils geeigneten Gegenden dafür auswählte. Der Weinbau begann, namentlich in der Wachau, einen beachtlichen Aufschwung zu nehmen.
Eine Folge dieser Entwicklung war das allmähliche Verschwinden der Unfreien, die von ihren Herren beliebig verschenkt oder ausgetauscht werden
konnten und nur mit Zustimmung des Grundherrn eine Ehe eingehen durften. Jetzt war nicht mehr die Einzelperson, sondern der Besitz maßgebend
für die soziale Stellung der Bauern.
Die Kolonisation nahm ihren Fortgang, so besonders im Waldviertel, wo
Namen auf -reith und -schlag (wie Ottenschlag) auf das Roden des Landes
und das Schlagen von Bäumen hinweisen. Der Handel entwickelte sich in den
Dörfern besonders des Donautals, durch die Schiffahrt begünstigt, weiter.
Dabei erlangten die Juden, die in eigenen Dörfern lebten, eine maßgebliche
Rolle.

Markgraf Ernst »der Tapfere« (1055–1075)

Auf Adalbert folgte sein zweiter Sohn, Ernst. Er heiratete die Witwe des Grafen Siegfried von der Neumark, die Rheinländerin Swanhild, deren einziger Sohn im Ungarnkrieg gefallen war. Nun wurde die Neumark mit Ostarrichi vereinigt, so daß March und Leitha die endgültige Ostgrenze bildeten. Um dieselbe Zeit fiel auch die böhmische Mark an Österreich.

Nach Swanhilds frühem Tod ehelichte Ernst eine Tochter des Markgrafen von Meißen, Adelheid, in deren Gefolge sächsische Adelige in die Mark kamen, unter ihnen Azzo, der Stammvater des nachmals mächtigen Geschlechts der Kuenringer, der in die Dienstmannschaft (Ministerialität) des Markgrafen eintrat.

Da mit der Neumark auch ein großer Teil der reichen Güter des Markgrafen Siegfried an Ernst fiel, konnte er es nun an Besitzreichtum mit den anderen Grundherren der Mark aufnehmen, was seinem Ansehen natürlich sehr zuträglich war.

Von Swanhild stammt ein kleiner Tragaltar aus Elfenbein, eine kunstvolle Handarbeit, die sie dem Kloster Melk vermachte; in der Aufschrift ist der Name »Svonehild« zu lesen. Ernst aber spendete dem gleichen Kloster eine Lanze des hl. Mauritius, die jetzt nicht mehr vorhanden und nur aus einer Abbildung bekannt ist.

Inzwischen war der junge Heinrich IV. deutscher König geworden. Er hatte einen gefährlichen Aufstand der Sachsen zu bekämpfen, und mit dem Heerbann der Bayern zog auch Markgraf Ernst für den König ins Feld. Am 9. Juni 1075 kam es zur entscheidenden Schlacht bei Homburg an der Unstrut; sie endete mit dem Sieg des Königs, aber unter den Gefallenen war auch Ernst von Österreich. Sein Skelett läßt die Verwundungen, die ihm den Tod brachten, deutlich erkennen: die linke Schädeldecke war von einer Streitaxt durchschlagen und von einem Schwerthieb getroffen worden, den linken Oberarmknochen hatte ein Streitkolben durchschlagen, und nachdem der Markgraf bereits vom Pferd gesunken war, hatte noch ein Schwerthieb den linken Oberschenkelknochen durchtrennt. Wie sein Vater, mit dessen Schädelbau er eine große Ähnlichkeit aufweist, ist auch Ernst von hoher Gestalt – etwa 180 cm – gewesen. Sein Leichnam wurde nach Melk überführt und dort beigesetzt, ebenso wie die Körper seiner beiden vor ihm dahingegangenen Frauen, von denen Swanhild eine Körpergröße von etwa 161,5 cm besaß, während Adelheid mit 171 cm hoch und schlank gewachsen war.

Neue Klöster, neue Siedlungen

Zehn Jahre nach Ernsts Regierungsantritt wurde Altmann Bischof von Passau, einer der bedeutendsten und tätigsten Kirchenfürsten seines Jahrhunderts. Er gründete Pfarren im Viertel über dem Wienerwald, das Chorherrenkloster St. Nikola bei Passau und die St.-Ehrentraud-Kirche in Göttweig. In den Klöstern St. Florian und St. Pölten führte er die Augustinerregel ein. Schon vorher hatte der Bischof Adalbero von Würzburg das Kloster Lambach im heutigen Oberösterreich gestiftet. Die noch erhaltene Klosterkirche hat eine Krypta in Form eines großen Kreuzes, drei Geschosse und zwei Türme. Die Wandmalereien zeigen neutestamentliche Szenen wie die Anbetung der Heiligen Drei Könige.

In den Klöstern der Mark begann nun auch eine regere literarische Tätigkeit. Neben religiösen Schriften in lateinischer Sprache entstand während Ernsts Regierung die sogenannte »Wiener Genesis« in frühmittelhochdeutschen Versen, eine freie Wiedergabe des 1. Buches Mose.

Neben oder unterhalb der Burgen wurden neue Siedlungen geschaffen, in denen sich das Wirtschaftsleben konzentrierte. Als älteste Märkte (fora) des Landes erscheinen Krems, Tulln, St. Pölten, (Kloster-)Neuburg, Wien, Baden, Hainburg. St. Pölten erhielt 1059 vom König das Marktrecht, wie es ein Jahr später auch dem damals noch zum steirischen Traungau gehörigen Wels verliehen wurde.

Die Rodung gewann zunehmend neuen Boden für bäuerliche Niederlassungen und Fluren. Am Siedlungswerk der Bauern nahmen Markgraf, Adel und Kirche regen Anteil.

Markgraf Liutpold II., »der Schöne« (1075–1095)

Auf Ernst »den Tapferen« folgte sein noch jugendlicher Sohn Liutpold II. Ihm hat spätere Geschichtsschreibung den Beinamen »der Schöne« verliehen – wohl nur deshalb, weil man über seinen Charakter nichts auszusagen wußte. Und doch hat dieser Regent einen Schritt getan, der ihn von seinen Vorgängern deutlich unterscheidet. Er war Zeitgenosse des großen, jahrzehntelangen Machtkampfes zwischen Kaisertum und Papsttum, des sogenannten Investiturstreits. Dabei ging es um die Abschaffung des bisher geltenden Rechts der Könige und sonstigen weltlichen Großen, Bischöfe und Priester nach eigenem Belieben ein- und auch abzusetzen. Grundlage dieses Gewohn-

8   Teppich von Bayeux, Ausschnitt. Museum zu Bayeux, Frankreich.
Der 70 Meter lange, bunt bestickte Wandteppich, auf dem die Eroberung von England durch
Wilhelm den Eroberer dargestellt ist, ein Meisterwerk normannischer Kunst um 1070, wird hier
in einem Ausschnitt gezeigt, um eine Vorstellung von Rüstung und Bewaffnung der Ritterheere
in der zweiten Hälfte des 11. Jh.s zu vermitteln.

heitsrechts war die Anschauung, daß die Kirchen Eigentum der Grundherren
seien. Dagegen wandte sich Papst Gregor VII. als Führer der kirchlichen
Reformpartei, die auch gegen die Verweltlichung des Klerus, gegen die
Priesterehe und gegen den Verkauf von Kirchenbesitz zu Felde zog.

Ein besonders rühriger Vertreter der päpstlichen Sache war der schon genannte Bischof Altmann von Passau. Da Heinrich IV. sich der Kirchenreform widersetzte, wurde von päpstlicher Seite seine Absetzung betrieben. Zu Beginn von Liutpolds Regierung hatte der Markgraf vom König noch eine Schenkung im Gebiet von Scheibbs erhalten. Aber schon ein Jahr später, 1077, setzte sich Liutpold auf dem Fürstentag zu Forchheim offen für die Absetzung Heinrichs ein. Zu dieser Stellungnahme mag ihn vielleicht auch seine Heirat mit Ita von Formbach bewogen haben, denn die einflußreiche Familie der Formbacher stand eindeutig auf päpstlicher Seite. Entscheidend aber ist wohl der Einfluß Altmanns gewesen.

Dieser ging um jene Zeit seines Bischofssitzes Passau, der von königlichen Truppen eingenommen wurde, verlustig. Er floh nach Rom, von wo er als päpstlicher Legat für Deutschland zurückkehrte. Ein Jahr danach, 1081, war es so weit, daß Liutpold mit seinen Adeligen zu Tulln dem »Tyrannen Heinrich« die Gefolgschaft aufkündigte und die Anhänger des Papstes seines bewaffneten Schutzes versicherte. Der König beantwortete dies mit der Absetzung des Markgrafen, an dessen Stelle er Ostarrichi dem Herzog Wratislaw von Böhmen zusprach. Dieser konnte Liutpold am 12. Mai 1082 bei Mailberg eine schwere Niederlage zufügen. Trotzdem vermochte der Markgraf sich im Besitz des Landes zu halten; doch sah er sich genötigt, sich dem König zu unterwerfen und mit dem Böhmen Frieden zu schließen, der zur Entschädigung von Heinrich IV. zum König erhoben wurde. Eine Eheschließung zwischen Liutpolds Tochter und Wratislaws Sohn besiegelte die Versöhnung. In der Folge bewahrte Liutpold, durch die erlittene Schlappe vorsichtig gemacht, Heinrich IV. die Treue.

Dem nach Osten verlagerten Schwergewicht des Landes trug dieser Markgraf insoweit Rechnung, als er die Residenz in Melk aufgab und sie in das stark bewehrte Gars am Kamp verlegte. Dort ist er, als er nach zwanzigjähriger Regierung gestorben war, auch beigesetzt worden.

Augustiner und Benediktiner schaffen Kulturzentren

Die große kirchliche Reformbewegung, die ihren Ausgang von den lothringischen Klöstern Cluny und Gorze genommen hatte, erfaßte natürlich auch die Mark Österreich. In Lambach und Kremsmünster wurde sie von den Benediktinern durchgeführt, und Benediktiner aus Lambach waren es auch, die jetzt in Melk an die Stelle der weltlichen Kanoniker traten.

9 Bischof Altmann von Passau. Aus einer Handschrift der Stiftsbibliothek Göttweig.
Die mehrfarbige Federzeichnung auf Pergament aus dem Anfang des 12. Jh.s ist die älteste
Darstellung des berühmten Kirchenfürsten, dessen Reformbestrebungen in Österreich große
Erfolge erzielten. Neben seiner Gestalt sieht man die von ihm gestiftete zweitürmige Marien-
kirche von Göttweig.

Altmann von Passau war weiterhin ein Hauptverfechter der Bewegung. Am 9. September 1083 weihte er eine zweite Kirche auf dem Göttweiger Berg: die Haupt- und Abteikirche des nunmehrigen Augustiner-Chorherrenstifts Göttweig. Er förderte ferner die Gründung eines weiteren Augustinerstifts, in Reichersberg, und reformierte St. Florian, St. Pölten und Melk. Er soll es gewesen sein, der an Stelle der bisherigen Holzbauten den Steinbau bei den Kirchen durchsetzte und die Gotteshäuser reichlich mit Bildern und anderem Zierat sowie mit Büchern versah. Die Kunst des hochromanischen Stils gelangte in diesen Kirchenbauten zur Vollendung, sie repräsentierten eindrucksvoll die Macht der römischen Kirche.

Altmann starb im Jahr 1091 in Zeiselmauer bei Wien. Seine Hauptstiftung, Göttweig, wurde drei Jahre danach in ein Benediktinerkloster umgewandelt, während in St. Pölten die Augustiner-Chorherren einzogen.

Die hochadeligen Familien kamen um diese Zeit zu reichem Grundbesitz mit Gerichts- und Vogteirechten. Unter ihnen ragten die Grafen von Schala-Peilstein-Burghausen (Schwiegersöhne des Markgrafen Liutpold), von Formbach und Ratelnberg, von Poigen und Rebgau hervor.

Im Burgenbau war die unter den vorigen Regierungen begonnene Entwicklung abgeschlossen. Künstliche Erdkegel, etwa 5 Meter hoch, trugen einen Fachwerkbau als Hochburg, zu dem eine Holzbrücke den Zugang bildete.

Kolonisation und Verkehr

Die zu Ernsts Zeiten in Angriff genommenen planvollen Siedlungsschöpfungen nahmen ihren Fortgang, desgleichen die Urbarmachung der Waldgegenden, die jetzt zum Großteil von den markgräflichen Ministerialen geleitet wurde. Dort entstanden Einzelhöfe und Streusiedlungen. Im Mühlviertel erschlossen die Herren von Perg das sogenannte Machland am Donauufer, im Wienerwald leiteten die Herren von Traisen und andere Dynasten die Kolonisation.

Da die Grenze gegen Ungarn nunmehr gesichert schien, wurde der Ort Hainburg ausgebaut. Den ersten großen Marktplatz Österreichs gab es in St. Pölten, als Gerichtsort wird Tulln genannt.

Die Verkehrswege, namentlich die Donau und die seit der Karolingerzeit südlich davon verlaufende »öffentliche Straße« (strata publica), erlangten weiter zunehmende Bedeutung für Handel und Verkehr.

2 Von der Mark zum Herzogtum

Markgraf Leopold III., »der Heilige« (1095–1136)

Mit ihm beginnt eine neue Epoche in der Geschichte Österreichs. Wir bezeichnen sie rein äußerlich durch die »moderne« Form seines Namens: der althochdeutsche »Liutpold« wurde jetzt allmählich durch »Leupold« oder »Leopold« ersetzt. Da war eine Angleichung an lateinisch »leo«, zu deutsch Leu oder Löwe, im Spiel.

Dieser Sohn eines kirchenfreundlichen Vaters und einer tiefreligiösen Mutter, die sich sechs Jahre nach dem Tod ihres Gatten zusammen mit dem Abt von Admont und zahlreichen Edeln auf eine Kreuzfahrt ins Heilige Land begab, von der sie nicht mehr zurückkehrte – dieser dritte Leopold hieß schon bei seinen Zeitgenossen »pius marchio«, der fromme Markgraf. Über seine wahrhaft christliche Lebensführung herrscht unter den Chronisten seiner Zeit volle Einmütigkeit: »fromm und edel« nennen ihn die Melker, »großherzig« die Göttweiger Annalen, und sein eigener Sohn Otto schreibt, er sei ein »wahrhaft christlicher Mann, ein Vater der Geistlichen und Armen« gewesen. Die nach ihm kommenden Generationen, Fürsten wie Untertanen, haben ihm ein ehrendes Gedenken bewahrt, das schließlich am Dreikönigstag 1485 in seiner Heiligsprechung die Besiegelung fand.

Aber darin erschöpft sich nicht die Bedeutung dieses Mannes, der uns als erster seines Stammes als psychologisch faßbare Persönlichkeit entgegentritt. Leopold III. ist auch ein bedeutender Staatsmann gewesen, ein kluger Diplomat, der in seiner äußeren und inneren Politik immer den Weg der Mitte, des Ausgleichs suchte und fand und dadurch den Grund zur künftigen Größe seines Landes legte.

Seine Jugendzeit war durch den Einfluß Bischof Altmanns von Passau geprägt: Ihm wird der Jüngling vor allem seine christliche Lebensauffassung zu danken gehabt haben, die ihn aber keineswegs zu voreiliger Parteinahme

10 »Schreibzeug des heiligen Leopold«. Stiftsmuseum Klosterneuburg.
Das rechteckige Elfenbeinkästchen, das sich schon früh im Stift Klosterneuburg befand, wurde
bereits im Heiligsprechungsprozeß für Markgraf Leopold III. als dessen Schreibzeug genannt.
Tatsächlich dürfte es ein Kreuzfahrer nach Österreich gebracht haben: es ist ägyptische Arbeit
aus dem 12. Jh.

verleitete. Das zeigte sich schon, als ein Jahr nach seinem Regierungsantritt
der erste der großen Kreuzzüge gegen die »Ungläubigen« in Christi Heimat
aufbrach. Der Markgraf ließ sich nicht zum Anschluß an diese kriegerische
Pilgerfahrt hinreißen, er zog es vor, daheim zu bleiben, die Ereignisse im
Reich zu beobachten und für sein Land und Volk tätig zu sein.
Kaiser Heinrichs IV. von Unruhen und Mühen erfüllte Regierungszeit nahte
sich dem Ende. Markgraf Leopold, traditionsgemäß der Treue zum Reichsober-
haupt zugeneigt, sah sich in dieser Haltung mehrfach erschüttert. Einmal als
treuer Sohn der römischen Kirche, die zum zweitenmal den Bannfluch gegen
den Kaiser ausgesprochen hatte, dann auch infolge einzelner Handlungen des
Herrschers, die seinem Gerechtigkeitsgefühl zuwiderliefen. Dies besonders, als
im Jahr 1104 der österreichische Edle Graf Sigehard von Schala-Peilstein-Burghausen auf einem Hoftag zu Regensburg von Ministerialen ermordet wurde
und der Kaiser keine Hand rührte, die Untat zu vergelten. Graf Sigehard war

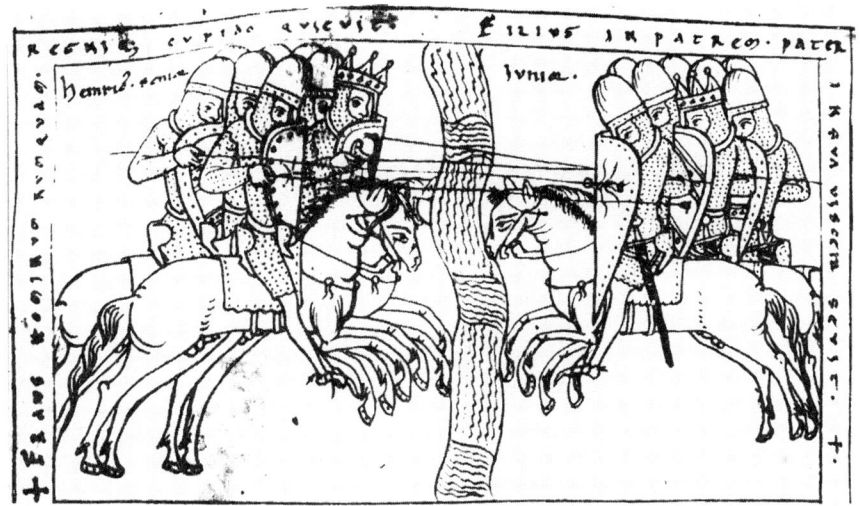

11 Kampf zwischen Kaiser Heinrich IV. und seinem Sohn Heinrich V. am Fluß Regen. Universitätsbibliothek Jena.
Im Jahr 1105 kam es zu diesem kriegerischen Zusammenstoß zwischen Vater und Sohn, der, nicht zuletzt infolge des Frontwechsels des österreichischen Markgrafen Leopold III., zugunsten des Sohnes endete. Die Miniatur ist in der Jenaer Handschrift der Chronik enthalten, die Leopolds Sohn, Bischof Otto von Freising, verfaßt hat.

mit Leopold verschwägert, was die Erbitterung des Markgrafen über die Haltung Heinrichs naturgemäß noch steigerte. Als nun nach dem älteren, jüngst verstorbenen Kaisersohn Konrad auch der jüngere, Heinrich, sich gegen den Vater empörte und die Heere der beiden Heinriche einander im Jahr 1105 kampfbereit am bairischen Fluß Regen gegenüberstanden, ließ sich der Markgraf von dem jüngeren Heinrich dazu bewegen, dem Kaiser seine militärische Unterstützung zu entziehen. Dies gab den Ausschlag, zumal sich auch der Böhmenherzog, Leopolds Schwager, dem Abfall anschloß: Heinrich IV. mußte vor seinem Sohn das Feld räumen. Als er im nächsten Jahr gestorben war und sein Sohn als Heinrich V. den Thron bestiegen hatte, zeigte sich der neue Herrscher dem Österreicher in hohem Maße erkenntlich, indem er dem verwitweten Markgrafen seine gleichfalls verwitwete Schwester Agnes zur Frau gab. Diese war in erster Ehe mit dem Herzog Friedrich von Schwaben aus dem Haus der Staufer verheiratet gewesen, dem sie zwei Söhne, Friedrich und Konrad, geboren hatte. Wir wissen nicht, welche Mitgift sie bei ihrer zweiten Eheschließung von ihrem Bruder bekommen hat, sicherlich ist sie sehr ansehnlich gewesen. Außerdem erhielt Leopold alles, was noch an Reichsgut in Österreich vorhanden war, zu freiem Besitz, so besonders die wichtigen Ortschaften an der Donau und damit die volle Verfügung über den vorzüglichsten Verkehrsweg seines Landes. Beides, die Eigenschaft als Schwager des Kaisers und die große Mehrung seines Besitzes, hob das Ansehen Leopolds III. weit über das seiner Vorgänger hinaus.

Dieser gehobenen Position entsprach die Einrichtung eines neuen Herrschaftssitzes. Leopold verlegte seine Residenz nach Klosterneuburg, wo er zunächst vermutlich in der alten Stadtburg, die über den Resten eines römischen Kastells errichtet war, wohnte. Dem dort vor kurzem gegründeten Stift widmete er reiche Schenkungen. Das bisherige Gotteshaus genügte ihm nicht mehr, im Jahr 1114 wurde der Bau einer neuen Stiftskirche, der damals größten im Land, in Angriff genommen. Bald entstand auch ein neuer Fürstensitz, dessen noch erhaltene Reste die stolzen Ausmaße dieses wohl den kaiserlichen Pfalzen nachgebildeten Schlosses ahnen lassen.

Angesichts seiner Verschwägerung mit dem salischen Kaiserhaus erscheint es nur selbstverständlich, daß Leopold nun erst recht besonderen Anteil an der Reichspolitik nahm. So war er beim Wormser Konkordat, durch das im Jahr 1122 der Investiturstreit mit einem Kompromiß beendet wurde, beteiligt. Und als Heinrich V. drei Jahre später starb, ohne Söhne zu hinterlassen, wurde Leopold von den Bayern zu ihrem Kandidaten für die Nachfolge im Reich erwählt, während die Schwaben für ihren Herzog, Leopolds Stiefsohn Friedrich von Staufen, die Sachsen für den ihren, Lothar von Supplinburg, eintraten. Der Markgraf hat jedoch noch vor der Wahl auf die Kandidatur verzichtet, als Grund gab er sein vorgeschrittenes Alter (50 Jahre!) an. Tatsächlich hat ihn wohl die Erkenntnis, seinen Mitbewerbern an Anhängerzahl unterlegen zu sein, zu dieser vernünftigen Haltung bewogen. Lothar wurde gewählt, und während die staufischen Brüder sogleich in Opposition zu dem neuen König traten, leistete Leopold ihm den Treueid, den er auch stets gehalten hat.

Auch ohne die Königswürde war seine Stellung machtvoll genug. Es scheint, daß er gleich dem Deutschen König über eigene Hofämter (Truchseß, Marschall, Mundschenk, Kämmerer) verfügte. Seit etwa 1120 ließ er Münzen prägen – in Krems, das damals die erste Handelsstadt Österreichs war. Von ihm als erstem Markgrafen Österreichs sind auch Siegel erhalten geblieben, die einen gewappneten Ritter zu Pferd zeigen. Mit ihnen beglaubigte Leopold seine Urkunden. Er bezeichnete sich darin zuweilen als »princeps terrae«, also als Landesfürst.

Leopold III. war der Vater einer großen Kinderschar. Aus seiner ersten Ehe mit

12 Modell der Stiftskirche von Klosterneuburg. Im Brunnenhaus des Stifts Heiligenkreuz. Obwohl die Inschrift die dargestellte Kirche als die von Heiligenkreuz bezeichnet, ergibt sich aus den drei Apsiden eindeutig, daß es sich um die Klosterneuburger Stiftskirche handelt. Sie wurde 1114 bis 1136 unter Markgraf Leopold III. erbaut. Die Darstellung gehört zu den Glasgemälden des »Babenberger-Stammbaums« in Heiligenkreuz, aus dem letzten Jahrzehnt des 13. Jh.s.

einer Gräfin von Perg hatte er einen Sohn, Adalbert; seiner Verbindung mit der Kaisertochter Agnes aber entsprossen nicht weniger als 18 Kinder, von denen freilich sieben in früher Jugend starben. Der Erstgeborene aus dieser Ehe trug den Namen seiner kaiserlichen Verwandten, Heinrich, der zweite den des Vaters. Von den übrigen Söhnen wurden zwei, Otto und Konrad, Kleriker. Otto, ein besonders begabter Jüngling, war von seinem Vater schon im Kindesalter zum Propst des Klosterneuburger Stifts bestimmt worden, wo er auch den ersten Unterricht empfing. Er wurde dann zum Studium nach Paris geschickt; dort hörte er die Vorlesungen namhafter Theologen von der neuen scholastischen Richtung. Auf der Heimreise kam er mit seinen Studienkollegen in das Zisterzienserkloster Morimond nahe der deutschen Grenze, und er begeisterte sich so sehr für das strenge, einfache und arbeitsame Leben der dortigen Mönche, daß er mit 15 jungen Landsleuten in dieses Kloster eintrat. Er benachrichtigte seinen Vater von diesem Entschluß und bat ihn zugleich um die Gründung eines Zisterzienserstifts in der Heimat. Zwölf Mönche aus Morimond unter Leitung des Abtes Gottschalk kamen nach Österreich, und Leopold übergab ihnen das Dorf Sattelbach im Wienerwald, auf seinem eigenen Grund und Boden, zur Errichtung eines Klosters, das dann den Namen Heiligenkreuz erhielt. Gründungstag war der 11. September 1133, die Einweihung der Kirche und des Klosters erfolgte im Frühling 1136.

Eine Folge von Ottos Eintritt in den reformistischen Orden war es, daß sein Vater auf einen großen Wunsch verzichtete: die Errichtung eines eigenen Bistums in Österreich. Denn dies wäre unter den Begriff des »Eigenkirchenrechts« gefallen, den die kirchlichen Reformbewegungen strikt ablehnten: Nach ihrer Auffassung widerstrebte die Abhängigkeit einer geistlichen Institution von einem weltlichen Herrn der Freiheit der Kirche. Der Landesfürst fügte sich dieser Anschauung und bewies dies auch dadurch, daß er dem Bischof von Passau den Zehnten der 13 Kirchen, die bisher landesfürstliche »Eigenpfarren« gewesen waren, überwies.

Leopold III. hat sein Land 41 Jahre lang regiert. Um seine Person haben sich in der Folgezeit Legenden gebildet; die bekannteste davon ist die von dem Schleier der Markgräfin Agnes, der einst, vom Wind fortgeweht, an einem Holunderstrauch hängengeblieben und dort nach längerer Zeit vom Markgrafen bei einer Wildschweinjagd aufgefunden worden sein soll; an dieser Stelle habe Leopold das Kloster Klosterneuburg errichten lassen. Diese Geschichte findet sich erst in Aufzeichnungen des 14. Jahrhunderts; der Maler Rueland Frueauf hat sie 1505 auf einer Tafel des Leopoldsaltars in Klosterneuburg bildlich dargestellt.

Der Markgraf starb, 61 Jahre alt, am 15. November 1136, wie es heißt: auf der Jagd, also wohl infolge eines Unfalls. Möglicherweise hat ihn ein verirrter Speer getroffen; an seinem Schädel zeigt sich eine schwere Verletzung des Unterkiefers, die dadurch entstanden sein könnte. Der Leichnam wurde im Kapitelsaal des Stifts Klosterneuburg beigesetzt. Bei der Untersuchung des Skeletts im Jahr 1936 stellte man fest, daß Leopold gleich seinen Vorfahren Adalbert und Ernst von großer Gestalt (177–180 cm) und kräftig gebaut gewesen ist; er hatte einen hohen Schädel, eine Adlernase und schlichtes braunes Haar. Seine Witwe, die Salierin Agnes, überlebte ihn um acht Jahre und fand dann an seiner Seite ihre letzte Ruhestätte. Der Todestag des nachmaligen Heiligen und Landespatrons von Niederösterreich ist heute noch als »Leopolditag« populär.

13 Gießlöwe (Aquamanile). Österreichisches Museum für angewandte Kunst, Wien.
Im 13. und 14. Jh. wurden häufig Gießgefäße in Tierform verwendet. Der hier abgebildete
Gießlöwe, aus Bronze gegossen und zisiliert, ist eine Arbeit aus Niederlothringen, 12. Jh., und
wurde in einem Acker bei Orth an der Donau gefunden. Die Maße sind 28 : 12 : 25,5 cm.

Unterm Krummstab lebt sich's wohl...

Nach allem, was wir über Leopold III. wissen, ist es begreiflich, daß während
seiner langen Regierungszeit das kirchliche Leben in Österreich einen
Höhepunkt erreichte.
Von den bedeutendsten Neugründungen dieses Zeitraums, Klosterneuburg
und Heiligenkreuz, wurde schon gesprochen. Das Kloster in der Residenz
war zuerst weltlichen Kanonikern, dann, seit 1133, Augustiner-Chorherren
anvertraut worden. Diese Chorherrenklöster, deren es bald mehrere in Österreich gab, sollten durch die einfache, tätige Lebensweise ihrer Mitglieder
vorbildhaft auf den weltlichen Klerus einwirken und Zentren des geistlichen
Lebens bilden. Zum Stift Klosterneuburg, das unter päpstlichem Schutz
stand, gehörten auch ein Kloster für Chorfrauen und eine Schule, in der
Elementarunterricht erteilt wurde. Die dazu nötigen Bücher wurden hier wie
anderswo weitgehend durch Abschreiben ausgeliehener Werke beschafft,

14 Westfassade der Zisterzienserkirche Mariä Himmelfahrt in Heiligenkreuz.
Das Kloster Heiligenkreuz wurde 1133 von Leopold III. gegründet, die Kirche 1187 geweiht.
Sie gilt als der bedeutendste Bau der österreichischen Hochromanik. Die hier abgebildete
Westfassade zeigt den Querschnitt des Aufbaus; die dreiteilige Fenstergruppe und das Fehlen
der Türme sind charakteristisch für die Architektur der Zisterzienser.

andere kamen geschenkweise herein. So erhielt Klosterneuburg vom Markgrafen in dessen letztem Lebensjahr ein vollständiges Exemplar der Bibel, die Leopold vom Chorherrenstift St. Nikola bei Passau bekommen hatte. Von den drei Bänden dieses Werkes ist einer erhalten geblieben.

Was die Zisterzienser betrifft, so suchte dieser Reformorden durch Betonung äußerster Schlichtheit in den Fußspuren Christi zu wandeln und sich durch Handarbeit, besonders in der Landwirtschaft, nützlich zu machen. Heiligenkreuz sollte, wie wir sehen werden, nicht lange das einzige Kloster dieses Ordens in Österreich bleiben; im Jahr 1135 berief der Ministeriale Hadmar von Kuenring Mönche von dort in das von ihm gestiftete Kloster Zwettl. Benediktiner aus Göttweig kamen durch Vermittlung Leopolds III. in das von seinem Schwager, dem Markgrafen Otakar III. von Steier, gestiftete Kloster Garsten bei Steyr, ebenso in das neue Stift Seitenstetten im westlichen Niederösterreich, das der Edle Udalschalk von Stille gegründet hatte. Ein weiteres Benediktinerkloster entstand durch zwei Brüder von Schwarzenburg in Klein-Mariazell im Wienerwald; der Bischof Ulrich von Passau aber begründete das Augustiner-Chorherrenstift in St. Georgen an der Mündung der Traisen. Das Stift Melk erfreute sich besonderer Begünstigung durch den Landesherrn, der ihm neun Güter und fünf landesfürstliche Pfarren, darunter Mödling und Traiskirchen, zueignete.

Ein wesentliches Mittel weltlicher Einflußnahme auf die geistlichen Institute war in der Einrichtung der Vogtei gegeben. Der Vogt (»advocatus«) stand den Klerikern in allen weltlichen Belangen als Schützer und Rechtsvertreter bei. Leopold III. machte seinen ältesten Sohn Adalbert zum Vogt über den gesamten Besitz des Bischofs von Passau in Österreich, und die dem Markgrafen verschwägerten Grafen von Wolfratshausen und Peilstein übten die gleichen Rechte über die Regensburger und Salzburger Kirchen und Klöster aus. Die durch den Markgrafensohn Otto und die Zisterzienser vermittelten Kontakte zur französischen Kultur und Geisteswelt brachten das damals moderne Gedankengut der scholastischen Philosophie und Theologie nach Österreich. Die zu jener Zeit bedeutendsten Vertreter dieser Richtung, die bestrebt war, die theologischen Lehrsätze mit dem Werkzeug der antiken Philosophie zu definieren und zu beweisen, waren Anselm von Canterbury aus England und der Franzose Pierre Abélard, deren Schriften in den Verzeichnissen unserer Klosterbüchereien ebenso aufscheinen wie die ihres großen Gegners, des Mystikers Bernhard von Clairvaux, des geistigen Vaters der zisterziensischen Reform.

In die Regierungszeit Leopolds III. fällt der Übergang von der frühromanischen zur hochromanischen Architektur, die besonders durch Einwölbung der Sakralräume in den Kirchen und stärker betonte Umrahmungen der Portale und Fenster gekennzeichnet ist. Daneben wurden aber in Österreich auch weiterhin ungewölbte Kirchenräume erbaut, so etwa in der Propsteikirche von Zwettl. Viele Pfarrkirchen versah man mit Türmen, und häufig baute man an der Südseite der Kirchen kleine Kapellen, die von einzelnen Personen oder Familien gestiftet worden waren. Ferner kamen damals die Karner auf, kleine, meist runde Bauten mit zwei Geschossen: über dem unterirdischen Raum, der die Gebeine der Verstorbenen barg, erhob sich eine Kapelle.

Das Aussehen der Klosterneuburger Kirche ist infolge späterer Umgestaltungen nur mehr einigermaßen zu rekonstruieren. Es war jedenfalls eine dreischiffige Basilika mit einem Querhaus, einem Chorquadrat, drei Apsiden und einem Turm. Es ist anzunehmen, daß als Vorbild der Kaiserdom zu Speyer gedient hat. Noch gut erhalten ist dagegen die Zisterzienserkirche von Heiligenkreuz: ein Langhaus mit Pfeilern, das Mittelschiff hochgewölbt, die Pfeiler abwechselnd schmäler und breiter. Hier waren vermutlich oberrheinische, vielleicht auch burgundische Einflüsse maßgebend. Die Klosterkirche von Klein-Mariazell ist später barockisiert worden; sie dürfte dem Klosterneuburger Bau ähnlich gewesen sein.

Dieses Zeitalter geistigen Erwachens hat auch das Schrifttum auf österreichischem Boden befruchtet. In den Klöstern begann man mit der Aufzeichnung von »Annalen«, das waren nach Jahren geordnete Berichte über kleinere und größere Ereignisse, von Witterungserscheinungen bis zu Geschehnissen von politischer Bedeutung. Als älteste dieser Niederschriften, die in lateinischer Sprache verfaßt wurden, sind die Annalen von Göttweig erhalten geblieben, die um 1115 begonnen wurden; 1123 folgte Melk, andere bedeutendere Klöster schlossen sich an. Diese Annalen wurden immer wieder fortgesetzt, manche davon reichen bis in die neuere Zeit hinein.

Aber auch in deutscher, genauer: in frühmittelhochdeutscher Sprache wurde jetzt in Österreich geschrieben und gedichtet. Da steht an erster Stelle eine Frau, die selbst ihren Namen nennt: Frau Ava. Sie hatte zwei geistliche Söhne, von denen sie in der Heilsgeschichte unterwiesen worden war, und lebte zuletzt als Klausnerin im Donautal, wohl in der Nähe von Melk, wo sie im Jahr 1127 gestorben ist. Sie schrieb in Versen über einzelne Kapitel der Evangeliengeschichte: »Johannes der Täufer«, »Das Leben Jesu«, ferner »Die

15 Siegel Markgraf Leopolds IV. als Herzog von Bayern. Bayerisches Hauptstaatsarchiv München. Im Jahr 1139 wurde Markgraf Leopold IV. von Österreich auch Herzog von Bayern. Daher die Umschrift „Leupoldus Dux Bawarie« auf diesem Wachssiegel (Durchmesser 90 mm), das zu einer Urkunde vom 23. Oktober 1140 gehört. Es zeigt den Herzog gewappnet zu Pferd.

sieben Gaben des Heiligen Geistes«, »Der Antichrist«, »Das Jüngste Gericht«. Ihre Schreibweise ist schlicht, aber die Gedichte verraten ein warmes, tiefreligiöses Gemüt und besondere Anteilnahme für die Frauen um Jesus. Eine andere Dichtung über Johannes den Täufer, aus dem Donaukloster Baumgartenberg, ist nur teilweise erhalten geblieben (77 Verse von insgesamt etwa 200). In Melk entstand ein hymnisches Marienlied, worin in 14 Strophen zu je sechs Zeilen mit dem Refrain »Sancta Maria« das Lob der Gottesmutter verkündet wird. Schließlich fand die »Genesis« aus dem vorigen Jahrhundert jetzt eine Fortsetzung im »Exodus«, der poetischen Darstellung des 2. Buches Mose.

Markgraf Leopold IV., »der Freigebige« (1136–1141)

Auf Leopold III. folgte als Markgraf von Österreich sein gleichnamiger dritter Sohn. Der älteste, Adalbert, mußte wohl als Sohn einer Gräfin hinter den Sprossen der Kaisertochter Agnes zurücktreten, er ist bereits zwei Jahre nach dem Vater gestorben. Der zweite, Heinrich, soll vom Vater minder geliebt worden sein; er erhielt als Entschädigung für die Nachfolge in der Mark vom Kaiser die Pfalzgrafschaft bei Rhein.

Nach dem Tod Kaiser Lothars wurde 1138 der Staufer Konrad III., der Stiefsohn Leopolds III., deutscher König. Er hatte gegen die mächtige Konkurrenz des Herzogs von Sachsen und Bayern aus dem Welfenhaus, Heinrichs »des Stolzen«, der Kaiser Lothars Schwiegersohn war, anzukämpfen. Konrad tat den Nebenbuhler in die Reichsacht und erklärte ihn seiner Herzogtümer für verlustig. Mit Bayern belehnte er im Frühling 1139 seinen Halbbruder Leopold IV. von Österreich, der damit als erster seines Hauses seit Ernst von Schwaben in den Herzogsrang aufstieg.

Es gelang dem Babenberger – diese Familienbezeichnung begann jetzt gebräuchlich zu werden –, gegen den Welfen, der bald nachher starb, gute Erfolge zu erzielen, er nahm Bayerns Hauptstadt Regensburg ein, wo er von da an residierte. Seine Stellung wurde nicht zuletzt dadurch gefestigt, daß sein Bruder Otto, der bisherige Klostervorsteher von Morimond, 1138 im Alter von 22 Jahren zum Bischof von Freising gewählt wurde. Der jüngere geistliche Bruder des Markgrafen-Herzogs, Konrad, wurde Dompropst von Hildesheim.

Leopold IV. plante eine Fahrt ins Heilige Land. Zur Ausführung dieses Kreuzzuges lieh ihm das Stift Zwettl 300 Mark. Es war ihm aber nicht bestimmt, diesen Plan auszuführen: am 18. Oktober 1141 starb er, 26 Jahre alt, in der Benediktinerabtei Niederaltaich. Vor seinem Tod soll er seinen Begleitern den Schwur abgenommen haben, ihn im Stift Heiligenkreuz zu bestatten, dem er besonders zugetan war und dem er noch in seinen letzten Tagen eine Schenkung widmete. Vielleicht war dies der Anlaß für den ihm später verliehenen Beinamen »der Freigebige«. Leopolds Ehe mit Maria von Böhmen war kinderlos geblieben. Daher folgte ihm sein früher übergangener älterer Bruder als Markgraf von Österreich nach.

Markgraf Heinrich II., Jasomirgott (1141–1156)

Heinrich verzichtete nach dem Tod des Bruders auf die bisher von ihm verwaltete Pfalzgrafschaft bei Rhein. Noch 1141 empfing er von seinem Halbbruder König Konrad III. die Belehnung mit der Mark Österreich. Er war damals 27 Jahre alt. Merkwürdigerweise wird er in fast allen späteren

168

16 Herzog Heinrich II. fährt ins Heilige Land. Aus dem »Babenberger-Stammbaum« im Stiftsmuseum Klosterneuburg.
Herzog Heinrich Jasomirgott brach 1147 zum zweiten Kreuzzug auf, von dem er zwar keine kriegerischen Lorbeeren, aber seine zweite Frau Theodora Komnena heimbrachte. Der um 1490 entstandene »Stammbaum« besteht aus zahlreichen Medaillons mit Darstellungen markanter Ereignisse der Babenbergerzeit. Hier im Vordergrund die Meerfahrt der österreichischen Kreuzfahrer, hinten rechts vor dem Wiener Schottenstift der Herzog mit dem Abt dieses Klosters.

Bildnissen (zu seiner Zeit gab es noch keine Porträtmalerei) als bartloser Jüngling mit wallendem Haar und fast mädchenhaften Zügen dargestellt. Bei ihm brauchte sich die nachmalige Chronistik nicht um einen Beinamen zu bemühen. Man nannte ihn wohl schon zu seinen Lebzeiten »Jasomirgott«, nach einer Beteuerungsformel, die er oft im Mund führte und die etwa »ja, so wahr mir Gott helfe« bedeutet. Unter dieser Bezeichnung ist er volkstümlich geworden – wie etwa die »Jasomirgottgasse« in Wien bezeugt. Zwei Jahre nach seinem Regierungsantritt in der Mark empfing Heinrich auch die Belehnung mit dem nach Leopolds Tod vakant gewordenen Herzogtum Bayern. Es schien, als sollten Bayern und Österreich, seit 976 getrennt, wieder dauernd vereinigt werden. Um eine Versöhnung mit den Welfen herbeizuführen, heiratete der Markgraf-Herzog die Witwe Heinrichs des Stolzen und Tochter des verstorbenen Kaisers Lothar, Gertrud, die einen kleinen Sohn in die Ehe brachte, gleichfalls Heinrich genannt – den nachmaligen »Löwen«. Doch ihre zweite Ehe währte noch kürzer als die erste: Gertrud starb im Wochenbett bei der Geburt einer Tochter. Sie wurde in Klosterneuburg beigesetzt.

Obwohl ihr Sohn Heinrich noch ein Kind war, ging der Streit der von Heinrichs des Stolzen Bruder Welf geführten Welfen mit dem König und dessen babenbergischen Verwandten weiter; auch der Nachbar Österreichs, Markgraf Otakar III. von Steier, stand auf der welfischen Seite. Die Feindschaft schwieg nur vorübergehend, als beide Parteien am zweiten Kreuzzug teilnahmen. König Konrad führte das deutsche Kreuzheer persönlich an, und Heinrich Jasomirgott folgte ihm ins Heilige Land. So wie vor ihm sein Bruder erhielt auch er zur Ausrüstung seiner Truppen ein Darlehen, 90 Mark Silber, das ihm das Stift Heiligenkreuz gewährte. Vor seinem Aufbruch übereignete er noch, gemeinsam mit seinem Bruder Konrad, demselben Stift das Gut Minkendorf (Münchendorf) zum Zweck des Aufbaues der Klosterräumlichkeiten. Der andere geistliche Bruder, Bischof Otto von Freising, nahm gleichfalls an der Kreuzfahrt teil.

Dieser Zug, 1147 bis 1149, war nicht vom Glück begünstigt. Sein Hauptziel, die Rückeroberung der Stadt Edessa, konnte nicht erreicht werden. Aber Heinrich Jasomirgott durfte einen persönlichen Erfolg mit heimbringen, in Gestalt eines etwa 15jährigen Mädchens namens Theodora Komnena, einer Nichte des byzantinischen Kaisers Manuel. Noch 1149 wurde in Konstantinopel die Hochzeit gefeiert. Diese Eheschließung war für Österreich von besonderer Bedeutung, da mit der jungen Markgräfin griechische Sitten und Bräuche Eingang in die Mark an der Donau fanden.

Nach seiner Heimkehr faßte Heinrich einen folgenreichen Entschluß. Der Umstand, daß sich seine Stadt Wien beim Kreuzzug als Sammelplatz der Ritter und Pilger bewährt hatte und sie außerdem mehr und mehr zum Zentrum des Handelsverkehrs geworden war, dürfte ihn dazu bewogen haben, seine Residenz dorthin zu verlegen. Zugleich ging er daran, in Wien außer der schon 1147 geweihten Stephanskirche ein weiteres Gotteshaus nebst Kloster und Hospital zu errichten. Aus seiner bairischen Residenz Regensburg berief er 22 Mönche des Klosters St. Jakob in seine neue Stiftung. Diese Brüder stammten durchwegs aus Irland, das damals zum Unterschied

17 Hadmar I. von Kuenring und Abt Hermann von Zwettl. Stiftsarchiv Zwettl. Die Federzeichnung im Stiftungsbuch des Klosters Zwettl, das am letzten Tag des Jahres 1137 gegründet wurde, zeigt den Stifter, Hadmar I. aus dem Ministerialengeschlecht der Kuenringer, mit dem von Heiligenkreuz entsandten ersten Abt des neuen Zisterzienserklosters.

von Schottland (Scotia minor) »das größere Schottland«, Scotia maior, genannt wurde; daher werden Kirche und Kloster »Am Hof« noch heute als »Schottenkirche« bzw. »Schottenkloster« bezeichnet. Das Gründungsjahr war 1155. Inzwischen war König Konrad III. 1152 gestorben und sein Neffe, der auch der Stiefneffe des Babenbergers war, ihm als Friedrich I. auf dem Thron gefolgt – der nachmals hochberühmte »Barbarossa«, der 1155 die Kaiserkrone erlangte. Er strebte nach einer Beendigung der aufreibenden Zwistigkeiten mit den Welfen, denen er selbst durch seine Mutter angehörte; und so gab er 1154 Bayern dem jungen Heinrich »dem Löwen« zurück. Das war natürlich eine schwere Benachteiligung Heinrich Jasomirgotts, der so seines Herzogtums verlustig wurde. Kaiser Friedrich war bemüht, seinen

Onkel zu entschädigen; und er fand eine Lösung in der Erhebung der Mark Österreich zum Herzogtum, 1156.

Zisterzienser bauen Kirchen und Klöster

Noch unter der kurzen Regierung Leopolds IV. war ein neues Zisterzienserstift in Österreich entstanden: Zwettl. Sein Begründer war der Ministeriale Hadmar I. von Kuenring, auf dessen Bitte aus Heiligenkreuz zwölf Mönche mit dem Abt Hermann in die neue Stiftung entsandt wurden. Sie wohnten zunächst in improvisierten Holzbauten. Die Gründung des Klosters erfolgte am letzten Tag des Jahres 1137. Schon im folgenden Jahr starb Hadmar von Kuenring, nachdem er seinem Stift 300 Mark Silber geschenkt hatte. Ein weiteres Jahr danach erhielt Zwettl von Konrad III. seine Gründungsurkunde, und 1140 empfing es, so wie auch sein Mutterkloster Heiligenkreuz, ein päpstliches Privileg, wonach beide Stifte, wie das dazumal bei Zisterzienserklöstern üblich war, für das von ihnen bewirtschaftete Land vom Kirchenzehnten befreit wurden. Kurz vor seinem Tod übergab Leopold IV. das Gut Krumau an Zwettl; sein Nachfolger Heinrich II. entzog es dem Kloster wieder, überließ ihm aber drei Erzgruben, die für den Bau von Wichtigkeit waren. Hadmars Neffe, Albero III. von Kuenring, förderte eifrig den Bau und wirkte tatkräftig bei der Rodungsarbeit in der Umgebung mit.
Bezüglich Wiens kam 1137 ein Kaufvertrag zwischen Leopold IV. und Bischof Reginmar von Passau zustande. Danach erhielt der Markgraf in der Stadt näher gelegene Hälfte des Passauer Kirchengutes, mit Ausnahme der »Hofstätten, wo Ställe gebaut wurden«: An diesem Ort dürfte dann die Stephanskirche errichtet worden sein. Das Hochstift Passau erhielt dafür die Kirche St. Peter. Der bei Passau verbleibende Teil des Kirchengutes wurde als »widum« (Widmungsgut) bezeichnet – daher der Name der Vorstadt Wieden, des jetzigen 4. Wiener Bezirks. Die Pfarrechte von St. Peter wurden auf die dem Passauer Bistumspatron St. Stephan geweihte Kirche übertragen, die 1147 die Weihe empfing; sie lag damals noch außerhalb des Mauergürtels. Die Pfarrkirche war 83 Meter lang, sie hatte ein stattliches Querhaus und zwei Türme an der Westseite.
In Heiligenkreuz war es zu einer Krise gekommen: Die Landwirtschaft bot nicht genügend Korn zur Ernährung der Mönche, und der König von Ungarn ersah die Gelegenheit, den Konvent zur Übersiedlung in sein Land einzuladen. Da kam ihm Leopold IV. zuvor, indem er dem Abt Gottschalk das Gut

18 Die Burg Dürnstein. Stiftsarchiv Zwettl. Diese Federzeichnung aus dem Stiftungsbuch des Klosters Zwettl stellt das um 1150 von Albero von Kuenring gegründete »castrum Tyernstayn« dar, eine der bedeutendsten Ministerialenburgen Österreichs, in der 1193 König Richard Löwenherz von England in ritterlicher Haft gehalten wurde.

Trumau zueignete, womit der Bestand des Klosters gesichert war. Dessen weiterer Aufbau fand dann in Heinrich II. einen tatkräftigen Förderer. Er ließ den bisherigen Holzbau durch eine Steinkonstruktion ersetzen, der Orden selbst stellte die Architekten und Baumeister. Markgraf Heinrich schenkte der Zisterze (so nannte man auch die Zisterzienserklöster) den Muschelkalk-Steinbruch auf dem Ebersberg, mit dessen Material die neuen Teile der Gebäude errichtet wurden. Einiges davon ist noch erhalten, so die romanischen Pförtchen und die Westwand des jetzigen Kreuzgangs.

Heinrich Jasomirgotts Stiftung, die Wiener Schottenkirche samt Kloster und Krankenhaus, erhob sich gleichfalls noch außerhalb der Stadtmauer, auf einem Gebiet, das als »Steinfeld« bezeichnet wurde. Der Gottesdienst der »Schotten«, die wegen ihrer Gelehrsamkeit und ihres frommen Wandels hohes Ansehen genossen, fand bis zur Fertigstellung der neuen Gebäude in einer kleinen Kapelle statt.

Noch mehrere Gründungen von Gotteshäusern sind in diesem Zeitabschnitt auf österreichischem Boden erfolgt. Graf Otto von Perg-Machland stiftete das Zisterzienserkloster Baumgartenberg, das gleichfalls von Heiligenkreuz aus besiedelt wurde, die Grafen von Poigen-Rebgau errichteten das Stift Altenburg am Kamp, die Grafen von Pernegg das Prämonstratenserkloster Geras und das Frauenkloster Pernegg.

Daß die geistlichen Brüder des Markgrafen für das kirchliche Leben in Österreich von spezieller Bedeutung waren, versteht sich von selbst: Otto als Bischof von Freising, Konrad seit 1149 als Bischof von Passau und damit geistliches Oberhaupt des Landes.

In diesen Zeiten begann sich auch die plastische Kunst in den österreichischen Kirchen zu entwickeln. Wie es dem romanischen Stil entspricht, zielte sie nicht auf Schönheit der Formen, sondern vielmehr auf die Kraft des seelischen Ausdrucks ab.

Die Ministerialen und ihre Burgen

Der bereits geschilderte Aufstieg der als Dienstmannen des Landesfürsten hochgekommenen Ministerialengeschlechter nahm seinen Fortgang. Die Kuenringer wurden schon als Stifter von Zwettl erwähnt. Andere Familien aus diesem Kreis, die zu Bedeutung gelangten, waren die Pottendorfer, die Liechtensteiner, die Starhemberger und manche weitere. Sie erbauten die zahlreichen Burgen in Niederösterreich, von denen viele noch als Ruinen erhalten sind. Außer den »festen Häusern« auf Bergeshöhen, wie etwa Dürnstein (»castrum Tyernstein«), das um 1150 von Albero von Kuenring errichtet wurde, gab es im Flachland die Wasserburgen, in den Dörfern die »festen Höfe«. Die ersten Höhenburgen entstanden um die Jahrhundertmitte im Wienerwald, mit Wohntürmen und Burgkapellen; bei ihnen sind arabische und südfranzösische Einflüsse erkennbar.

Allmählich gelangten die Ministerialen in den Besitz jener Herrschaftsrechte, die vorher nur der »hochfreie« Adel innegehabt hatte: der Gerichtsbarkeit, der Kirchenvogteien, der Pfarrpatronate, der Markt- und Zollrechte. Trotz alledem galten sie immer noch als persönlich unfrei; so durften sie nur innerhalb der »familia«, der jeweiligen Dienstmannschaft, Ehen schließen. Nahmen sie Frauen aus einer fremden »familia«, so wurden die Kinder zwischen beiden Herkunftsgruppen aufgeteilt, wie das bei den unfreien Bauern der Fall war. Diese Kluft zwischen tatsächlicher Macht und sozialer Stellung gehört zweifellos zu den größten Merkwürdigkeiten dieser Epoche.

Vor der Übersiedlung des landesfürstlichen Hofes nach Wien war Krems immer noch die bedeutendste Stadt Österreichs gewesen. Da gab es den »Hohen Markt« (»forum eminentius«), der als erster städtischer Marktplatz des Landes genannt wird. Dazu kamen der »Kienmarkt« und der »Tuchlauben-Witmarkt« in Wien, das nun rasch die ältere Konkurrentin zu überflügeln begann. Der arabische Reisende und Geograph Idrisi, der seine Europareise des Jahres 1153 beschrieb, nennt als Donaustädte neben Ulm, Regensburg und Passau auch Krems und Wien.

Ein anderer zeitgenössischer Bericht stammt von Odo von Deuil, der als Kaplan des französischen Königs den zweiten Kreuzzug mitmachte. Er schildert den Weg, der ihn in fünf Tagen durch Österreich führte. Im Unterschied zu dem Araber nennt er keine einzige Stadt der Mark, und der Zug durch die Wachau mit ihrem waldigen und bergigen Gelände scheint ihm wenig Vergnügen bereitet zu haben. Man sieht daraus, daß die Rodungsarbeiten selbst im Donautal damals noch keineswegs abgeschlossen gewesen sind.

Auch die Flußübergänge waren noch nicht eben bequem; von Brücken ist kaum die Rede (eine führte bei Zwettl über den Kamp), die Überfahrten wurden durch Fähren besorgt, wobei jedesmal eine Maut zu entrichten war. Auch auf den Straßen wurden an bestimmten Stellen Zölle eingefordert, von denen man mit etwas Glück oder aufgrund von guten Beziehungen durch Privilegien befreit werden konnte.

Der Wirtschaftsbetrieb auf dem Land lag großenteils in den Händen der Ordensmönche, deren Klöster damit zu Mittelpunkten der Grundherrschaften wurden. Sie beschäftigten Bauern, die zu Dienst und Abgaben verpflichtet waren. Nur die Zisterzienser huldigten der Gepflogenheit, ihre landwirtschaftlichen Hilfskräfte als Laienbrüder dem Orden einzugliedern, wodurch der geistliche Charakter des Gesamtbetriebs gewahrt blieb.

Die Geldwirtschaft war um diese Zeit noch wenig entwickelt, obwohl es Münzen mit Geldwert gab. Im wesentlichen wurde der Geschäftsverkehr nach wie vor auf der Grundlage des Naturalienumsatzes abgewickelt.

Die Erschließung der Waldlandschaften durch Rodung und Kolonisation war in manchen Gegenden schon weit gediehen. So wissen wir, daß die Grenze gegen die Steiermark, früher nur durch den Verlauf der Gebirge angezeigt, jetzt infolge der freigelegten Täler genauer bestimmt wurde; sie verlief etwas nördlich von Mariazell.

Außer den bereits erwähnten Annalen wurden nun in manchen österreichischen Klöstern Lebensbeschreibungen hervorragender Persönlichkeiten verfaßt. Die erste dieser »Viten« ist die des Bischofs Altmann von Passau, die um 1140 in dem von ihm gegründeten Kloster Göttweig niedergeschrieben wurde: eine gute und interessante Darstellung, der wir auch eine erste Schilderung der österreichischen Landschaft zu verdanken haben.

Ein Priester namens Heinrich, vielleicht dem Stift Melk angehörig und daher meist »Heinrich von Melk« genannt, schrieb in deutscher Sprache eine Sittenpredigt, worin er den sündhaften Lebenswandel der Geistlichen wie der Weltlichen schonungslos geißelte. Dieses Werk trägt den Titel »Von des todes gehugede«, was etwa mit Mahnung oder Erinnerung an den Tod zu übersetzen ist.

Aus der markgräflichen Familie selbst ist der bedeutendste Geschichtsschreiber des deutschen Mittelalters hervorgegangen: Leopolds III. Sohn Otto, Bischof von Freising. Er vollendete 1146 seine Universalgeschichte, die mit Adam beginnt und mit Ausblicken auf das Jüngste Gericht endet und »Historia de duabus civitatibus« (Geschichte der beiden Staatswesen, nämlich des göttlichen und des irdischen) betitelt ist. Die theologische Grundidee des Werks beeinträchtigt keineswegs die Klarheit der Schilderung des zeitgenössischen Geschehens. Ein weiteres Werk Ottos, die »Gesta Friderici«, behandelt die Ereignisse der ersten Regierungsjahre Kaiser Friedrichs I.

Otto von Freising war es auch, der die enge Verbindung mit dem französischen Geistesleben weiterhin pflegte. Durch seine Vermittlung kam der Franzose Magister Petrus, Lehrer der Theologie, an den Wiener Hof. Wie es scheint, wurde diesem Gelehrten die Leitung der Pfarrschule von Sankt Stephan anvertraut.

Ein »Bestseller« im Österreich Heinrich Jasomirgotts war ein dogmatisches Werk, das »Elucidarium«, geschrieben von einem gewissen Honorius Augustodunensis, unbekannter Herkunft, der in Regensburg wirkte. Natürlich sind Werke dieser Art der Masse der Bevölkerung unzugänglich geblieben, ihre Beliebtheit beschränkt sich im wesentlichen auf die Geistlichkeit, die aber ihr Wissen den in den Klosterschulen herangebildeten Jugendlichen weiter vermittelte.

3 Österreich – Mittelpunkt von Politik und Kultur

Herzog Heinrich II., Jasomirgott (1156–1177)

Natürlich war Heinrich Jasomirgott als Herzog der erste seines Namens. Es hat sich aber die fortlaufende Numerierung der österreichischen Markgrafen und Herzoge durchgesetzt, und so bleibt es bei Heinrich II.
Das große Ereignis der Erhebung der Mark zum Herzogtum vollzog sich am 8. September 1156 im kaiserlichen Zeltlager vor Regensburg. Es geschah im Rahmen einer symbolischen Handlung: Heinrich von Österreich überreichte dem Kaiser Friedrich sieben Fahnen, die das Herzogtum Bayern repräsentierten, der Kaiser gab sie an Heinrich den Löwen weiter, und dieser reichte zwei davon, die Österreich darstellten, dem Kaiser zurück, der sie an den Babenberger und dessen Gemahlin Theodora gab. Neun Tage später erfolgte die urkundliche Fixierung des Staatsaktes und seiner einzelnen Bestimmungen. Diese Urkunde ist im Original nicht mehr vorhanden. Sie dürfte 200 Jahre später vernichtet worden sein, als der Habsburger Herzog Rudolf IV. sie durch eine großangelegte Fälschung ersetzte, durch die noch viel weitergehende Begünstigungen für das österreichische Fürstenhaus historisch begründet werden sollten. Dieses Dokument wird als »Privilegium maius«, das größere Privileg, bezeichnet, während die echte Urkunde von 1156 das kleinere Privileg, »Privilegium minus«, heißt. Wir kennen es aus einer sehr exakten Übernahme in das »maius«, an deren Echtheit nicht zu zweifeln ist. Danach wurden dem neuen Herzog vor allem fünf Rechte zuerkannt. Erstens: Die Herzogswürde ist in männlicher und in weiblicher Linie erblich. Zweitens: Im Fall der Kinderlosigkeit eines Herzogs kann er einen Nachfolger bestimmen (»libertas affectandi«). Drittens: Im Land darf ohne Zustimmung des Herzogs keine Gerichtsbarkeit ausgeübt werden (das ging gegen die Bischöfe und weltlichen Herren, die als Gerichtsherren wirkten und denen nun keine selbständige Erweiterung dieses Rechtes mehr gestattet

war). Viertens: Der Herzog braucht nur mehr jene königlichen Hoftage zu besuchen, die im Nachbarland Bayern stattfinden. Fünftens: Der Herzog ist nur mehr zur Teilnahme an solchen Reichsheerfahrten verpflichtet, die sich gegen seine Nachbarländer richten. Die drei letzten Bestimmungen gaben dem Herzog von Österreich eine so selbständige Position, wie sie damals kein anderer Reichsfürst besaß.

Aus dem gleichen Jahr 1156 stammt das erste Wappen eines österreichischen Regenten. Es zeigt einen Adler, offenbar nach dem Vorbild des Adlers im königlichen Wappen. Auf dem Siegel des Herzogs sieht man ihn als Ritter zu Pferd, auf dem Kopf einen kegelförmigen Helm mit Nasenschutz, auf dem Schild das Adlerwappen. Die in Krems geprägten Pfennige dieser Zeit zeigen auf der Vorderseite den Oberteil eines gekrönten Mannes, der die Schwanzenden von zwei Löwen hält, auf der Rückseite Simson im Kampf mit dem Löwen – Sinnbilder der selbstvertrauenden Kraft.

Heinrich Jasomirgott regierte als Herzog 21 Jahre, in denen er dem Kaiser, seinem Neffen, beständig die Treue bewahrte. Es war ein vorwiegend friedlicher Zeitraum, der es dem Herzog erlaubte, sich dem Ausbau seiner Residenzstadt Wien, insbesondere seiner Burg auf dem Platz »Am Hof« und seiner geistlichen Stiftung, der Schottenkirche, zu widmen. Bezeichnend ist, daß er in einer Urkunde Wien mit dem legendären Favianis gleichsetzte, wo im 5. Jahrhundert der hl. Severin gewirkt hatte und das tatsächlich im Ortsgebiet von Mautern lag. Es sollte damit eine historische Vergangenheit für die neue Hauptstadt Österreichs konstruiert werden.

Das Aussterben großer österreichischer Adelsfamilien – der Grafen von Poigen, von Burghausen und von Formbach-Pitten – kam der Machtstellung der regierenden Dynastie wesentlich zugute. Es gab nun keinen großen Herrn mehr, der dem Herzog an Besitz und Ansehen die Waage halten konnte.

Erst gegen Ende von Heinrichs Regierung kam es zu kriegerischen Auseinandersetzungen: mit den böhmischen und ungarischen Nachbarn, und auch mit einem anderen Anrainer, der jüngst zu einem mächtigen Territorium erwachsenen Steiermark. In diesem Zwist stand das Herzogtum Kärnten auf österreichischer, Böhmen sowie Ungarn auf steirischer Seite. Es gab gegenseitige Verwüstungen und Brandschatzungen, bis ein kaiserlicher Schiedsspruch dem, wie es uns heute scheinen will, höchst unnötigen Konflikt ein Ende machte.

Diesen Friedensschluß erlebte Herzog Heinrich nicht mehr. Im November 1176 erlitt er im Heerlager vor Znaim durch einen Sturz vom Pferd einen komplizierten Schenkelbruch, der infolge der noch sehr geringen wundärztlichen Kenntnisse zu seinem Tod führte. Der Herzog starb am 13. Jänner

1177, etwa 63 Jahre alt, in Wien. Er wurde in seiner Schottenkirche beigesetzt; das mit dem in Stein gehauenen Bildnis des Verstorbenen gezierte Grabmal stand vor dem Altar des heiligen Papstes Gregorius. Heinrichs byzantinische Gemahlin Theodora überlebte ihn um sieben Jahre. Sie wurde an seiner Seite bestattet, desgleichen beider Tochter Agnes, die erst den König Stephan III. von Ungarn, dann den Herzog Hermann von Kärnten geheiratet hatte. Heinrichs bischöfliche Brüder, mit denen er zeitweise wegen der Durchsetzung der herzoglichen Gerichtsbarkeit in Zwistigkeiten geraten war, sind ihm im Tod vorausgegangen. Otto von Freising, der große Geschichtsschreiber, war bereits 1158 gestorben; Konrad, der das Bistum Passau 1164 mit dem Erzbistum Salzburg vertauschte und ein leidenschaftlicher Anhänger der päpstlichen Politik war, 1168.

Von Städten und Stiften

Um diese Zeit ging man dazu über, größere Siedlungen planvoll zu errichten, indem schon vorhandene Streusiedlungen mit neugeschaffenen zusammengeschlossen und in der Nähe bestehende Burgen mit einbezogen wurden. Diese neuen größeren Ortschaften oder Städte erhielten eine wesentliche wirtschaftliche Bedeutung; so Bruck an der Leitha, Eggenburg, Horn, Waidhofen, Gmünd, die alle mit dem Marktrecht ausgestattet wurden. Solche »Burgorte« oder »Burgstädte« verfügten auch über eine eigene Gerichtsbarkeit, wobei die dort ansässigen Ministerialen den Vorsitz führten. Der Herzog als oberster Gerichtsherr im Land war nicht in der Lage, sämtliche Streitfälle persönlich abzuhandeln, und deshalb ernannte er zwei »obere Landrichter«, die beispielsweise für Streitigkeiten zwischen Adeligen zuständig waren. Außerdem bestanden aber die althergebrachten Gerichtsbefugnisse der Adeligen weiter, die allerdings aufgrund der Bestimmungen des Privilegium minus nicht mehr erweitert werden durften.

Die Fürsorge Herzog Heinrichs galt vor allem seiner Hauptstadt Wien und dort wieder dem Schottenstift. Dieses erhielt im Jahr 1164 seinen Stiftungsbrief. Darin steht, daß die Gründung zur Ehre Gottes, zur Verehrung der Jungfrau Maria und zum Gedächtnis des heiligen Papstes Gregor erfolgt sei. Wie schon sein Vater es in seiner letzten Regierungszeit getan hatte, verzichtete auch Heinrich auf seine »eigenkirchlichen« Rechte; doch nahm er das Stift mit den ihm zugeeigneten Besitzungen in seinen Schutz. Solche Besitzungen der »Schotten« waren die Wiener Kapellen Maria am Gestade,

19 Kapitelsaal des Klosters Zwettl.
Es ist dies der älteste erhaltene Kapitelsaal eines Zisterzienserklosters. Charakteristisch sind die Formen der Pfeiler: Die Zisterzienserklöster durften keine Säulen haben, daher wurden nur Ansätze von Säulen errichtet, auf die die Pfeiler aufgesetzt wurden. Zu sehen ist hier ferner das von je zwei rundbogigen Fenstern flankierte Portal.

St. Ruprecht und St. Peter, weitere Kapellen in Krems und Tulln, Pfarren im nördlichen Niederösterreich und die alte Pfarrkirche in Passau.

Das erste in Österreich verliehene Stadtrecht galt der alten Stadt St. Pölten, sie erhielt es 1159 vom Passauer Bischof. Daraus entnehmen wir beachtliche Fortschritte in der Rechtspflege: Die Wasser- und Feuerproben, denen man bisher Beschuldigte zum Zweck der Wahrheitsfindung unterworfen hatte, wurden abgeschafft und dafür die Zeugenbeweise vor Gericht eingeführt.

Vom Stift Zwettl, dessen Kirche 1159 von Herzog Heinrichs Bruder Bischof Konrad von Passau geweiht wurde, wird berichtet, daß dort neue Räumlichkeiten aus Waldviertler Granit errichtet wurden. So das Kapitelhaus, zunächst ein ungewölbter Raum mit einer Holzbalkendecke, der dann nach hochromanischer Art eingewölbt wurde. Mönche und Laienbrüder faßten den Mühlbach mit Mauern ein und versahen ihn mit einer dreibogigen Steinbrücke. Als weiterer neugeschaffener Raum des Stifts wird die Wärmestube erwähnt. Sie erhob sich über einer unterirdischen Heizanlage, von der die Wärme über durchlochte Steine nach oben drang. Natürlich konnten die Klosterbrüder all dies nicht allein besorgen; es wurden Steinmetze, vielleicht aus Italien, hinzugezogen, deren Werkzeichen sich noch da und dort finden. Der Bodenbelag der Klosterräume bestand hier wie anderswo aus Tonfliesen, die durch Eindrücken des weichen Tons in Formkästen, nachheriges Herauslösen und Brennen hergestellt wurden. In allen Zisterzienserstiften wurden neue Wirtschaftshöfe aus Balken, Steinen und Ziegeln errichtet (vorher hatte es nur mit Stroh und Schindeln gedeckte Holzbauten gegeben), wobei die »grauen Mönche« unermüdlich tätig waren.

Wehrbauten, Kirchenschmuck

Die Fortschritte der Architektur zeigen sich vor allem wieder in der Wiener Schottenkirche. Der mächtige Bau besaß außer Querschiff und Chorquadrat auch eine Westanlage mit Portal, über dem sich wahrscheinlich eine Empore befand. Die Pfeiler waren, dem hochromanischen Brauch entsprechend, reich durchgebildet.
Auch im Burgenbau brachte diese Epoche weitere Vervollkommnung. Der alte Saalbau war zum »Palas« geworden, worin die Burgherrschaft wohnte und ihre Gäste empfing. An die Stelle der »festen Häuser« traten gewaltige Turmbauten, sogenannte »berchfrîte« (Bergfriede), die aber nicht nur wehrhaften Zwecken dienten, sondern auch und vor allem das Ansehen des Burgherrn einprägsam vor Augen führten. Beispiele dieser Art sind die Burgen von Rapottenstein bei Zwettl, Krumau im Waldviertel, Starhemberg, Lichtenfels.
Vom Fortschritt unberührt blieben noch die bürgerlichen und bäuerlichen Wohnhäuser, die nach wie vor vorwiegend aus Holz errichtet wurden.
Aus der Zeit Heinrich Jasomirgotts stammen die ältesten gut erhalten gebliebenen Wandmalereien, die erst im Jahr 1975 in der Burgkapelle von Ottenstein im Waldviertel aufgedeckt worden sind. Kirchengewölbe und Apsis sind reich mit figürlichen Darstellungen bedeckt, deren einst kräftige Farben

20 Die »Prudentia« in der Burgkapelle zu Ottenstein. Die romanische Burg Ottenstein ist wohl in der ersten Hälfte des 12. Jh.s erbaut worden. Die Malereien der Burgkapelle wurden erst 1975 aufgedeckt und konserviert. Die »Prudentia« (Klugheit) ist eine der vier personifizierten Kardinaltugenden, ihr Symbol ist die Schlange, die sie (hier nicht sichtbar) dem Betrachter entgegenhält, während ihr Kopf dem Altar zugewandt ist.

noch an mehreren Stellen gut zur Geltung kommen. Im Mittelpunkt des Kirchengewölbes ist das Lamm als Sinnbild Christi zu sehen, umgeben von den vier Evangelistensymbolen und, in weiterem Kreis, von vier Darstellungen aus dem Leben des Erlösers. In den vier Ecken befinden sich Frauengestalten, die die Tugenden der Klugheit, der Mäßigkeit, der Gerechtigkeit und der Tapferkeit verkörpern. Eine davon, die »Prudentia« (Klugheit), ist besonders gut erhalten: Der Kopf ist zum Altar hin geneigt, die Augen unter hohen Brauen sind weit geöffnet, die Darstellung entspricht dem Anliegen des romanischen Bildstils, das nicht auf Schönheit und anatomische Korrektheit, sondern auf Eindruckskraft zielt. Die vorherrschenden Farben bei diesen Malereien sind Ocker und Rot, in den Hintergründen Blau und Grün.

Kleriker und Edelleute, Händler und Bauern

Am Herzogshof versahen die Geistlichen wichtige Aufgaben, die weit über die seelsorgerische Tätigkeit hinausgingen. Die Kleriker leiteten die herzogliche Kanzlei, sie erzogen und unterrichteten die jungen Söhne des Landesherrn, ja sie wirkten sogar als Leibärzte. Neben ihnen standen die im Hofdienst beschäftigten Edelleute; sie hatten die Hofämter inne, berieten den Herzog und versahen sonstige höfische Dienste. Dabei gab es kaum mehr einen Unterschied zwischen den Grafen und anderen »Hochfreien« einerseits, den Dienstmannen oder Ministerialen andererseits, beide Gruppen wuchsen allmählich zu einer einheitlichen Adelsschicht zusammen.
Handel und Gewerbe konzentrierten sich weiterhin im Umkreis der großen Kirchen und Klöster sowie in den neu aufblühenden Städten und Märkten. Der wichtigste Marktort im Donauraum war damals Enns, an der Grenze zur Steiermark. Dort wurde alljährlich zwischen Ostern und Pfingsten ein internationaler Markt abgehalten, der 14 Tage dauerte und zu dem sich Händler aus West und Ost, von den heutigen Niederlanden bis Rußland, einfanden, um einen lebhaften Warenaustausch zu pflegen. Eine Hauptrolle spielten dabei die Kaufleute aus Regensburg, das damals seine Stellung als Hauptstadt Bayerns an das neugegründete München abtreten mußte, aber weiterhin die größte Handelsstadt des Landes blieb.
Die Handwerker begannen sich in den Städten niederzulassen, die ihnen die beste Gelegenheit zum Absatz ihrer Erzeugnisse boten. Auch beim Bauernstand vollzog sich eine Veränderung. Die Zeiten, da die Grundherren über die Landleute nach Gutdünken verfügten, waren vorbei, die Bauern wurden

nicht mehr versetzt oder verschenkt, und so konnten sich nun auf den Höfen Familien bilden, die selbständig ihr Land bebauten und Knechte und Mägde hielten, die sie in ihre Hausgemeinschaft aufnahmen.

Die Frühzeit mittelhochdeutscher Klassik

Das Andenken an den »frommen Markgrafen« Leopold III. lebte unter der Herrschaft seines Sohnes weiter. Besonders das Stift Klosterneuburg feierte alljährlich seinen Todestag durch eine große Spende an die Armen. Dort wurde auch eine Schrift in lateinischer Sprache verfaßt, die in flüssiger Erzählung und in zuverlässiger Darstellung Leben und Schicksale des Verstorbenen und seiner großen Familie schilderte. Sie trägt den Titel »Chronicon pii marchionis«.

Aus Melk stammt eine, gleichfalls lateinische, »Osterfeier«: Zwei Frauen sprechen am Grab Christi mit zwei Engeln über die wunderbare Auferstehung. Diese vier Personen wurden bei der Aufführung zum Osterfest von Geistlichen dargestellt, deren Kleidung in genauen Ausführungen vorgeschrieben war.

Zwischen 1160 und 1170 wurde in deutscher Sprache eine Erlösungsgeschichte in 3242 Versen geschrieben, die »Anegenge«, das heißt »Anbeginn«, betitelt ist, weil sie mit der Erschaffung des Menschen beginnt und Sündenfall sowie Erlösung unter Benützung der Bibel und der kirchlichen Literatur schildert. Der Verfasser war natürlich Geistlicher, sein Name ist unbekannt.

Eine über die lokalen Verhältnisse weit hinausreichende geistige Ausstrahlung begann der junge Hof in Wien zu entwickeln. In Heinrich Jasomirgotts Zeit begann die glanzvolle Epoche der sogenannten mittelhochdeutschen Klassik, und im Wetteifer mit anderen deutschen Höfen nahm der von Wien eine besondere Stellung in der Pflege der damals modernen Dichtung ein. Das ist einerseits dem Verständnis des Landesherrn zu danken, andererseits aber der Tatsache, daß mehrere namhafte Vertreter dieser Poesie gebürtige Österreicher waren. Der erste von ihnen ist ein Mann, dessen Eigennamen man nicht kennt und der unter der Bezeichnung »Der Kürnberger« (»Kürn« bedeutet »Mühle«) in die Literaturgeschichte eingegangen ist. Er war ein feinsinniger Lyriker, der für seine Gedichte das Versmaß ersann, das später als »Nibelungenstrophe« berühmt wurde. Hier eines seiner besten Gedichte:

Ich zog mir einen Falken
länger als ein Jahr.
Als ich ihn so gezähmet,
daß er nach Wunsch mir war,
und ich ihm sein Gefieder
mit Golde schön umwand,
hob er sich in die Höhe,
flog in ein andres Land.

Seitdem sah ich den Falken
schön dahin fliegen:
er trug an seinem Fuße
seidene Riemen,
und es war sein Gefieder
rot-golden fein ...
Gott füge die zusammen,
die gern geliebt wollen sein.

Nach ihm kam Dietmar von Aist; auch er schrieb ritterliche Liebeslyrik, die
von den damals so beliebten französischen Vorbildern noch unabhängig war.
So die Verse des Frühlingsliedes:

Heisa! Nun kommet uns die Zeit
des Sangs der kleinen Vögelein.
Es grünet wohl die Linde breit,
der Winter muß vergangen sein.
Jetzt sieht man Blumen, wohlgetan,
es leuchtet an der Heid' ihr Schein.
Des wird so manches Herze froh,
und daran tröstet sich das mein'.

Auch die theologische Wissenschaft brachte damals bedeutende Persönlichkeiten hervor, die auf das Geistesleben in Österreich stark einwirkten. Der eine war
Gerhoch von Reichersberg, der aus Oberbayern stammte und erst als Augustiner-Chorherr im Oberallgäu, nachher als Propst des Chorherrenstiftes Reichersberg am Inn wirkte. Er trat gegen die scholastische Theologie auf und vertrat die
Meinung, daß Christus auch als Mensch von göttlicher Natur gewesen sei.
Außerdem kämpfte er leidenschaftlich gegen die Verweltlichung der Kirche.

Zwei seiner Brüder, Markward und Rüdiger, die nacheinander Pröpste von Klosterneuburg waren, verbreiteten seine Anschauungen in Österreich. Sein scharfer Gegner war der schon erwähnte Magister Petrus aus Frankreich, der in St. Stephan zu Wien lehrte und, ein überzeugter Scholastiker, für die Unterordnung des Gottessohns unter Gottvater eintrat. Im Streit der beiden Gelehrten nahm das Stift Klosterneuburg entschieden für Gerhoch Partei, der ja gleichfalls Augustiner-Chorherr war, wogegen Bischof Otto von Freising, der beide Männer schätzte, sich, wie es scheint, aus dem Streit herausgehalten hat.

Herzog Leopold V., »der Tugendhafte« (1177–1194)

Heinrich Jasomirgotts Söhne, Leopold und Heinrich, die halben Byzantiner, hatten ihre Kindheit in der Obhut der griechischen Kammerfrauen ihrer Mutter Theodora verbracht. Wir können uns gut vorstellen, daß die beiden Knaben mit dem Wiegenlied »heude·mu paidion«, »Schlafe, mein Kind«, in den Schlummer gesungen wurden, woraus die Wiener ihr »Eia poppeia« machten.

Der jüngere Bruder, Heinrich, erhielt einige Herrschaften im Viertel unter dem Wienerwald mit der Residenz Mödling, nach der er »de Medelicio« genannt wurde. Der ältere, Leopold V., folgte dem Vater als Herzog von Österreich nach.

Von den Geschichtsschreibern des 15. Jahrhunderts bis zu den Schulbüchern der neueren Zeit wird er »der Tugendhafte« genannt. Die Zeitgenossen unterschieden ihn als »senior« von seinem gleichnamigen Sohn; zuweilen taucht auch der ehrende Beiname »magnus«, »der Große«, auf. Über die »Größe« dieses Herzogs vermögen wir uns ebensowenig ein Urteil zu bilden wie über seine »Tugendhaftigkeit«. Aus seinen Handlungen ist aber zu erkennen, daß er, gleich seinem Vater und Großvater, ein tatkräftiger, ritterlicher und weitblickender Fürst gewesen ist.

Zu Beginn seiner Regierung wurde der Konflikt mit den Nachbarländern beendet; im Jahr 1179 legte Kaiser Friedrich auf dem Reichstag zu Eger die Grenze Österreichs gegen Böhmen im Gebiet von Gmünd fest. In den folgenden Jahren bestimmte der neu aufgeflammte Konflikt zwischen dem staufischen Kaiser und seinem welfischen Vetter die Reichspolitik. Das Jahr 1180 brachte die erzwungene Unterwerfung des allzu selbstherrlichen »Löwen«, der seine Herzogtümer Bayern und Sachsen einbüßte. Bayern wurde

21 Die Burg Mödling. Aus dem »Babenberger-Stammbaum« in den Sammlungen des Stifts Klosterneuburg.
Die Gegend von Mödling dürfte 1033 an die Babenberger gekommen sein. Dort begründete Heinrich, Bruder Herzog Leopolds V., eine Nebenlinie. Am »Musenhof« zu Mödling wirkte auch Walther von der Vogelweide. Die Darstellung zeigt vermutlich jene Burg, deren Ruine heute am Abfall der Klausen steht.

an Otto von Wittelsbach gegeben, dessen Nachkommen das Land bis 1918 regiert haben. Zugleich wurde die Steiermark von ihrer bisherigen rechtlichen Zugehörigkeit zu Bayern entbunden und zum Herzogtum erhoben.
Der neue Herzog, Otakar IV., erst 17 Jahre alt, war unheilbar an Aussatz erkrankt; von ihm, dem Letzten der Traungauer Dynastie, waren keine Nachkommen zu erwarten. Jedenfalls hatten schon vorher Besprechungen über eine Nachfolge der Babenberger in der Steiermark stattgefunden. Jetzt, am 17. August 1186, kamen die beiden Herzoge mit großem Gefolge an der Grenze ihrer Länder, auf dem Georgenberg bei Enns, zusammen, um den Anfall von Steier

an Österreich nach dem Tod Otakars urkundlich zu sichern. Man nennt dieses erhalten gebliebene Dokument die »Georgenberger Handfeste«.

Drei Jahre danach begann der dritte Kreuzzug. So wie Heinrich Jasomirgott dem König Konrad III. ins Heilige Land gefolgt war, so befand sich nun Leopold V. im Kreuzheer Kaiser Friedrichs. Auch die Könige von Frankreich und England, Philipp II. und Richard I., genannt »Löwenherz«, nahmen mit ansehnlichen Ritterheeren teil.

Nachdem Kaiser Friedrich in Kleinasien beim Baden im Fluß Salef den Tod gefunden hatte, übernahm sein gleichnamiger Sohn die Führung des deutschen Heeres; ihm standen die übrigen Fürsten des Reichs, unter ihnen Leopold von Österreich, mit Rat und Tat zur Seite. Der Höhepunkt des Unternehmens war die Belagerung und schließliche Eroberung der Festung Akkon (Juli 1191). Leopold soll sich dabei durch besondere Tapferkeit ausgezeichnet haben. Die Geschichte von der Entstehung des österreichischen rotweißroten Bindenschilds, die darauf zurückzuführen sein soll, daß der Waffenrock des Herzogs von Blut gerötet und nur an der Stelle des Waffengurts weiß geblieben wäre, ist freilich eine spätere Erfindung. Wahr aber ist, daß der cholerische König Richard von England, von Eifersucht getrieben, ein österreichisches Feldzeichen (einen Schild oder eine Fahne) entfernen und zu Boden werfen ließ – und außerdem den deutschen und italienischen Truppen den Anteil an der Kriegsbeute vorenthielt. Daraufhin verließ Leopold das Heer und machte sich mit seinen Rittern auf die Heimreise.

Er kam gerade zurecht, um das steirische Erbe anzutreten. Der bedauernswerte Otakar erlag am 8. Mai 1192 seinen Leiden, und 16 Tage später wurde Leopold, zugleich mit ihm auch sein ältester Sohn Friedrich, in Worms von Kaiser Heinrich VI. mit der Steiermark belehnt. Die Vereinigung der beiden Herzogtümer bedeutete einen enormen Machtzuwachs für die Babenberger, nicht nur in politischer, sondern auch in wirtschaftlicher und kultureller Hinsicht.

Und schon bereitete sich ein weiteres wichtiges Ereignis vor. Richard von England, der, aus dem Heiligen Land heimkehrend, in Verkleidung durch Österreich reiste, da er als Schirmherr der welfischen Partei dem Kaiser als Feind galt, wurde kurz vor Weihnachten 1192 in »Erpurch prope Viennam« (= Erdberg bei Wien) erkannt und gefangengenommen. Leopold ließ ihn auf der Kuenringerburg Dürnstein in ritterlicher Haft halten und trat bezüglich seines weiteren Schicksals in Verhandlungen mit dem Kaiser ein. Am 12. März des folgenden Jahres wurde Richard den Gesandten Heinrichs VI. übergeben. Um seine Freiheit wiederzuerlangen, mußte »Löwenherz« sich zur Zahlung eines ungeheuren Lösegeldes verstehen – angeblich von 150.000

22 Die Gefangennahme König Richard I. von England. Burgerbibliothek Bern.
Die lavierte Federzeichnung stammt aus einer Handschrift der Chronik des Petrus de Ebulo,
Süditalien, um 1197. Sie zeigt oben die Gefangennahme des als Pilger verkleideten »Löwenherz«
durch kaiserliche Ritter, darunter sein Streitgespräch mit Kaiser Heinrich dem VI., ganz unten seinen
Fußfall vor dem Kaiser. Tatsächlich erfolgte die Gefangennahme im Jahr 1192 in Erdberg bei Wien.

189

Mark Silbers, zu dessen Aufbringung neue Steuern in England eingehoben und Kirchenschätze eingeschmolzen werden mußten. Schließlich, nachdem 100.000 Mark erlegt worden waren, erhielt der König am 4. Februar 1194 seine Freiheit. Das Lösegeld wurde zwischen Kaiser Heinrich und Herzog Leopold geteilt; Leopolds Anteil betrug 11.690 kg Silber.

Dieses ganze Geschehnis hatte für den Babenberger eine erfreuliche und eine minder angenehme Folgewirkung. Der hohe Geldbetrag, der ihm aus dem Lösegeld zufloß, kam ihm eben recht für die Anlage, Ausweitung und Befestigung seiner Städte sowie für die Prägung einer Silbermünze. Andererseits trug ihm die Gefangennahme eines Kreuzfahrers den Kirchenbann ein – für einen traditionsmäßig frommen Fürsten gewiß ein harter Schlag.

Das Ende Leopolds V. war grausam. So wie bei seinem Vater kam es durch einen schweren Reitunfall. Wir wissen nicht, ob es bei einem Turnier oder beim Reiten auf winterlich eisigem Boden geschah – jedenfalls ereignete es sich im Dezember 1194 in Graz. Der Herzog stürzte vom Pferd und brach sich ein Bein oberhalb des Knöchels. Schon am nächsten Tag trat Brand auf, der ganze Fuß wurde schwarz. Da die Ärzte es nicht wagten, eine Amputation vorzunehmen, befahl der furchtbare Schmerzen leidende Herzog seinem Kämmerer, das Unvermeidliche zu tun. Er selbst hielt ein Messer an seinen Fuß, und der Kämmerer schlug mit einem Hammer darauf; erst nach dem dritten Schlag war es geschehen. Aber Leopolds Zustand besserte sich nicht; wahrscheinlich ist Blutzersetzung eingetreten. Auf dem Sterbelager versprach der Herzog den Geistlichen die Rückgabe des noch vorhandenen Lösegeldrestes an England, und daraufhin empfing er die Lösung vom Bann. Am letzten Tag des Jahres 1194 wurde er von seinen Leiden erlöst. Er hatte Österreich 17 und die Steiermark zweieinhalb Jahre regiert und war etwa 44 Jahre alt geworden.

Wien und die Neustadt

Unter der Regierung Leopolds V. gewann die Hauptstadt Wien weitere Ausdehnung nach Osten und Süden hin. Sie umfaßte nun nahezu den Bereich des jetzigen ersten Bezirks, der noch immer die Bezeichnung »Stadt« (oder »Innere Stadt«) trägt. Das englische Lösegeld wurde unter anderem auch zum Bau einer großen Umfassungsmauer verwendet, ferner zur Gründung einer »Münzerhausgenossenschaft« in der Hauptstadt, der die Beschaffung des Silbers zur Prägung einer neuen Münze, des »Wiener Pfennigs«, aufgetragen war. Der Markt wurde auf dem großen, rechteckig angelegten Platz abgehalten, der von da an bis heute der »Hohe Markt« heißt.

Die Erwerbung der Steiermark brachte das Bedürfnis nach einer verbesserten Verbindung zwischen den beiden babenbergischen Ländern mit sich. Diesem Zweck diente neben dem Ausbau der Straße, die von Wien nach dem Süden führte, auch die Anlage einer neuen Stadt in dem »Steinfeld« zwischen der Piesting und dem Semmering, einem Gebiet, das damals zur Steiermark gehörte. Dieses Grenzland gestattete ungarischen Scharen ein fast ungehindertes Eindringen bis zu den wichtigen Straßen und Gebirgspässen; dem Einhalt zu gebieten war der zweite Beweggrund für den Entschluß des Herzogs. Im Spätsommer 1194 sprach Leopold bei einer Ministerialenversammlung im steirischen Fischau über dieses sein Vorhaben, das er mit der Notwendigkeit begründete, die Umgegend vor Feinden aus dem Osten zu schützen und die Straßen über den Semmering und den Wechsel zu sichern. Die neue Stadt sollte mit einer hohen festen Mauer nebst Wassergraben umgeben werden, sie sollte das Marktrecht erhalten und auch sonst mit Privilegien ausgestattet werden, die dem Handel und Gewerbe zugute kämen.

Wenige Monate später starb der Herzog, ohne die Ausführung seines Plans erlebt zu haben. Erst seinem zweiten Sohn und Nachfolger war es vergönnt, ihn zu verwirklichen und die »nova civitas« = Neustadt, Wiener Neustadt, zu erbauen.

Weitere bauliche Vervollkommnungen, die aus dem Lösegeld für Richard Löwenherz bestritten wurden, galten der Verstärkung der Befestigungsanlagen der Städte Hainburg und Enns.

Wirtschaft, Verkehr und soziale Verhältnisse

Während die Geldwirtschaft sich in Österreich durchzusetzen begann, waren die Steiermark und der dazugehörige (jetzt oberösterreichische) Traungau immer noch auf Naturalwirtschaft eingestellt. Das ergab gewisse Unregelmäßigkeiten, die erst allmählich überwunden werden konnten. Ein weiterer Unterschied zwischen den beiden nun vereinigten Ländern bestand darin, daß das Städtewesen in Österreich weitgehend entwickelt war, während die Steiermark noch keine einzige Stadt besaß. Hingegen verfügte dieses Land über einen deutlichen Vorteil durch seinen schon weit vorgeschrittenen Bergbau auf Salz, Eisen und Silber. Schon im Jahr 1147 hatte es im Tal der Enns einen regen Salinenbetrieb gegeben, der vom Zisterzienserkloster Rein aus geleitet wurde.

Für den Stand des Straßenverkehrs in dieser Zeit ist es bemerkenswert, daß die Hauptschar des Kreuzheeres, die zu Fuß der Donau entlang reiste, von Regensburg bis Passau vier bis fünf Tage brauchte; das ergibt einen täglichen Durchschnitt von 31 bis 35 Kilometer. Auf der Donau gab es bereits einen regen Handelsverkehr: Kaufleute aus Bayern, Schwaben, dem Rheinland und Italien benützten Österreichs wichtigsten Verkehrsweg zum Transport ihrer Waren. Als bevorzugte Gegenstände des Handels werden genannt: Tücher, Felle und Wolle, Kupfer und Zinn, Safran, Nüsse und Mohn.

Nach der Angliederung der Steiermark an Österreich wandte sich das Interesse der Entwicklung der Nord-Süd-Verbindung zu. Dem diente der Ausbau der Straße, die vom Wiener Becken über Traiskirchen und Sollenau im Bereich der projektierten »Neustadt« über den Semmering führte. Es wurden dazu Fachleute aus Norditalien herangezogen, die übrigens auch beim Bau der Wiener Maueranlagen tätig gewesen waren.

Für die Bauern soll Leopold V. eine Kleiderordnung erlassen haben. Danach mußten sie Gewänder aus gewalktem Loden tragen – wochentags in grauer, an Sonn- und Feiertagen in blauer Farbe. Auch über die Nahrung der Landleute hat der Herzog angeblich eine Verfügung herausgegeben: An Wochentagen sollten sie Selchfleisch, Kraut und Gerstenbrot essen, an Feiertagen Hanf, Linsen und Bohnen. Das Kraut war eine sehr beliebte Speise, die oft schon zum Frühstück verzehrt wurde. Das Brot war aus Roggen- oder Hafermehl; Gerstenbrot blieb den Rittern vorbehalten, ebenso auch Wildbret, Fische und Öl. Übrigens aßen sowohl Ritter als auch Bauern mit den bloßen Fingern, weshalb stets Wasser in Gießgefäßen und Handtücher zur Verfügung standen.

Die Kirchen – Förderer der Kunst

Das Schottenstift wurde 1177 von Papst Alexander III. mit allen seinen Besitzungen unter päpstlichen Schutz genommen; dafür war jährlich ein Zins von einem Goldstück zu entrichten. Vier Jahre später erteilte Leopold V. den Schottenbesitzungen ein Privileg, worin er sie von Gerechtsamen und Abgaben, die bisher dem Landesfürsten zugestanden waren, wie auch vom zuständigen Landgericht und vom »Marchfutter« befreite und freie Abtwahl gewährte.

Dem Stift Heiligenkreuz übergab der Herzog ein großes Stück vom Kreuz Christi, das er aus dem Heiligen Land mitgebracht hatte. Dort, in Heiligenkreuz, wurde jetzt außer dem bereits bestehenden Hospital für Ordensange-

23 Kruzifix. Kapelle des Melkerhofs, Wien.
Das 151 cm hohe, 157 cm breite Holzkreuz stammt, wie die plastische Gestaltung des Körpers
vermuten läßt, aus dem Ende des 12. Jh.s. Es befand sich lange Zeit in der Ruprechtskirche in
Wien und wurde um 1830 dem Stift Melk geschenkt.

24 Reinmar von Hagenau. Universitätsbibliothek Heidelberg.
Die Abbildung ist in der sog. Kleinen Heidelberger Liederhandschrift aus der Zeit um 1275 enthalten. Reinmar von Hagenau, auch »der Alte« genannt, lebte von etwa 1160 bis um 1205 und wirkte am Hof der Herzoge Leopold V., Friedrich I. und Leopold VI. in Wien. Auf dem Bild sitzt der Minnesänger neben seiner Dame auf einer Bank, er trägt einen goldenen Kranz im Haar und weist auf ein langes Spruchband hin.

194

25 Walther von der Vogelweide. Universitätsbibliothek Heidelberg.
Auch diese Darstellung entstammt der Kleinen Heidelberger Liederhandschrift. Sie zeigt den Dichter in der Haltung, die er in seinem berühmten Spruch »Ich saz ûf eime steine« beschreibt. Walther lebte von etwa 1170 bis um 1230, wirkte am Hof der Herzoge Leopold V. und Friedrich I. in Wien, den er unfreiwillig verließ, worauf er ein Wanderleben begann. Er war nicht nur Minnesänger, sondern auch Schöpfer zahlreicher politischer Spruchdichtungen.

hörige auch erstmals ein Krankenhaus für Laien eingerichtet. In Zwettl stiftete Hadmar II. von Kuenring ein Armenspital, das für 30 mittellose Kranke und zehn Diener bestimmt war.

Ein Kunstwerk von hoher Bedeutung entstand um diese Zeit: der Emailaltar des Nikolaus von Verdun in Klosterneuburg, der 1181 vollendet war und heute den wertvollsten Schatz dieses Stiftes bildet. Das theologische Programm für diese Arbeit, symbolische Darstellungen, zumeist aus der Bibel, wurde in Klosterneuburg selbst entworfen. Die prächtigen Emailplatten gehören zu den schönsten Werken mittelalterlicher Kunst. Vermutlich diente der »Verduner Altar« ursprünglich als Amboverkleidung.

Ein anderes Werk der Kirchenkunst ist das Kruzifix in der Kapelle des Melkerhofs in Wien. Das 151 cm hohe, 157 cm breite Bildwerk zeigt eine starke Durchbildung des Körpers und einen ergreifenden Leidenszug im Antlitz des Gekreuzigten. Es befand sich bis etwa 1830 in der Wiener Ruprechtskirche und wurde dann dem Stift Melk geschenkt.

Minnesangs Frühling

Bisher konnten wir hauptsächlich von literarischen Werken berichten, die sich entweder mit religiösen oder mit geschichtlichen Themen befaßten. Diese Arten des Schrifttums wurden auch weiterhin in Österreich gepflegt, wie die Klosterannalen bezeugen. Auch entstand um 1190 eine große Sammlung von Heiligenlegenden in lateinischer Sprache, kunstvoll mit großen Initialen und farbigen Darstellungen geziert: das »Magnum Legendarium Austriacum«.

Vor allem aber fand nun die unter Heinrich Jasomirgott begonnene Pflege des Minnesangs ihre Fortsetzung und Vertiefung. Auf den Kürnberger und Dietmar von Aist folgte Reinmar von Hagenau, zur Unterscheidung von späteren Dichtern seines Namens »der Alte« genannt. Er stammte aus dem Elsaß, kam aber früh an den Wiener Hof, wo er der von der Provence her befruchteten Kunst der Liebeslyrik Eingang verschaffte. Seine Dichtungen sind vorwiegend schwermütig, von idealem Schwung getragene Minnelieder. Und dann kam ein zwanzigjähriger Jüngling aus Tirol an den »wünneclichen hof ze Wiene«, den er mit dem sagenberühmten Hof des Königs Artus verglich; ein junger Mann, dem es dank seiner tief empfundenen, einprägsamen und vielseitigen Lyrik beschieden sein sollte, alle anderen Minnesänger vor und nach ihm in den Schatten zu stellen und als hervorragendster Vertreter der »Klassik« jener Epoche zu gelten: Walther von der Vogelweide.

4 Die Anfänge der Steiermark

Die Mark an der Mur

Als die einstige »Mark an der Mur« mit Österreich vereinigt wurde, bedeutete dies eine in jeder Beziehung hervorragende Bereicherung des babenbergischen Herrschaftsgebietes. Es ist deshalb notwendig, der Entwicklung dieses Territoriums von seinen Anfängen an zu gedenken.

Als Kaiser Otto I. im Jahr 955 die Magyaren auf dem Lechfeld entscheidend besiegt hatte, schuf er am Wall der Alpen drei Marken: an der Mur, an der Drau und an der Sann. Sie alle standen unter der Oberhoheit des Herzogtums Bayern bzw. des 976 zum Herzogtum erhobenen Karantanien (Kärnten). Die ansehnlichste dieser drei Marken, in der die beiden anderen allmählich aufgingen, war die an der Mur, auch karantanische oder transalpine Mark genannt. Es war ein nur etwa 40 bis 50 Kilometer breiter Landstrich zwischen den mit Wald bedeckten Gebirgen im Westen und dem Waldgürtel der Wasserscheide zwischen Mur und Raab im Osten, wo die ungarischen Grenzwächter saßen (daher der heute noch mehrfach dort vorkommende Ortsname »Ungerdorf«). Zwischen der Mur und diesem Grenzwald lag eine Art von Vorfeld. Die Siedlungen und Befestigungsanlagen der Mark befanden sich am westlichen Ufer der Mur, bis auf eine, die am Ostufer lag – eine Burg mit dem slawischen Namen Gradec (kleine Burg), das spätere Graz; ihre Aufgabe war es, den Übergang über den Fluß zu schützen.

Als Markgraf erscheint seit etwa 970, also einige Jahren vor der Belehnung Liutpolds I. mit Österreich, Markward von Eppenstein. Seine Familie stammte aus Niederbayern, war aber in der Gegend um Judenburg begütert. In der jetzigen Obersteiermark gab es vier Grafschaften – im Ennstal, um Leoben, um Judenburg und im Mürztal; sie wurden bald vom Mur-Markgrafen mitverwaltet und schließlich dieser Mark ganz angegliedert. Markwards Sohn und Nachfolger Adalbero erscheint bereits als Graf im Ennstal und um

Judenburg. Unter ihm begann die erste große Rodung im Westen des Landes. Damals entstand auch das älteste Kloster der Steiermark, das Nonnenstift Göß. Im Jahr 1012 wurde Markgraf Adalbero Herzog von Kärnten. 23 Jahre später erfolgte sein Sturz durch Kaiser Konrad II.

Jetzt, 1035, wurde die Mark endgültig vom Herzogtum Kärnten getrennt und dem Grafen Arnold von Wels-Lambach verliehen. Auch er entstammte einer bairischen Familie, die ihren Hauptsitz im jetzigen Oberösterreich hatte: wie ihr Name besagt, um Wels und Lambach, ferner im Traungau. Nach dem erfolgreichen Ungarnfeldzug Heinrichs III. wurde die Mark nach Norden, Osten und Süden erweitert: die jetzige Oststeiermark, das Pittner Land und die Gegenden an der südlichen Mur bis Radkersburg kamen dazu.

Als Arnolds Nachfolger Gottfried zu Weihnachten 1049 ermordet worden war, wurde sein Besitz geteilt. Gottfrieds Schwiegersohn Graf Ekbert I. von Formbach-Neuburg erhielt das Gebiet nördlich von Hartberg bis zur Piesting; seine Familie errichtete die Burg Pitten. Markgraf aber und Inhaber des Besitzes südlich von Hartberg wurde Otakar vom Traungau.

Unter den Wels-Lambachern war das Rodungswerk bis zum Ostrand des Grazer Feldes fortgeschritten.

Die ersten Traungauer

Auch dieses Geschlecht war bairischen Ursprungs. Es besaß Güter im Chiemgau, besonders aber eben im Traungau, in der Mark selbst nur Streubesitz um Leoben und Judenburg.

Dementsprechend waren die Anfänge der Traungauer in der Mark an der Mur eher dürftig. Der Wels-Lambacher Besitz, den sie übernommen hatten, war ein Einfallsgebiet der Magyaren, denen im Jahr 1053 sogar die Eroberung des damaligen Zentrums der Mark, der Hengistburg bei Wildon, gelang. Otakar I. stützte sich vorwiegend auf seine reichen Güter im Traungau; dort residierte er in der festen Styraburg, an der Stelle der heutigen Stadt Steyr. In Garsten gründete er ein Chorherrenstift, das später ein Benediktinerkloster wurde. Die Styraburg war es, der die Mark der »Otakare« (wie die Traungauer auch nach ihrem Lieblingsnamen genannt wurden) ihre spätere Benennung verdankte; die Markgrafen begannen sich als »marchiones Styrenses« oder »marchiones de Styra« zu bezeichnen, so als ob ihre Burg innerhalb der Mark gelegen sei. Otakar II. heiratete Elisabeth, die Tochter Liutpolds II. von Österreich. Wir wissen bereits, daß dieser Markgraf in der Zeit des Investiturstreits regierte.

26 Pluviale des »Gösser Ornats«. Stift Göß, Steiermark.
Das seidenbestickte Leinen, 156 cm hoch, 302 cm breit, war Bestandteil des (vollständig erhaltenen)
Ornats der Kunigunde, die 1230 bis 1269 Äbtissin des Nonnenstifts Göß war. Das große Medaillon
zeigt Maria, das Jesuskind stillend, darunter die Äbtissin, zu beiden Seiten Tiere und Fabelwesen.

Die päpstliche Reformpartei gewann auch in der Mark an der Mur Einfluß;
Erzbischof Gebhard von Salzburg gründete dort das Stift Admont. Eine
weitere Klosterstiftung dieser Zeit war St. Lambrecht, das damals allerdings
noch zum Herzogtum Kärnten gehörte.
Die verhältnismäßig spärliche Besiedlung der zwischen Gebirge und Wald-
landschaften eingeengten Mark hatte zur Folge, daß das wirtschaftliche
Leben im Vergleich zu Österreich zurückblieb. Es gab weder Städte noch
Marktorte im Land. Der erste »mercatus« (Markt) wird zum Jahr 1103
genannt, er fand unterhalb der alten Eppensteiner Burg bei Judenburg statt.
Der Name dieser späteren Stadt erklärt sich daraus, daß der Handel im Land
vorwiegend in den Händen der Juden lag.
Der Sohn und Nachfolger Otakars II. trug den Namen seines mütterlichen

Großvaters und Onkels, Leopold. Es waren ihm nur sieben Regierungsjahre vergönnt (1122–1129), aber er hat diese kurze Zeit reichlich genützt und den Aufstieg der Mark vorbereitet. Die Geschichtsschreibung hat seine Tüchtigkeit durch Verleihung des Beinamens »der Starke« anerkannt.

Allerdings hatte Markgraf Leopold auch viel Glück. Schon in seinem ersten Jahr starb die reichbegüterte Familie der Eppensteiner aus, und ihr Besitz fiel an die Traungauer. Es waren dies die Gegenden um Murau, Neumarkt, Obdach, Judenburg, Mariahof, ferner um Aflenz im Mürztal, im Westen um Voitsberg, Stainz und Wildon. Dadurch erhielt das Markgrafenhaus eine starke Position im Land, und Leopold nützte sie durch planmäßige Rodung der Waldlandschaften, durch Anlegung von Siedlungen und Vergebung von Grund und Boden an seine Ministerialen, die er sich dadurch zur Ergebenheit verpflichtete. Einen großen Teil seiner ritterlichen Gefolgschaft siedelte er aus dem Traungau in die Mark um, und er stattete sie mit dem frisch gerodeten Land aus. Es gab nun nur noch eine Adelsfamilie, die es an Macht mit ihm aufnehmen konnte, die Aribonen, die besonders um Graz, in der Oststeiermark, im Mur- und Mürztal begütert waren.

Markgraf Leopold ist der Gründer von Burg und Markt Hartberg, am Fuß des gleichnamigen Gebirges, das er zu seiner Residenz machte. Auf gerodetem Gebiet entstanden die Orte Riegersburg, Waltersdorf, Kaindorf, Feistritz, Weitz, Pöllau. Nördlich von Hartberg errichtete Ekbert II. von Formbach-Pitten die Burg Kirchberg. Auch die Grundlegung von Graz fällt in diese Zeit. Die zahlreichen alten slawischen Siedlungen, die es in der Mark gab, wurden durch die Neugründungen eingeengt und nach und nach aufgesogen. In Leopolds letztem Jahr begründete er mit seiner Gemahlin Sophie das Zisterzienserkloster Rein, das heute das älteste aller noch bestehenden Klöster dieses Ordens ist.

Die Mark Styra

Zehn Jahre lang versah Leopolds Witwe Sophie von Bayern die Regentschaft für ihren jungen Sohn Otakar III. Wie es heißt, hat sie die Mark »streng und klug« verwaltet. Die Landvergebungen an Ministerialen und Hochfreie wurde fortgesetzt. So erhielt Dietmar von Reidling weite Gebiete um Judenburg und Murau; bei Judenburg erbaute er die Burg Lichtenstein, nach der er sich dann nannte. 1140 stiftete der Aribone Adalram von Waldegg aus Reue über die Ermordung seines Vetters das Augustiner-Chorherrenstift Seckau.

27 Schlußstein vom Dom zu Wiener Neustadt. Stadtmuseum Wiener Neustadt.
Der Dom der von Leopold V. geplanten, von Leopold VI. gegründeten »nova civitas« entstand zu Beginn des 13. Jh.s. Der hier wiedergegebene Schlußstein aus Sandstein (Maße
70 × 65 × 45 cm) zeigt zwei einander zugewandte Fabeltiere mit eingeringelten Schweifen.

Als der junge, unternehmende Otakar III. selbst die Regierung übernommen
hatte, verbündete er sich mit dem Bischof von Regensburg gegen seinen
babenbergischen Verwandten Heinrich Jasomirgott, der damals Herzog von
Bayern war. Seine Mannen rückten in Österreich ein und richteten da allerlei
Verheerungen an. Schließlich brachte König Konrad III. eine Versöhnung
zustande, und die feindlichen Vettern nahmen 1147 bis 1149 am Kreuzzug
teil. Auf diesem kam der Graf Bernhard von Marburg ums Leben, worauf
seine Besitzungen an Otakar fielen, so vor allem die Herrschaften Marburg
und Radkersburg, mehrere Vogteien und die Mark an der Drau. Damit reichte
das Machtgebiet des Traungauers nun im Süden bis zur Wasserscheide zwischen Drau und Sann, zum Teil sogar bis nach Krain hinein. Später kamen
noch die Vogteien über die Klöster Seckau und Göß hinzu, ferner der
Nachlaß des Geschlechts der Stübinger, besonders um Graz. Jetzt war Otakar III. in seiner Position so gestärkt, daß er eine entscheidende Auseinandersetzung mit den restlichen hochfreien Konkurrenten wagen konnte:
Deren Häupter, Konrad und Adalram von Feistritz, ließ er 1151 wegen
Hochverrats enthaupten. An Stelle von Hartberg wurde nunmehr

Graz der Mittelpunkt der Mark – die Burg mit dem sie umgebenden Markt-
flecken, um deren Hauptplatz eine große Anlage entstand.
Einen neuerlichen Machtzuwachs brachte der Kriegstod von Otakars Vetter
Graf Ekbert III. von Formbach-Pitten vor Mailand, 1158, der ihm dessen
Eigengüter beiderseits von Semmering und Wechsel einbrachte. Der Markgraf stiftete in seinem Land drei Klöster: das Hospital am Semmering, das
Chorherrenstift Vorau im Bergland des Nordostens und die Kartause Seitz
in der Untersteiermark. Das Siedlungswerk wurde weiter fortgesetzt und an
der Stelle eines Saumpfades eine Straße über den Semmering erbaut.
Die Erhebung Österreichs zum Herzogtum mag den ehrgeizigen Otakar hart
angekommen sein. Immerhin wird er seit 1158 in den königlichen Urkunden
als »princeps« (= Fürst) bezeichnet; er selbst spricht in den seinen von
»seinem Land«, redet im Pluralis maiestatis und fügt ab 1162 seinem Titel die
Worte »dei gratia«, von Gottes Gnaden, bei. Um diese Zeit nahm er auch ein
eigenes Wappen an, das einen Panther zeigt. Er übte Königsrechte (Regalien)
aus, wie das über die Münze und das über die Juden, auch verfügte er über
das Marktrecht sowie über die Maut- und Zollstätten. Für die einzelnen
Bezirke seines Landes setzte er Vizegrafen oder Landrichter zur Ausübung
der Gerichtsbarkeit ein. In den Annalen heißt er »der große Fürst von Steyr«
(princeps de Styra). Er starb, nur wenig über 40 Jahre alt, am letzten Tag des
Jahres 1164 in Fünfkirchen, Ungarn. Seine Grabstätte fand er in dem von ihm
gestifteten Kloster Seitz.
Für seinen gleichnamigen Sohn, der erst ein Jahr alt war, übernahm die Witwe,
Kunigunde, die Regentschaft. In diese Zeit fällt der schon berichtete bewaff-
nete Konflikt mit Österreich und Kärnten, wobei die Steiermark mit Böhmen
und Ungarn verbündet war. Später kam es dann wieder zu Zwistigkeiten
mit Ungarn, weshalb entlang der Ostgrenze mehrere Burgen errichtet wurden.
Was weiter geschah, wurde bereits gesagt: die Erhebung »Styras« zum Herzogtum auf dem Regensburger Reichstag im Juli 1180, die Erkrankung des
jungen Herzogs an dem von Kreuzfahrern aus dem Orient eingeschleppten
Aussatz, seine Zusammenkunft mit Leopold V. auf dem Georgenberg im
August 1186 und der Tod des 29jährigen letzten Traungauers am 8. Mai 1192.
Auch er wurde in der Kartause Seitz bestattet.

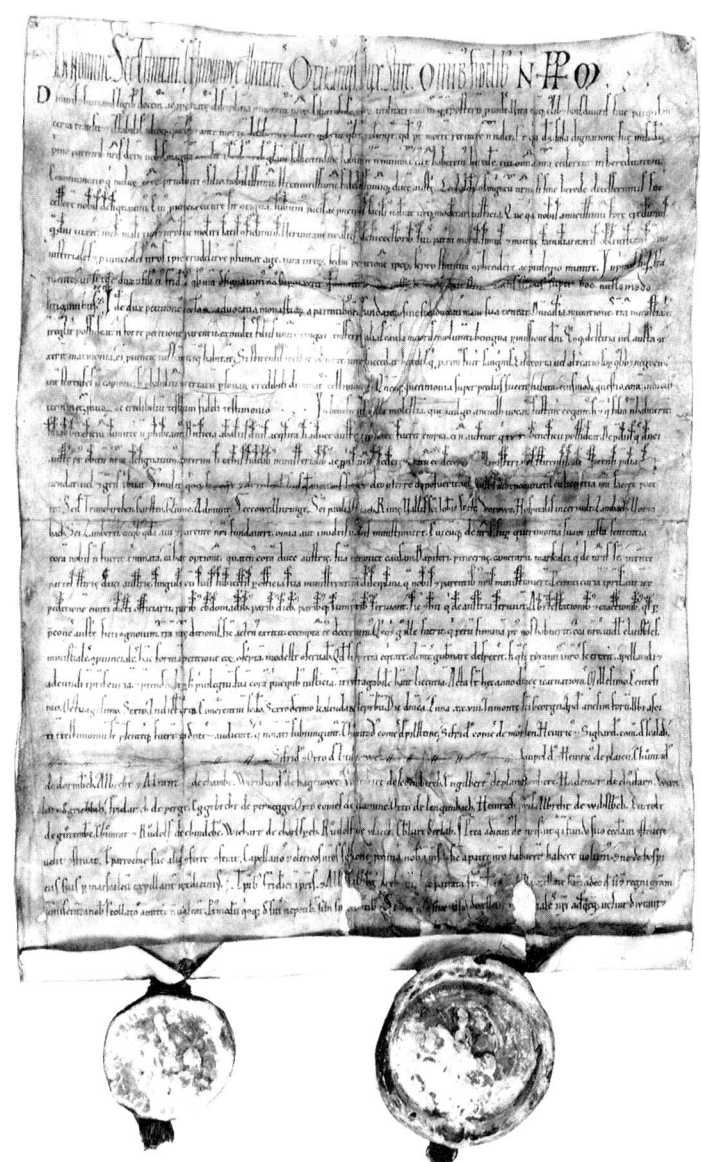

28 Georgenberger Handfeste. Steiermärkisches Landesarchiv, Graz.
Diese am 17. August 1186 zu Enns ausgestellte Urkunde bestimmte die künftige Vereinigung der Herzogtümer Österreich und Steiermark, die dann nach dem Tod des steirischen Herzogs Otakar IV. im Mai 1192 vollzogen wurde, und gewährleistete die Rechte der steirischen Ministerialen und Klöster. Anhängend die Siegel der Herzoge Leopold V. und Otakar IV.

Es muß hier wiederholt werden, daß die Vereinigung der Steiermark mit Österreich von hervorragender Wichtigkeit für die Handels- und Verkehrsverbindung des Babenbergerlandes mit dem Süden, namentlich mit Italien, war. Über die neue Semmeringstraße zogen nun österreichische und benachbarte Kaufleute mit ihren Waren und begegneten ihren nach Österreich ziehenden Berufsgenossen aus Italien, besonders aus Venedig.

29 Faltstuhl. Österreichisches Museum für angewandte Kunst, Wien.
Der hölzerne, zum Teil modern ergänzte Stuhl, 61 cm hoch, 64 cm breit, wurde in der ersten Hälfte des 13. Jh.s in Salzburg für den Abt des steirischen Klosters Admont angefertigt. Diese Art von Faltstühlen gehörte wie Mitra und Hirtenstab zu den Hoheitszeichen geistlicher Würdenträger.

Ebendiese Semmeringstraße sowie der ertragreiche steirische Erzberg be-
wirkten einen Handelsaufschwung, der speziell auch der Hauptstadt Wien
zugute kam. Und ferner war mit der Verbindung beider Länder ein sicherer
Schutz gegen Angriffe seitens der Magyaren gewährleistet.

Dazu kommt der geistige Gewinn: Die blühenden Bildungsstätten des südlichen Herzogtums, seine Klöster, brachten dem gesamten babenbergischen
Land wertvolle Geistesfrüchte ein. Hier ist namentlich Admont zu nennen,
das, stark vom Erzbistum Salzburg beeinflußt, vor allem durch seine Buch-
malerei ausgezeichnet war. In Vorau aber war in der zweiten Hälfte des
12. Jahrhunderts eine Sammelhandschrift von literarischen Werken angelegt
worden, der wir die einzige Überlieferung zahlreicher Texte verdanken.
Diese »Vorauer Handschrift« beginnt mit der »Kaiserchronik« und endet mit
Ottos von Freising »Gesta Friderici Imperatoris« (dies der einzige lateinische
Text), dazwischen stehen 21 Gedichte, darunter die »Genesis« und die Dichtungen der Frau Ava.

Das Herzogtum »Styra« unterschied sich in seiner damaligen Ausdehnung
von dem heutigen Bundesland Steiermark namentlich dadurch, daß es mit
dem Traungau und dem Pittner Land bis weit in das jetzige Oberösterreich,
andererseits aber auch bis nach Unterkärnten hineinreichte. Seine wirtschaftlichen Zentren waren durchwegs Marktorte, die ersten Stadtgründungen
erfolgten erst in babenbergischer Zeit.

5 Der Babenberger Glück und Ende

Herzog Friedrich I., »der Katholische« (1195–1198)

Von den beiden Söhnen Leopolds V. aus seiner Ehe mit der ungarischen Prinzessin Helena erhielt der ältere, Friedrich, Österreich, der jüngere, Leopold, die Steiermark. Die Herzogtümer wurden somit nochmals getrennt, obwohl Friedrich schon zu Lebzeiten des Vaters mit beiden mitbelehnt worden war. Vielleicht ist das geschehen, um dem begabten und regsamen Leopold ein eigenes Wirkungsfeld zu geben.

Auch auf Friedrich lastete noch der Druck der »Sünde« seines Vaters, der sich eines Kreuzfahrers bemächtigt und Lösegeld von ihm genommen hatte. Der Bischof Wolfger von Passau nahm gleich nach dem Tod Leopolds V. dem neuen Herzog sowie zwölf Großen seines Landes in Heiligenkreuz unter Androhung des Interdikts für ganz Österreich das eidliche Versprechen ab, den Restbetrag des Lösegelds zurückzustellen. Erst als dies geschehen war, wurde der verstorbene Herzog beigesetzt.

Unter Friedrich I. blühte der Wiener »Musenhof« weiter, geziert insbesondere durch den jungen Walther von der Vogelweide, der später von sich sagte, er habe »ze Osterriche« singen und sagen gelernt. Auch in anderer Beziehung wurde das Werk Leopolds V. fortgesetzt: die (zum Teil noch erhaltene) Stadtmauer von Wiener Neustadt ist damals vollendet worden. Zu Friedrichs Zeit erscheint für sein Land die Benennung »monarchia Austriae«.

Sein Bruder Leopold von Steiermark begann sich damals bereits für die Gründung eines neuen Zisterzienserklosters in Lilienfeld einzusetzen. Aber Friedrich lag vor allem die Teilnahme an einem Kreuzzug am Herzen, durch die er die Schuld des Vaters zu tilgen gedachte. Im Jahr 1197 brach er zur Fahrt ins Heilige Land auf, von der er nicht mehr lebend zurückkehrte. Am 16. April 1198 ist der kaum 25jährige einer Krankheit erlegen. Sein Leichnam wurde von Bischof Wolfger von Passau in die Heimat zurückgebracht und

30 Herzog Leopold VI. Aus dem »Babenberger-Stammbaum«, Stiftsmuseum Klosterneuburg.
Dieses Rundbild des Stammbaums aus dem Ende des 15. Jh.s stellt den hier mit dem Beinamen
»der erenreich« versehenen Herzog zwischen zwei Bischöfe und vor die von ihm erbaute Stadt
Wiener Neustadt, von der die zweitürmige Pfarrkirche und der Turm einer Burg zu erkennen
sind. Links davon ist das Stift Lilienfeld angedeutet.

in Heiligenkreuz beigesetzt. Friedrichs Kreuzfahrertod wurde der Anlaß zu seinem späteren Beinamen »der Katholische«.

Da er keine Nachkommen hinterließ, wurden die Herzogtümer Österreich und Steiermark unter Leopold VI. wiedervereinigt.

Herzog Leopold VI., »der Glorreiche« (1198–1230)

Mit diesem Leopold, den man schon früh »gloriosus«, der Glorreiche, nannte, beginnt wieder ein neuer Abschnitt in der Geschichte des babenbergischen Österreich. Er ist gekennzeichnet durch eine ganz besonders lebhafte Teilnahme des Landesfürsten an der großen Politik des Reiches – und durch ein friedliches, glückhaftes Gedeihen seines Landes, wie es Österreich weder vorher noch nachher je zuteil geworden ist.

19jährig war Leopold Herzog der Steiermark geworden, mit 23 Jahren beerbte er seinen Bruder in Österreich, und 25 Jahre war er alt, als er die »Schwertleite«, die Aufnahme in den Ritterstand, in Wien empfing. Er hat offenbar bewußt an die Tradition seines Urgroßvaters, Leopold III., angeknüpft; so verlegte er seine Residenz nach Klosterneuburg, wo er die alte Stadtburg prächtig ausbauen ließ. Darüber hinaus gedachte auch er sich durch Stiftung eines Zisterzienserklosters nebst Kirche ein Denkmal zu setzen: Im Jahr 1202 wurde der Bau des Stiftes Lilienfeld in Angriff genommen, der sieben Jahre später fürs erste vollendet war. Schließlich nahm der Herzog den Plan Leopolds III., ein Bistum in Wien zu errichten, wieder auf und trat diesbezüglich in Unterhandlungen mit dem Papst; doch scheiterte seine Absicht an dem heftigen Einspruch des Bischofs von Passau. 1203 feierte Leopold seine Hochzeit: Wie sein Großvater Heinrich Jasomirgott nahm er eine byzantinische Prinzessin zur Frau, wieder eine Theodora, Nichte (oder Enkelin) des Kaisers Isaak Angelos.

Auch eine andere Überlieferung seines Hauses, die Treue zum regierenden deutschen König, hielt Leopold VI. aufrecht. Nach dem Tod Heinrichs VI. erfolgte eine Doppelwahl: ein Teil der Fürsten erhob Heinrichs Bruder Philipp von Schwaben, der andere den Welfen Otto, Sohn Heinrichs des Löwen, zum König. Der Herzog von Österreich schloß sich dem Staufer Philipp an, der ihm durch seine Gattin Irene von Byzanz verschwägert war. Nach dessen Ermordung, 1208, fand Otto IV. zunächst allgemeine Anerkennung, und der Babenberger folgte diesem Beispiel. Aber so wie vier Jahre später Heinrichs VI. Sohn, der junge Friedrich II., von Sizilien nach Deutschland kam, um das Erbe seiner Väter anzutreten, stand Leopold auf seiner Seite, und von da an gehörte er zu den getreuesten Gefolgsleuten dieses Staufers.

Andererseits bewährte sich der Herzog auch als zuverlässiger Anhänger des Papsttums. Seine rechtgläubige Gesinnung betätigte er zuerst durch eine strenge Verfolgung der katharischen und waldensischen Sekten in seinem Land, dann durch einen Feldzug gegen die Albigenser in Südfrankreich, der allerdings ebenso erfolglos blieb wie der anschließende Zug gegen die Mauren in Spanien, der Herzog Leopold bis nach Calatrava führte (1212).

Im Jahre 1216 stürzte Leopolds ältester, gleichnamiger Sohn, ein Knabe von neun Jahren, von einem Baum in der Klosterschule zu Klosterneuburg und starb. Dieses traurige Ereignis bestimmte den Vater, das Kreuz zu nehmen – und außerdem die Klosterneuburger Residenz aufzugeben und nach Wien zurückzukehren. Im Juni 1217 fand er sich in seinem Stift Lilienfeld ein, um von da aus die Kreuzfahrt anzutreten. Sie führte ihn über Venedig und Spalato in einer sechzehntägigen Meerfahrt – einer damals unerhört kurzen Zeit – nach Zypern, von da an die Küste Palästinas und weiter in das Nildelta, wo er an der Belagerung von Damiette teilnahm. Doch kehrte er schon vor der Erstürmung in die Heimat zurück (1219).

Kaiser Friedrich II. verließ Deutschland, um seine Rechte in Italien wahrzunehmen, und übergab seinem ältesten Sohn, dem jungen Heinrich VII., als deutschem König seine Vertretung. In dessen Umgebung finden wir in der folgenden Zeit den Babenberger als väterlichen Freund und Berater des unerfahrenen Königs. Im Jahr 1225 weilte Leopold dann beim Kaiser in Italien: In San Germano bei Montecassino vermittelte er zwischen ihm und dem Papst Honorius III., der zu einem Kreuzzug des Kaisers drängte. Friedrich verpflichtete sich dazu, schob dann allerdings seinen Aufbruch auf und wurde deshalb vom neuen Papst Gregor IX. in den Bann getan. In San Germano kam es überdies zu einer Eheverabredung zwischen dem jungen König Heinrich und Leopolds Tochter Margarethe, die zuvor dem König von England versprochen gewesen war. Die feierliche Hochzeit fand am 29. November 1225 in Nürnberg statt; Margarethes Krönung erfolgte im März 1227 in Aachen. Und wiederum finden wir den Babenberger sehr häufig am Hof seines nunmehrigen Schwiegersohns.

Eine schmerzliche Enttäuschung erlebte Leopold durch seinen Sohn Heinrich, der sich mit rebellischen Adeligen und den Böhmen in eine Verschwörung gegen den Vater einließ, die aber rasch niedergeworfen werden konnte. Heinrich starb bald nachher, angeblich auf der Flucht nach Mähren (1228);

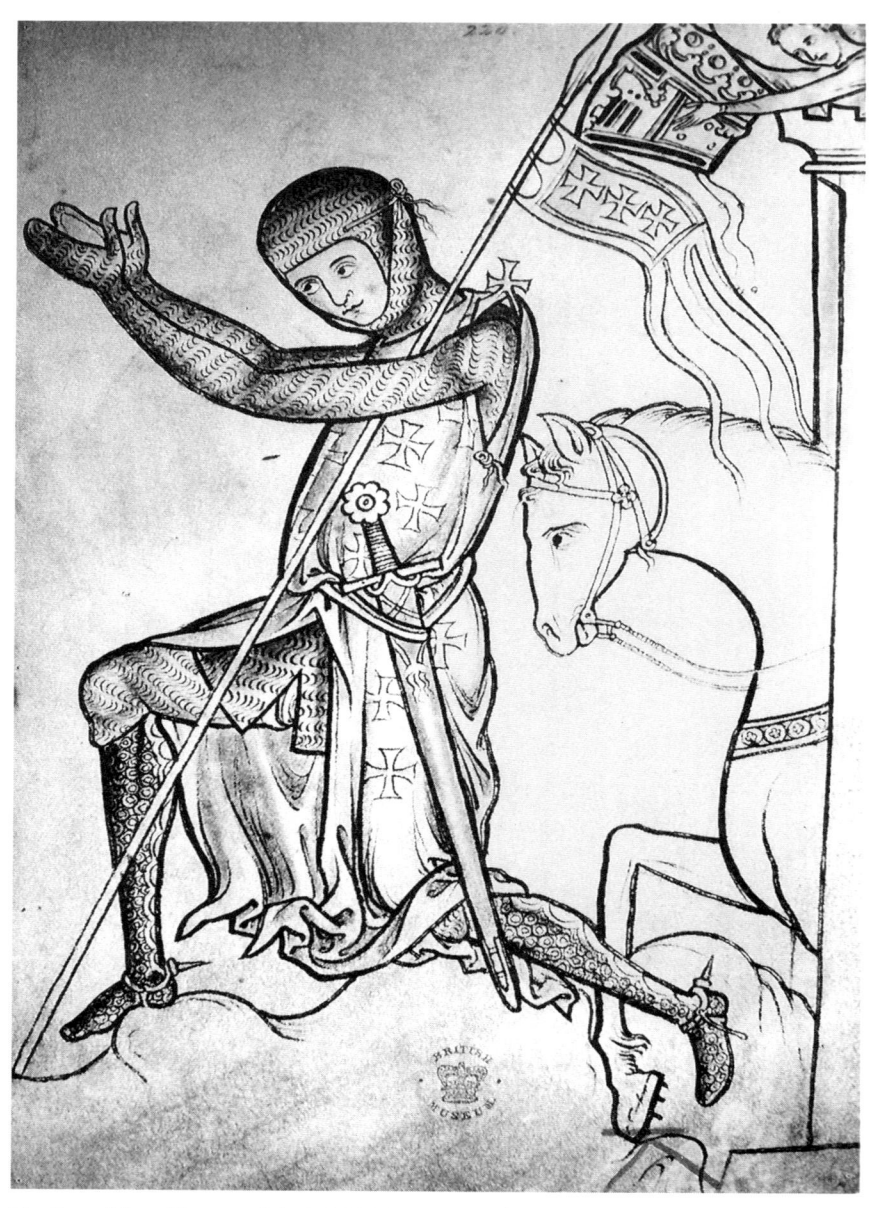

31   Kreuzfahrer, Trustees of the British Museum, London.
Das Bild entstammt einem im 13. Jh. für Westminster hergestellten Psalter. Der Ritter trägt über
dem Panzerhemd einen mit Kreuzen gezierten Überwurf, in der Hand eine ebensolche Fahne.
An den zum Gebet erhobenen Händen sind Fausthandschuhe zu erkennen.

sein Leichnam wurde in Heiligenkreuz beigesetzt. Sein rücksichtsloses Verhalten gegen seinen Vater hat ihm den Beinamen »der Grausame« eingetragen. Im Sommer 1230 weilte der Herzog abermals in San Germano: Auch diesmal galt es einer Vermittlung zwischen Kaiser und Papst, die zu einem Friedensschluß führte. Es war die letzte Tat Leopolds VI.; am 28. Juli des genannten Jahres ist er in San Germano gestorben. Sein Körper wurde in die Heimat überführt und im Chor seiner Stiftskirche zu Lilienfeld beigesetzt. Leopold war 55 Jahre alt geworden, 36 hatte er in der Steiermark, 32 in Österreich regiert. Eine Untersuchung seines Skeletts ergab, daß er gleich seinen Vorfahren von hoher Gestalt (etwa 1,8 m) gewesen ist.

Von seinen Kindern überlebten ihn außer dem Erben Friedrich und der Königin Margarethe noch zwei Töchter, die dann nach Meißen und Thüringen heirateten. Sein Onkel Heinrich von Mödling, der als großer Förderer des Minnesangs gerühmt wird, war bereits 1223 gestorben und von seinem gleichnamigen Sohn beerbt worden.

Das Leben am Hof und in den Städten

So häufig sich der »glorreiche« Herzog fern von der Heimat aufhielt, er hat doch seine Aufgaben als Landesfürst niemals vergessen. In seinen beiden Ländern herrschte, solange er lebte, Friede, und das Volk erfreute sich eines Wohlstands wie nie zuvor – und wie kaum jemals danach.

Der Hof, erst in Klosterneuburg, dann in Wien, war ein Brennpunkt jener Geisteskultur, die man als »ritterlich-höfisch« bezeichnet. Um den Landesfürsten scharten sich die von ihm reichlich mit Pfarren ausgestattete Hofgeistlichkeit in ihren mannigfachen Funktionen und die Adeligen, die ihre Häuser zumeist in unmittelbarer Nähe der Residenz besaßen. Da gingen die Dichter und Sänger aus und ein, und da entfaltete sich aller Glanz des Rittertums mit Tjosten und Turnieren, aber auch mit dem poesievoll-zarten Minnedienst, dessen Grazie von Frankreich her seinen Weg in den deutschen Osten genommen hatte. Der Herzogshof in Wien bildete, ebenso wie übrigens auch das Schottenkloster, einen eigenen Rechtsbezirk.

Ein besonderes Anliegen Leopolds VI. war die Fürsorge um seine Städte, für deren Erweiterung, Sicherung und Privilegierung er immer wieder tätig gewesen ist. Namentlich die niederösterreichischen Städte wurden vergrößert und, soweit das noch nicht geschehen war, mit Mauerringen, Türmen und Toren ausgestattet. In mehreren von ihnen enstanden Bürgerspitäler; das

32 Herzog Leopold VI. Stadtpfarrkirche Steyr.

Ein um 1300 entstandenes Glasfenster, dessen Herkunft ungewiß ist; jedenfalls befand es sich bis 1884 in Laxenburg, von wo es nach Steyr kam. Zu Füßen des Herzogs das Modell der von ihm gegründeten Stiftskirche von Lilienfeld. Am pelzverbrämten Mantel des Fürsten sieht man die Bindenschilde, die tatsächlich erst unter Friedrich II. aufkamen.

von Krems wurde um 1200 gegründet. Nun entstanden auch die ersten Städte in der Steiermark: Fürstenfeld, Judenburg, Hartberg, Graz; auch sie erfuhren einen planmäßigen Ausbau, desgleichen die Grenzstadt Enns. Im Nieder-österreichischen wurde besonders die Donaustadt Hainburg erweitert, sie erhielt eine Burg auf dem Gipfel des Stadtfelsens. Schließlich kam es zur Neuerwerbung von Städten durch Ankauf. Vom Bischof von Würzburg erwarb Leopold Wels und Lambach, von den Haunsbergern Linz, von einem Herrn von Klamm Freistadt im Mühlviertel.

Das erste erhalten gebliebene Stadtrecht (von 1212) galt Enns. Vorhergegangen waren aber nicht erhaltene Urkunden ähnlicher Art für St. Pölten und Zwettl, und jedenfalls hat auch Wien schon früher Privilegien erhalten, die dann im großen Stadtrecht von 1221 zusammengefaßt und erweitert wurden. Weitere Diplome dieser Art erhielten dann Tulln, Steyr, Laa an der Thaya. Die in diesen Dokumenten enthaltenen Verfügungen über alle Probleme des städtischen Rechts, über Verfassung und Verwaltung bildeten die Grundlage zu einem erheblichen wirtschaftlichen Aufschwung. Die Städte wurden dadurch zu Zentralstellen der gewerblichen Produktion, in ihnen spielte sich der Marktverkehr auch für die ländliche Umgebung ab, und die größeren unter ihnen erhielten wachsende Bedeutung für den Fernhandel.

Wien galt, wie aus den Verhandlungen bezüglich der Bistumsgründung hervorgeht, als die bedeutendste Stadt des Reiches nächst Köln. Unter Leopold VI. erfuhr es noch eine Erweiterung durch die Beseitigung der bis dahin noch vorhandenen Reste des alten römischen Lagers, von dem nur die beiden Tore (porta decumana und porta sinistra) belassen wurden. Damit war der Ausbau der Residenzstadt abgeschlossen. Ihre hohe wirtschaftliche Blüte wurde namentlich auch durch das schon erwähnte Stadtrecht vom 18. Oktober 1221 gefördert. Durch dieses Privileg erhielt Wien das Stapelrecht; das heißt: die fremden Kaufleute, die ihre Waren nach Wien brachten, mußten diese innerhalb von zwei Monaten an Wiener Bürger verkaufen, sie durften sie nicht, wie bisher, nach Ungarn einführen, und damit wurde der Ungarnhandel auf der Donau ein Monopol der Wiener. Eine weitere wichtige Bestimmung des Stadtrechts war die Einsetzung eines Rates, dem 24 ständige Mitglieder und außerdem noch hundert »Genannte« angehörten, die als Zeugen in Rechtsgeschäften zu dienen hatten.

Die Bevölkerung Wiens gliederte sich damals in drei Gruppen. Voran standen die »Ritterbürger«, die Ritterdienst und Lehenbesitz mit Grundherrschaft in der Umgebung, auch mit Handelsgeschäften und Ausübung von Gewerben vereinten. Die wichtigsten Handelszweige waren der Tuch- und der Weinhandel. Einen Mittelstand bildeten die Handwerker und die professionellen Gewerbetreibenden. Hier sind vor allem die Goldschmiede, die Wildwerker (Kürschner), die Tuchschneider und Tuchfärber, die Schuster, Schneider, Fleischer und Bäcker zu nennen. Schließlich gab es ärmere Bürger, besonders in den Vororten, so die auf Gelegenheitsarbeit angewiesenen Arbeiter in den Weinbergen. Auch ausländische Kaufleute und Handwerker ließen sich in der blühenden Donaustadt nieder. Sie hatten da, je nach ihrer Herkunft, einen eigenen »Wik« (Bezirk): die aus Regensburg wohnten in der jetzigen Singerstraße, die aus dem Osten in der Bäckerstraße, die aus dem Süden in der nach ihnen benannten Wallnerstraße (»Wallner« = »Welscher«). Auch der Krankenpflege wurde jetzt in den Städten erhöhtes Augenmerk geschenkt. Im Jahr 1211 stiftete der Herzog das Heiliggeistspital in Wien, das er dem dem Krankendienst gewidmeten Orden vom Heiligen Geist anvertraute. Der von Leopold V. ins Werk gesetzte Bau der »nova civitas«, der »Neustadt«, die bald »Wiener Neustadt« genannt wurde, erfuhr unter seinem Sohn Ausführung und Vollendung. Es sind dazu wohl italienische Baumeister herangezogen worden. Der Grundriß der Stadt war ein Parallelogramm mit einem Kreuz von vier Hauptstraßen, die nach Norden und Süden, Westen und Osten ausstrahlten und jeweils zu einem Stadtturm führten, so daß der Stadtbereich in vier Viertel geteilt war. Im Zentrum gab es einen großen, rechteckigen Platz, der als Markt diente, im Nordwesten einen zweiten für Pfarrkirche, Friedhof und einen Herzogssitz mit Palas und Kapelle (in diesem geräumigen Gebäude wurde 1211 der spätere Herzog Friedrich II. geboren). Der Stadtgraben wurde aus dem auch für Trink- und Nutzwasser dienenden künstlich angelegten Kehrbach sowie aus der Fischa und anderen Bächen gespeist. Aus den Reiserechnungen des Bischofs Wolfger von Passau, der 1204 in der »nova civitas« weilte, ist zu entnehmen, daß es dort damals schon mehrere Handwerksbetriebe gab. Im Jahr 1209 schenkte der Herzog ein Haus neben seinem eigenen Sitz dem Stift Lilienfeld (»Lilienfelder Hof«). Das Stadtrecht für Wiener Neustadt ist nicht erhalten geblieben.

Österreich – Klösterreich

Von Leopolds mißglücktem Plan, ein Bistum in Wien zu errichten, war schon die Rede. Der ehrgeizige Bischof Wolfger von Passau, der sein Bistum von Salzburg unabhängig machen, es zu einem Erzbistum erheben lassen und die neue Diözese Wien daran angliedern wollte, hatte ihn dabei unterstützt, und auch der Papst war nicht abgeneigt. Nach der Absicht des Herzogs sollte das Schottenkloster Sitz und materielle Grundlage des Bistums Wien werden. Aber auch diesmal sträubten sich die Schottenmönche, die in ein anderes Kloster versetzt werden sollten, heftig dagegen, und Wolfgers Nachfolger Manegold, der die Ideen seines Vorgängers ablehnte, machte schließlich die Ausführung des Plans unmöglich. Hingegen entstanden in dieser Zeit zwei Bistümer in der Steiermark: Seckau, vom Erzbischof Eberhard II. von Salzburg gegründet, und Lavant im Drautal.

Ein anderer Lieblingsplan Leopolds VI. ging in Erfüllung: die Stiftung des Zisterzienserklosters Lilienfeld, das nach seinem Wunsch Mariental heißen sollte, welcher Name sich aber nicht durchsetzen konnte. 1202 wurde der Bau in Angriff genommen; zunächst entstand auf dem Boden der künftigen Stiftskirche ein provisorisches kleines Kloster aus Holz. Der Bau schritt rasch fort, sieben Jahre nach seinem Beginn konnte die Gründungsurkunde ausgefertigt werden. Auf einem Landtaiding in seiner damaligen Residenz Klosterneuburg stattete Leopold das Kloster mit Gütern aus, der Ort Lilienfeld wurde von ihm durch Tausch erworben und samt dem anschließenden Wald dem Kloster übereignet. 1210 kam die päpstliche Bestätigungsbulle, 1217 nahm der Kaiser das Kloster in den Schutz des Reiches, er verlieh ihm Immunität (Unabhängigkeit) im Gerichtswesen, mit eigenem Landgericht, Blutbann und Bergrecht. Damals hatte bereits eine lebhaft Rodungsarbeit der Mönche begonnen. Es wurde schon gesagt, daß der Herzog vor dem Antritt seiner Kreuzfahrt, Ende Juni 1217, nach Lilienfeld kam, zugleich mit dem Bischof Ulrich von Passau und zahlreichen Edelleuten; damals wurden die vier ersten Altäre der im Bau befindlichen Stiftskirche vom Bischof geweiht. Vom Kreuzzug heimgekehrt, suchte der Herzog seine Stiftung sogleich wieder auf, um ihr eine Kreuzreliquie zu überbringen. Noch in seinem letzten Lebensjahr erlangte Leopold in Italien vom Papst mehrere Vergünstigungen für Lilienfeld. An der Weihe des Ostteils der Stiftskirche durch den Erzbischof von Salzburg am 30. November 1230 konnte er nicht mehr teilnehmen: Sie wurde zugleich zur Totenfeier für den »glorreichen« Stifter, der vor dem Hochaltar seine letzte Ruhestätte fand.

Auch Heinrich Jasomirgotts Schottenstift in Wien hat der Enkel des Stifters gefördert. 1200 erfolgte die Konsekrierung durch Bischof Wolfger, und im gleichen Jahr ließ Leopold eine umfangreiche Besitzbestätigung ausstellen, worin bemerkt wird, daß die Mönche in ihrer »simplicitas« (Schlichtheit) es bisher versäumt hätten, ihre Besitzungen und Einkünfte aufzuzeichnen. Aus dieser Urkunde geht hervor, daß die Schotten damals in 31 Orten Besitz hatten, zumeist im östlichen Weinviertel und im nordwestlichen Marchfeld,

33 Leuchter. Kunstsammlungen der Abtei Göttweig.
Der bronzene, 16 cm hohe Leuchter ist im letzten Viertel des 12. Jh.s in Lothringen gegossen worden. Den Fuß bildet der Körper eines Drachen, dessen Schweif sich zu der den Leuchterkelch gestaltenden Blüte emporrollt.

216

aber unter anderem auch auf dem Boden des jetzigen 3. Wiener Bezirks. – Um diese Zeit wurde auch der Neubau der Wiener Stephanskirche in Angriff genommen, deren Pfarrschule sich hohen Ansehens erfreute.

In Heiligenkreuz, dessen Mönche bedeutende Rodungsarbeiten auf dem ungarischen Leitha-Ufer leisteten, wurde das Kloster im modernen Stil der burgundischen Gotik umgebaut; einige Teile dieses Baues, wie der Kreuzgang, sind noch erhalten. Zwettl erlebte seine Blütezeit unter Hadmar II. von Kuenring; nach dessen Tod (1217) war diese infolge der unfreundlichen Haltung der Söhne Hadmars rasch beendet. Seitenstetten erhielt durch Leopold eine Bestätigung aller früheren Privilegien. In Klosterneuburg entstand als Burgkapelle die »capella speciosa«, von der noch zu reden sein wird. Der Orden der Kartäuser erhielt 1208 ein Kloster zu Geirach im heutigen Slowenien, dessen Kirche in frühgotischem Stil noch erhalten ist, wogegen die Kunigundenkapelle in Graz nur namentlich bekannt blieb. Neue Zisterzienserklöster wurden in Oberösterreich errichtet: Wilhering und Baumgartenberg.

In der jüngsten Stadt des Landes, Wiener Neustadt, enstand zunächst außerhalb der Stadtmauer die Kirche St. Ulrich, der einstweilen die Pfarrechte übertragen wurden. Aber schon wurde auch der Bau der spätromanischen Pfarrkirche im Nordwesten der Stadt in Angriff genommen. Die Pfarre unterstand dem Erzbistum Salzburg. Hier wie auch in Wien und Krems fanden die von Leopold begünstigten neuen Bettelorden, die Dominikaner (mitsamt ihrem weiblichen Zweig) und die Franziskaner oder Minoriten, Heimstätten. Durch sie wie auch durch die Niederlassungen der Ritterorden – Deutschherren und Johanniter – wurde das kirchliche Leben in Österreich belebt und befruchtet.

Andererseits verbreiteten sich hier auch häretische Lehren, die der Katharer (der »Reinen«, davon kommt der Ausdruck »Ketzer«) und der Waldenser, die auch nach der von Leopold angeordneten Verfolgung weiter an Boden gewannen. Auch dies eine Folgeerscheinung der geistigen Öffnung des Donau- und Alpenlandes nach dem Westen und Süden Europas.

So lebte man im Land des »Glorreichen«

Bisher hatte es in der Bevölkerung Österreichs nur zwei politisch einflußreiche Klassen gegeben: den Adel und die Geistlichkeit. Jetzt kam eine dritte dazu – das städtische Bürgertum.

Innerhalb des Adels hatten nun die einstigen unfreien Dienstmannen, die Ministerialen, die Hauptrolle übernommen. Ihnen gegenüber verlor der alte

34   Berufsdarstellungen. Österreichische Nationalbibliothek, Wien.
Diese Federzeichnungen gehören dem Musterbuch von Rein, Steiermark, aus dem 13. Jh. an. Sie
stellen Weberei, Gerberei, Schuhmacherei, Fischfang und Jagd dar, darüber jeweils die Attribute
dieser Tätigkeiten. Auf dem Jagdbild ist das Eichkätzchen auf dem Baum besonders bemerkenswert.

Adel (die »Hochfreien«) zunehmend an Bedeutung, zumal die meisten der alten Geschlechter ausgestorben waren. Es gab jetzt tatsächlich nur mehr eine Adelsklasse, und viele ihrer Angehörigen traten in den Hofdienst, der ihnen die besten Aufstiegschancen versprach.

Ähnliches gilt für den hohen und höheren Klerus, der sich ebenfalls zahlreich bei Hof betätigte. Die Zunahme der Stadtbevölkerung hatte einen starken Zulauf zum geistlichen Beruf zur Folge, und dies wieder brachte es mit sich, daß nicht wenige Kleriker ohne Pfründe (geistliche Stellung) blieben und als »Vaganten« oder »Scholaren« ein Wander- und Hungerleiderleben führten, das in auffälligem Kontrast zu der oft hohen Bildung dieser Leute stand. Was die Ordensgeistlichen betrifft, so ließen sie sich mehr und mehr in den Städten nieder – eine ganz neue Erscheinung, waren doch die Orden früher durchwegs auf dem Land ansässig gewesen, wo sie von der Landwirtschaft gelebt hatten. Jetzt gab es neue Aufgaben für die Mönche, die mit dem städtischen Leben verknüpft waren, wie die Betreuung der Kranken und der Fremden sowie die Bekämpfung der Irrlehren. Wir sahen schon, daß Leopold VI. die Bettelorden und die geistlichen Ritterorden förderte und ihnen in seinen Städten Wohnsitze einräumte.

Der »dritte Stand«, das Bürgertum, erfreute sich der besonderen Gunst des Landesfürsten. Wir sprachen bereits von der Dreigliederung dieses Standes in Wien: in handeltreibende »Ritterbürger«, in Handwerker und Gewerbetreibende und in Gelegenheitsarbeiter. Ähnliches gilt auch für die übrigen Städte. Der Handel hatte einen ungeahnten Aufschwung genommen. So kamen feines Tuch aus Flandern und den niederrheinischen Gegenden, Vieh aus Ungarn, Häute, Pelze und Edelmetall aus Rußland. Das wichtigste Erzeugnis für die Ausfuhr war der Wein, der besonders im Donautal reichlich gedieh und von einheimischen Kaufleuten vertrieben wurde. Unter den auswärtigen Handelsleuten standen die aus Bayern (Regensburg, Passau) an der Spitze, aber auch die Rheinländer, die Schwaben und die Ungarn spielten eine bedeutende Rolle. Die handeltreibenden »Ritterbürger« unterhielten gute Beziehungen namentlich zu Flandern und dem Gebiet um Maas und Mosel. Nicht wenige »zugereiste« Kaufleute blieben in Österreich wohnen, besonders in Wien, wo die hier ansässig gewordenen, flandrischen Tuchfärber im Jahr 1208 vom Herzog ein eigenes Privileg erhielten. Leopold selbst legte besonderen Wert auf enge Handelsbeziehungen mit Venedig; um die Verbindung zur Lagunenstadt zu sichern, erwarb er Gegenden in Krain, kaufte die Stadt Portenau (Pordenone) in Friaul und ließ eine steinerne Brücke über die Save bauen.

Die Produktion der Handwerker wuchs mit der Zunahme der städtischen

Bevölkerung. Während die großen Dörfer und kleineren Marktorte sich mit den notwendigsten Handwerkszweigen, wie Bäckern und Fleischern, Schmieden, Schustern und Schneidern, begnügten, gab es in den größeren Märkten und Kleinstädten bereits Spezialarbeiter, wie Hutmacher oder Sporenmacher; in den mittleren und großen Städten war eine große Zahl von Sparten vertreten (in Wien etwa 50), die sich auf Luxusgewerbe (wie Kürschner und Goldschmiede), Waffengewerbe (Bogner, Schwertfeger, Pfeilschnitzer, Sporer), Lebensmittelgewerbe, Transport- und Beherbergungsgewerbe verteilten. Alle diese gehörten der Bürgerschaft an; das Mitspracherecht in stadtpolitischen Fragen war allerdings den »meliores«, also dem gehobenen Bürgerstand, vorbehalten.

Wie die Bürgerhäuser um diese Zeit aussahen, wissen wir aus Aufzeichnungen eines »Bruder Werner«, in denen er über seinen Aufenthalt in Wien berichtet. Diese Häuser waren fast durchwegs aus Holz und ebenerdig, die Türen mit Schlössern aus Schmiedeeisen versehen, die Wände bestanden aus dicken, viereckig behauenen Stämmen. Im steil aufgesetzten Dachstuhl befand ich eine Diele; die Dachform war die eines Kegelstumpfs, die Deckung bestand aus Stroh oder Schindeln. Der Fußboden war aus gestampftem Lehm oder aus Steinplatten. Immerhin gab es aber jetzt auch schon vereinzelte Häuser aus Stein mit einer oder zwei Fensteröffnungen. Manche Häuser waren mit einer »lin« versehen, das war ein Fenster mit angebautem Balkon. In den Bauernhäusern gab es jetzt große Stuben, in denen getanzt werden konnte; darin Heizöfen, Betten mit Strohsäcken und Pölstern sowie Schränken für Kleider und Bettzeug.

Auch über die Kleidung der einzelnen Berufsstände sind Nachrichten erhalten. Die hohen Geistlichen trugen als Unterwäsche Hemden aus Leinen oder Seide und Unterhosen (»bruoch«), darüber eine Hose, eine Tunika und einen kurzen Mantel, oft mit Kapuze, im Winter aus Pelzwerk; endlich Schuhe oder – auf Reisen – Stiefel. Die Mönche hatten nach wie vor weite Kapuzenmäntel und die ebenfalls mit Kapuzen versehenen Kutten. Den Benediktinern waren zwei Hemden, zwei Tuniken, zwei Kutten, zwei Mäntel, vier Paar Socken, zwei Paar Hosen, ein Überkleid, zwei Pelzkleider, zwei Wadenwickel, zwei Paar Tagschuhe und zwei Paar Nachtschuhe erlaubt, bei Reisen zwei Paar Handschuhe im Sommer, Muffe im Winter. Der Habit der Zisterzienser war grau oder weiß, sie durften keine Handschuhe tragen und mußten voll bekleidet schlafen, mit besonderen Nachtschuhen. Den Laienbrüdern in Zwettl waren einfache Schuhe mit Schnallen aus Holz, Horn oder Eisen vorgeschrieben. Die Unterkleidung der Ritter war die gleiche wie die der Geistlichen; dazu

220

kam über dem Hemd ein Wams aus Filz oder Leinen, darüber der Harnisch und über diesem das Überkleid aus Leinen, Samt oder Seide, in Rot oder Grün, Blau oder Goldfarbe. Bei festlichen Gelegenheiten trugen die Ritter einen Waffenrock aus rotem Scharlach, mit Schellen behangen. Ihr Hut war aus Leder, mit Perlen besetzt, ihre Fuß- und Beinbekleidung, die »golzen«, aus Leder, manchmal gestickt. Die Haare der Ritter fielen beiderseits des Kopfs bis zu den Ohren herab, am Hinterkopf nicht über den Nacken.

Sehr vornehme Damen, wie etwa Leopolds VI. Tochter Königin Margarethe, die ein Fresko von 1225 darstellt, trugen lange, faltenreiche Untergewänder, Stoffschuhe, zartbunte Obergewänder mit Besätzen am Halsausschnitt, darüber einen weißen Mantel mit Schleppe; auf dem Kopf ein über die Schultern fallendes Tuch, auf dem bei der Königin eine Krone mit breitem Reif saß, von dem zwei Bänder aufstiegen, an deren Kreuzungsstelle sich ein heller, gefaßter Edelstein befand. Die ritterlichen und gutbürgerlichen Damen trugen weiße, mit Seide gestickte Hemden, Röcke, oft mit auswechselbaren Ärmeln, Kopftücher aus Leinen oder Seide, Schleier aus feinem Gewebe, Handschuhe aus Seide. Die Haare fielen offen oder in Locken, manchmal mit Seidenbändern durchzogen, auf die Schultern herab; aber auch lange Zöpfe kamen vor, die auf dem Kopf mit einem Perlennetz bedeckt wurden. Gürtel, bis drei Finger breit, waren beliebt, ferner Ohrringe, Spangen zum Zusammenhalten der Mäntel und Hemden sowie Ringe mit Steinen. Der Gebrauch des Schminkens war bereits üblich, er wird im Nibelungenlied erwähnt.

Auch bei Bürgern und Bauern fand modische Kleidung Eingang. So gab es bei den Landleuten bunte Tücher aus Gent, enge Wämser, weite Ärmel, Metallplättchen an den Gürteln, Schnallenschuhe, rote Hüte, am Gürtel fellene oder seidene Täschchen für Geld oder Gewürze. An die Stelle der wollenen Fäustlinge der Bauern traten Lederhandschuhe aus Venedig. Dies alles gilt natürlich nur für die wohlhabenderen Leute, bei den minder Begüterten blieb es bei der alten einfachen Gewandung. Der materielle Aufstieg des Bauernstandes eklärt sich aus der starken Steigerung der Bodenerträge, die es gestattete, den Verkaufsgewinn weitgehend für den eigenen Bedarf anzulegen.

An florierenden Wirtschaftszweigen sind die Salzproduktion – besonders in Reichenhall, Hallein und Aussee – zu nennen, ferner die sehr einträgliche Weinwirtschaft. In Wien gehörte die Arbeit im Weingarten für viele Stadtbewohner zu den häufigsten Erwerbsquellen. Hier entwickelte sich bereits eine Lohnarbeit, die naturgemäß saisonbedingt war. Die in materieller Hinsicht am dürftigsten gestellten Städter fanden damit einen (recht unsicheren) Verdienst. Die Juden, die außerhalb der Bürgergemeinde standen, hatten gleichwohl als

35–39 Figurinen der Berufsstände. Die nach zeitgenössischen Schilderungen angefertigten, 32 cm hohen Figürchen stellen die charakteristische Kleidung der Berufsstände des 12./13. Jh.s dar: den Adeligen mit dem wallenden Mantel und kostbaren Gürtel, den Ritter mit Helm, Haube, Schild und Schwert, den Zisterziensermönch mit Kutte, Mantel (Kukulla) und Filzschuhen, den Handwerker mit knielangem Rock und anliegender Haube, den Bauern mit ebensolchem Wollrock und eisenbeschlagenem Spaten.

Vermittler von Geldgeschäften eine besondere Bedeutung, namentlich in Wien, wo sie ihr Wohnviertel in der Nähe der Herzogsburg hatten und als »Kammerknechte« den Schutz des Landesfürsten genossen. Für das Jahr 1204 wird eine Synagoge in Wien erwähnt. Von Verfolgungen blieben die österreichischen Juden in dieser Epoche verschont; nur in Wiener Neustadt soll im Jahr 1230 eine stattgefunden haben.

Von der Romanik zur Gotik

Bei den Bauten dieser Periode fällt eine merkwürdige Uneinheitlichkeit auf. Manche von ihnen weisen in die Vergangenheit zurück, in die Zeit des hochromanischen Stils, so die Basilika von Deutsch-Altenburg oder die Pfarrkirche von Petronell, bei denen altertümliche Einzelheiten vorkommen; ferner die oberösterreichischen Zisterzienser-Klosterkirchen in Wilhering und Baumgartenberg, die mit ihren Flachdächern und schmucklosen Portalen noch nichts von der reichen gotischen Formenwelt verraten. Es scheint so gewesen zu sein, daß die für die Ministerialen arbeitenden Baumeister den neuen Anregungen aus dem Westen ablehnend gegenüberstanden.

223

40 Plastik von der Kirche in Schöngrabern.
Zu Beginn des 13. Jh.s wurde die hochromanische Kirche von Schöngrabern in Niederösterreich erbaut. An der Außenwand der Apsis befinden sich charakteristische Reliefplastiken mit Darstellungen aus der biblischen Geschichte. Hier der Triumph des thronenden Christus über den als Drache gestalteten Dämon des Bösen.

Einer Spätstufe der Hochromanik gehören auch die berühmten Reliefs an der Apsis-Außenwand der Pfarrkirche Mariä Geburt in Schöngrabern, Niederösterreich, an. Auch diese Kirche ist eine Ministerialstiftung, vermutlich von Hadmar II. von Kuenring, also vor 1217. Die Reliefs beeindrucken stark durch ihre Ausdruckskraft, die einerseits an Rußland, andererseits an Westfrankreich gemahnt; die Formensprache ist durchaus altertümlich.

Hadmar von Kuenring ist auch der neue Kreuzgang in Zwettl zu danken, der 1204 begonnen wurde und für den Herzog Leopold Baukünstler, die für das Stift Lilienfeld herangezogen worden waren, vermittelte. Auch hier ist bei dem Farben- und Formenreichtum an Säulenschäften und Kapitellen französischer bzw. normannischer Einfluß unverkennbar. Andere Zisterzienserklöster haben sich diesem Vorbild angeschlossen.

Von Lilienfeld wurde schon gesprochen. Hier ergab der Zusammenschluß von Umgang und Kapellenkranz zu einer zweischiffigen Halle eine bisher noch nicht gekannte Raumgestaltung.

Gotische Gedanken in Verbindung mit älterer Überlieferung, französisch-bur-

41 Madonna mit Kind. Steiermärkisches Landesmuseum Joanneum, Graz. Die Holzskulptur aus dem Beginn des 13. Jh.s, 74 cm hoch, stammt aus der Gegend von St. Lambrecht. Sie zeigt altertümliche Einzelheiten; die Madonna wirkt eigentümlich starr, die Hände des Jesusknaben sind das einzig Bewegte an dem Bildwerk, von dem der linke Arm Marias sowie Teile ihrer Krone fehlen.

gundischem Stil und Eindrücken aus Byzanz finden sich in einem neuen Burgentypus. Es handelt sich, im Gegensatz zu den älteren Ritterburgen, um städtische Kastelle mit mächtigen Ecktürmen über rechteckigem Grundriß. So in der Wiener Hofburg, in der neuen Burg von Wiener Neustadt, in Ebenfurth, in der alten Herzogsburg Gars, in der Stadtbefestigung von Hainburg.

Wäre Herzog Leopolds Wunsch nach der Errichtung eines Bistums in Wien in Erfüllung gegangen, so würde hier wohl eine Kathedrale nach französischem Muster geschaffen worden sein. So aber mußte sich der moderne Bauwille auf kleinere Objekte beschränken. Hier steht, abgesehen von Lilienfeld, Leopolds vorübergehende Residenz Klosterneuburg voran. Der Herzog ließ die alte Stadtburg seines Urgroßvaters durch burgundische Meister prächtig im neuen Stil um- und ausbauen. Als besonderes Schmuckstück der Architektur entstand eine neue Burgkapelle, die sogenannte »Capella speciosa«, dem hl. Johannes zugeeignet, die 1222 geweiht wurde. Leider ist dieses erste Werk reiner burgundischer Gotik in Österreich im Jahr 1799 abgetragen worden. Es war eine einschiffige Kapelle mit polygonalem Abschluß und einer Westempore, aus farbigem Material mit goldener Fassung. Über die figürliche Gestaltung ist nichts überliefert.

Altertümlich wirken hingegen einzelne Erzeugnisse der Bildhauerei; so die thronende Madonna mit dem Kinde, ein Holzbildwerk, das sich jetzt im Grazer Joanneum befindet. Es stammt aus der Gegend von St. Lambrecht. Auffallend ist der Kontrast zwischen dem lebhaft bewegten Jesusknaben und der starren Körperhaltung der Mutter.

Auch in der Buchillustration begegnet uns der Übergang zur Gotik, die sich zuerst im Wandel des Schriftbilds bemerkbar macht. So wie schon vorher sind die Handschriften meist mit federgezeichneten Großbuchstaben versehen. Aber die von den Klöstern neu angeschafften Bücher aus Frankreich und Italien wirkten auf die Kunst der »Illuminatoren«, wie zum Beispiel die Bilder in einer Sammelhandschrift aus Rein, Steiermark, zeigen: Zeichnungen in Hellrot und Sepia, die Hintergründe violett und hellgelb.

Der mittelhochdeutschen Dichtung Blütezeit

Im Österreich Leopolds VI. gab es Frieden, Wohlstand, Lebensfreude, geistige Regsamkeit. Das war der rechte Boden, auf dem die Poesie sich zur höchsten Blüte entfalten konnte.

Am Anfang steht allerdings eine Enttäuschung, gleich nachdem Leopold seinem Bruder in Österreich nachgefolgt war, verließ Walther von der Vogelweide den Hof. Wir kennen die Ursache nicht, wissen nur, daß damit ein jahrzehntelanges Wanderleben des großen Sängers begann, in dessen Verlauf sich seine hohe Kunst erst richtig entfaltet hat. Erst im Jahr 1203 finden wir ihn wieder für kurze Zeit in Wien, anläßlich von Leopolds Hochzeit mit Theodora von Byzanz; damals konnte er bereits von sich singen »Ich han lande vil gesehen«. Hier in Wien hat er sein berühmtes Lied mit den Eingangsworten »Ir sult sprechen willekommen« vorgetragen. Walther verließ Wien im Gefolge des Bischofs Wolfger von Passau, in dessen Reiserechnungen er genannt ist: Am 12. November 1203 erhielt der »cantor« (Sänger) Walther von der Vogelweide in Zeiselmauer 5 schwere Solidi (bairische Schilling) zur Anschaffung eines Pelzrocks. Er ist dann noch einmal, gegen

Ende seines Lebens, nach Österreich gekommen; damals dichtete er ein Lied, das mit den wehmütigen Worten beginnt: »Ouwê war [wohin] sint verswunden alliu mîniu jâr . . .«
Wir schalten an dieser Stelle einige Verse Walthers ein, in denen sich seine Beziehungen zu Österreich spiegeln:

Als er nach dem Tod Herzog Friedrichs I. Österreich verlassen mußte:

> Da es Friedrich von Österreich war beschieden,
> daß seine Seele genesen, sein Körper verschieden,
> da nahm meinen Kranichschritt er in die Erde.
> Ich schlich wie ein Pfau, wohin immer ich ging,
> der Kopf mir bis zu den Knien hing . . .

Als er wünschte, an den Wiener Hof zurückgeholt zu werden:

> Drei Sorgen hab ich mir genommen;
> möcht' ich mit einer nur zu Ende kommen . . .
> Gottes Huld und meiner Herrin Minne,
> darum sorg' ich, wie ich die gewinne.
> Das dritte hat zu Unrecht sich verwehrt mir manchen Tag:
> das ist der wonnigliche Hof zu Wien.
> Ich ruhe nicht, bis ich mir den verdien',
> der mancher Tugend mit so steter Treu' oblag.
> Man sah dort Liutpolds Hand, die reich zu spenden nie erschrak.
> Die Milde des Fürsten aus Österreich
> erquickt, dem sanften Regen gleich,
> beide: Leute und das Land.
> 's ist eine schöne, buntgezierte Heide,
> von der man Blumen pflückt voll Wunder.
> Bräche mir ein Blatt herunter
> seine vielmilde, reiche Hand,
> so würd' ich loben diese helle Augenweide!
> Hiemit sei er an mich gemahnt.

Als er nicht nach Wien berufen wurde:

> Zu Österreich lernt' ich das Singen und das Sagen.
> Dort will ich mich zu allererst beklagen!
> Find' ich bei Liutpolt höf'schen Schutz, dann ist mein Zorn
>   zerronnen . . .

Als er zu Herzog Leopolds VI. Hochzeit nach Wien gekommen war:

> Ihr sollt sprechen: sei willkommen!
> Der euch Kunde bringet, das bin ich.
> Alles, was ihr habt vernommen,
> das ist wie ein Wind. Jetzt fraget mich! ...
> Tugend und reine Minne,
> wer die suchen will,
> der komme nur in unser Land: da ist der Wonne viel!
> Lange möcht' ich leb'n darinne!

Die aus reichem Gefühl geborenen, oft an Volkslieder gemahnenden Lieder Walthers zeugen ebenso von seinem dichterischen Genie wie seine politische Spruchdichtung, von der man sagen kann, daß sie damals die Stelle unserer heutigen »Massenmedien« einnahm: Durch sie wurden wichtige Tagesereignisse einem weiten Publikum zugänglich gemacht und erläutert. Diese letztere Gattung der Poesie hat auch ein anderer Dichter gepflegt, der aus dem Rheinland stammte, aber von sich selbst sagte, er sei »in Osterrîche erwachsen«: Reinmar von Zweter.

Ein weiterer Sänger, dessen Name durch eine Oper Richard Wagners weithin bekannt wurde, wirkte gleichfalls am österreichischen Hof: der Tannhäuser. Seine Dichterkraft reicht an jene Walthers bei weitem nicht heran, immerhin gibt es von ihm etliche anmutige Strophen. Bedeutsamer war der bairische Ritter Neidhart von Reuental, vor allem als sarkastischer Schilderer des bäuerlichen Lebens, das in seinen Gedichten lebensvoll aufersteht. Auch von ihm eine Probe:

Tanzlied des Neidhart von Reuental

> Räumt aus die Schemel und die Stühle!
> Laßt die Schragen
> vorwärts tragen!
> Heute soll'n vom Tanz wir werden müde.
> Macht auf die Stuben, dann ist es kühle,
> daß der Wind
> manchem Kind
> sänftlich wehe durch die Mieder.
> Wenn die Vortänzer dann schweigen,
> sollt ihr alle sein gebeten,

anzutreten
zu dem höf'schen Tänzchen nach der Geigen.

Von völlig anderer Art war Ulrich von Lichtenstein, aus steirischem Ministerialengeschlecht, hauptberuflich erst Truchseß, dann Landrichter und Landmarschall der Steiermark, berühmt aber durch seine schwärmerischen Minnelieder und durch die exzentrische Turnierfahrt, die er anno 1227 im Dienst seiner Dame, als »Frau Venus« verkleidet, von Mestre und Treviso über Villach, St. Veit, Judenburg, Leoben, Gloggnitz, Wiener Neustadt, Wien, Klosterneuburg bis zur böhmischen Grenze unternahm – eine Reise, für die er 26 Tage brauchte.

Der große Dichter aus Österreich, dessen Werk mehr als das aller anderen bis in unsere Zeit weiterwirkt, ist namentlich unbekannt, und man wird es wohl niemals erfahren, wer es war, der um das Jahr 1200 das riesige Epos von Siegfried und Kriemhild, Gunther und Hagen, Etzel und dem Burgunderuntergang in Heunenland schuf – das Nibelungenlied. Daß dieser Dichter ein Österreicher gewesen ist, läßt sich aus zahlreichen Stellen seines Werkes nachweisen, in dem Orte wie Bechelaren (Pöchlarn), Medelike (Melk) und Wien bevorzugt genannt sind. Man vermutet, daß er in Kriemhilds Onkel Bischof Pilgrim von Passau dessen damaligen Amtsnachfolger Wolfger und in dem edlen Markgrafen Rüdeger den Herzog Leopold VI. gezeichnet hat. Auch daß der Nibelungendichter die vom Kürnberger ersonnene Liedstrophe verwendet hat, deutet auf Österreich hin. Das unsterbliche Epos, das alte Sagenstoffe miteinander verschmolz und sie durch die Gestalt der Kriemhild verband, des liebenden Weibes, das zur grimmigen Rächerin seines gemordeten Gatten Siegfried wird – dieses Epos verwandelte die Recken der Vorzeit in höfische Ritter der Gegenwart, ohne dadurch dem Stoff Schaden zu tun. Welch enormer Beliebtheit es sich schon im Mittelalter erfreute, beweist die Tatsache, daß es in nicht weniger als 34 Handschriften überliefert worden ist. Hier mögen jene Strophen des Liedes stehen, die auf Österreich Bezug haben:

Kriemhilds Fahrt durch Österreich

Auf dem Ennsfeld

> Als über die Traun sie kamen bei Enns auf das Feld,
> da sah man aufgeschlagen Hütten und Gezelt,
> worin die Gäste sollten zum Nachtlager gehn.
> Die Sorgfalt war den Recken durch Herrn Rüdeger geschehn.

In Pöchlarn

Die Fenster an den Mauern sie offen stehen sahn,
die Burg zu Bechelaren, die war aufgetan:
da ritten ein die Gäste, die man gar gerne sah.
Der edle Wirt ließ ihnen gute Gemächer schaffen da.

In Melk

Ein Wirt war da gesessen, Astolt genannt:
der wies ihnen die Straße in das Osterland,
hin gegen Mautern, die Donau hinab.
Gar viele gute Dienste es für die Königin da gab.

In Zeiselmauer

An der Traisen hatte der König von Heunenland
jene Burg, die weite, die, gar wohlbekannt,
geheißen Zeiselmauer. Frau Helche wohnt' einst da
und pflegte solcher Tugend, wie niemals wieder es geschah.

In Tulln

Eine Stadt an der Donau liegt in Osterland,
die Tulln ist geheißen. Dort ward Kriemhild bekannt
so manche fremde Sitte, die vorher nie sie sah.
Da empfingen sie gar viele, denen durch sie dann Leid geschah.

In Wien

Der König es die Heunen ziemlich zu schaffen bat ...
Da ritten sie von Tulln her nach Wien in die Stadt.
Hier fanden sie gezieret so mancher Frauen Leib;
die empfingen da mit Ehren des Königs Etzel schönes Weib.
Die Hochzeit war gefallen auf einen Pfingsttag,
da der König Etzel bei Kriemhilde lag
in der Stadt zu Wiene. So viele wackre Mann'
bei ihrem ersten Gatten sie nie zu ihrem Dienst gewann.

Beide Kunstgattungen, Lyrik und Epik, haben somit in den Tagen des »glorreichen« Leopold ihren seither nie mehr wiederkehrenden Höhepunkt erreicht. Daneben blühten auch die schon früher entwickelten poetischen Formen weiter. Genannt sei ein lateinisches Gedicht über die Kindheit Jesu, verfaßt von Konrad von Fußesbrunnen (Feuerbrunn in Niederösterreich) vor 1210, einem apokryphen Evangelium nachgebildet, das aber durch allerlei

230

selbständige Szenen bereichert wurde. »Osterfeiern« entstanden in Mondsee, in Vorau, in Klosterneuburg; dabei sind Fortschritte durch Erweiterungen des Personenkreises festzustellen: Zu den Frauen und Engeln am Grab kommen die Apostel und der Auferstandene selbst hinzu. In das Klosterneuburger Osterspiel sind nicht weniger als 56 lateinische Gesänge verwoben, dazu noch einer in deutscher Sprache (»Christ ist erstanden«). Leider sind keine Notenschriften aus dieser Zeit erhalten geblieben, so daß wir für den Klang der Musik auf spätere Überlieferungen angewiesen sind. Daß aber Österreich und speziell Wien ihrem späteren Ruf als Heimstätten der Musik schon damals gerecht geworden sind, erweisen die zahlreichen Lieder der Minnesänger, die von ihren Dichtern selbst vertont und vorgetragen wurden. Es war bei ihnen verpönt, eine schon vorhandene Melodie ein zweitesmal zu verwenden.

Herzog Friedrich II., »der Streitbare« (1230–1246)

Der dritte Sohn Leopolds VI., der einzige, der ihn überlebte, war am 15. Juni 1211 in Wiener Neustadt geboren worden. Noch zu Lebzeiten des Vaters war er, 18 Jahre alt, von seiner ersten Frau geschieden worden – wieder einer Byzantinerin, Sophia Laskaris. Daß die Trennung dieser Ehe wegen Kinderlosigkeit erfolgte, erscheint bei einem noch so jugendlichen Paar wenig wahrscheinlich. Eher möchte man glauben, daß der junge Ehemann bereits an seiner Gattin jene Eigenschaften erprobt hat, deretwegen er später »bellicosus« (= der Streitbare oder, wenn man will: Streitsüchtige) genannt wurde. Denn dieser Babenberger, der der Letzte seiner Dynastie bleiben sollte, war anders geartet als seine Vorgänger und Vorfahren. Sein Charakterbild läßt sich recht deutlich aus den Ereignissen seiner Regierungszeit erschließen. Er war sicher ein begabter und unbestreitbar ein tapferer Mann, aber unruhig, hektisch-nervös und unbeherrscht, eitel und ehrgeizig bis zur Maßlosigkeit. Ein Chronist nennt ihn »reich an Gold und Silber«, ein anderer tadelt ihn, weil er seine Haare nach ungarischer Sitte in langen geflochtenen Zöpfen trug; keiner aber zollt ihm ein Lob, das dem seines Vaters und Großvaters vergleichbar wäre. Offenbar hat in ihm wie auch in seinem älteren Bruder, dem »grausamen« Heinrich, die mannigfache Blutmischung ein Naturell hervorgebracht, das sich grundlegend von den besonnenen, kernig-geradlinigen früheren Babenbergern unterschied.
19jährig stand Friedrich neben seiner byzantinischen Mutter am Sarg des Vaters in Lilienfeld. Für dieses Stift erließ der junge Herzog alsbald eine

Urkunde, deren Siegel an Stelle des bisherigen Adlers einen Querbalken im Wappen erkennen läßt. Vielleicht wollte er sich nicht des gleichen Wappenvogels bedienen wie der Kaiser und zog es vor, das heraldische Zeichen der vor einem Jahrzehnt ausgestorbenen und von den Babenbergern beerbten Grafen von Poigen zu übernehmen. Ob die Farben des »Balkanschilds« von Anfang an rotweißrot gewesen sind, läßt sich nicht ausmachen.

Ein Jahr später ging Friedrich II. eine zweite Ehe ein: mit Agnes aus dem hochansehnlichen Haus Andechs-Meranien, deren Mutter eine Staufin war. Diese Heirat brachte Österreich die Herrschaften Ried und Schärding im späteren Oberösterreich ein, außerdem Besitzungen in Krain und Istrien, und Friedrich zögerte nicht, sich fortan auch als »dominus Carniolae«, Herr von Krain, zu bezeichnen. Auch diese Ehe blieb kinderlos.

Wenige Monate später hatte der »Streitbare« die erste Probe seiner Kampftüchtigkeit zu bestehen. Die mächtigsten Ministerialen des Landes unter Führung der Brüder Hadmar III. und Heinrich von Kuenring machten einen Aufstand. Das Landesfürstentum war ihnen zu stark geworden, und offenbar hofften sie, mit dem jungen, unerfahrenen Herzog leicht fertig werden und ihm erhebliche Zugeständnisse abpressen zu können. Aber sie hatten sich getäuscht. Eilends berief Friedrich seine ihm treu gebliebenen Mannen ein, und in rascher Folge wurden die drei Kuenringerburgen Aggstein, Dürnstein und Weitra gebrochen, worauf der Aufstand so schnell endete, wie er begonnen hatte. An dieses Ereignis knüpft sich die Sage von der Absperrung der Donau und der Beraubung der Handelsschiffe durch die »Hunde von Kuenring«, die tatsächlich keine Raubritter, vielmehr Inhaber des herzoglichen Marschallamtes gewesen sind. Die Söhne der aufständischen Brüder haben diese Würde auch später noch bekleidet.

Am Lichtmeßtag (2. Februar) 1232 fand in der Wiener Schottenkirche nach dem Gottesdienst die Schwertleite des Herzogs zugleich mit der von 200 jungen Edelleuten statt. Hier zeigte sich erstmals die Neigung des neuen Landesfürsten zu Prunk und Pomp. Auf die glanzvolle Feier folgten Ritterspiele auf einem Gut des Schottenstifts bei Penzing, und hier sollen, wenn wir dem ein halbes Jahrhundert später geschriebenen »Fürstenbuch« des Jans Enikel glauben dürfen, die neuen Wappenfarben Rot-Weiß-Rot in Erscheinung getreten sein. Jans Enikel schrieb 1272:

»Ze de Schotten, als man mir verjach, er gap zweihundert rittern swert, des was der Fürst vil wol wert. Si truogen von ganzem scharlach kleit, da durch ein strich vil gemeit, der waz wizer danne ein swan.«

Mit der raschen Niederschlagung des Ministerialenaufstands war keineswegs ein innerer Friedenszustand erreicht worden. Es gab viele Leute, die mit der eigenwilligen und rücksichtslosen Art des Herzogs unzufrieden waren, und sie trugen ihre Beschwerden im Jahr 1235 auf dem Hoftag zu Mainz dem Kaiser vor. Unter ihnen soll sich sogar die vor ihrem Sohn nach Böhmen geflüchtete und von da nach Mainz gereiste Herzoginmutter Theodora befunden haben. Kaiser Friedrich II. lud seinen herzoglichen Namensvetter zur Verantwortung vor, der aber hielt es für besser, daheim zu bleiben, worauf der Kaiser ihn in die Reichsacht tat und ein kleines Heer unter Führung des Burggrafen von Nürnberg nach Österreich in Marsch setzte. Alsbald sah der Herzog sich vom größten Teil seiner Gefolgsleute verlassen, nur seine Geburtsstadt Wiener Neustadt sowie die Festungen Gutenstein und Starhemberg (wo das Archiv und der Schatz des Landesfürsten verwahrt wurden) hielten ihm die Treue. Er befand sich mit seinen Anhängern in der Neustadt, als das Reichsheer im Süden dieser Stadt eintraf; da machte er einen Ausfall und brachte Verwirrung unter seinen Gegnern hervor, von denen die Bischöfe von Passau und Freising in seine Gewalt gerieten. Das Heer zog unverrichteter Dinge ab.

Im darauffolgenden Winter machte sich der Kaiser persönlich mit Heeresmacht nach Österreich auf, um Ordnung zu schaffen. Er hatte wohl die Absicht, den ungebärdigen Herzog abzusetzen und einen seiner eigenen Enkel, der Söhne von Friedrichs Schwester Margarethe und dem inzwischen inhaftierten rebellischen König Heinrich VII., an seine Stelle zu setzen. Während der Herzog unbeirrt in seiner Neustadt saß, empfing sein Land den Kaiser untertänig, ganz besonders auch die Hauptstadt Wien, die nun zur freien Reichsstadt erklärt wurde. Aber der Staufer konnte nicht lange verweilen, die politische Situation forderte seine Anwesenheit in Italien; und kaum hatte er das Land verlassen, war Herzog Friedrich wieder auf dem Posten. Im Oktober 1237 verließ er Wiener Neustadt, und nach und nach wurde er wieder Herr im eigenen Land, für das er ein Landrecht aufzeichnen ließ. Auch sonst entwickelte Friedrich jetzt eine ungemein rege Tätigkeit, besonders auch in Aufträgen für großartige Bauten, die seinen Geltungstrieb befriedigen sollten. Im Februar 1238 wurde mit großer Pracht die Hochzeit seiner jüngsten Schwester Gertrud mit dem Landgrafen Heinrich von Thüringen in der Wiener Neustädter Liebfrauenkirche gefeiert, die zu diesem Zweck in aller Eile fertiggestellt werden mußte. Eine Verfügung dieser Zeit betraf den Traungau, der von der Steiermark abgetrennt wurde, womit die Entstehung des Landes Oberösterreich eingeleitet war. In einer Urkunde für Wiener Neustadt vom 5. Juni 1239 dankte Friedrich dieser Stadt für die ihm erwiesene Treue, als »das Reich und fast die ganze Welt« gegen ihn gekämpft habe – eine einigermaßen übertriebene Formulierung.

Im Dezember des gleichen Jahres mußte sich endlich auch Wien, das sich dem Landesherrn bis dahin hartnäckig versagt hatte, ergeben, womit es seiner Reichsunmittelbarkeit wieder verlustig ging. Herzog Friedrich hatte sich indes entschlossen, mit dem in Italien weilenden Kaiser in Verhandlungen einzutreten, und der Staufer, der jetzt andere Sorgen hatte, ging darauf ein. Schon aber nahte eine Gefahr von ganz anderer Seite: die Reiterhorden der Mongolen, die ganz Vorderasien und Rußland überschwemmt hatten, brausten durch Polen und Ungarn. Friedrich benützte diese Gelegenheit, sich der drei westungarischen Komitate Wieselburg, Ödenburg und Eisenburg zu bemächtigen. In den letzten Monaten dieses höchst kritischen Jahres 1241 hielt er in Wiener Neustadt hof, welcher Stadt sich die Mongolen um Weihnachten bedenklich näherten. Es ist nicht abzusehen, was geschehen wäre, wenn nicht eine Krise in ihrer Heimat die Eindringlinge zu einer plötzlichen Umkehr genötigt hätte. Mit ihrem Abzug gingen dem Babenberger die besetzten Komitate wieder verloren (sie sollten, zum Teil, fast sieben Jahrhunderte später unter dem Namen »Burgenland« neuerlich mit Österreich vereinigt werden).

Im Jahr 1243 endete auch die zweite Ehe des »Streitbaren« durch Scheidung. Der Plan einer dritten Eheschließung, mit Elisabeth von Bayern, konnte aus politischen Gründen nicht verwirklicht werden. Obwohl Friedrich erst 32 Jahre alt war, tauchte der Gedanke eines Erlöschens des babenbergischen Hauses auf (Heinrich der Jüngere von Mödling, der Vetter Leopolds VI., war bereits, gleichfalls erbenlos, gestorben). Dies wird wesentlich zu der Idee des Kaisers beigetragen haben, die vereinigten Herzogtümer Österreich und Steiermark samt Krain zu einem im Mannesstamm erblichen Königreich zu erheben: Damit wäre der ehrsüchtige Babenberger dem Kaiser zur Treue verpflichtet worden, und wenn er kinderlos blieb, schien der künftige Heimfall seines Landes an das Reich gesichert.

Über diesen Plan wurden zwischen beiden Friedrichen 1245 zu Verona Verhandlungen gepflogen. (Es ist nicht ohne Reiz, zu erfahren, daß dort eben auch ein junger Graf namens Rudolf von Habsburg anwesend war – ohne die Spur einer Ahnung, daß jenes Österreich, von dem da die Rede ging, dereinst ihm und seinen Nachkommen zufallen sollte.) Der Babenberger schien am Ziel seiner Wünsche angelangt zu sein, und natürlich stimmte er dem Wunsch des verwitweten 51jährigen Herrschers zu, sich mit seiner 19 Jahre alten Nichte Gertrud, Tochter Heinrichs »des Grausamen«, zu verehelichen. Der Urkundentext über die Rangerhöhung seines Landes war bereits aufgesetzt – da scheiterte der Plan im letzten Augenblick an der Weigerung der jungen

42 Herzogin Theodora. Stiftsarchiv Klosterneuburg.
Das Porträtsiegel der Gemahlin Herzog Leopolds VI., Theodora (II.) von Byzanz, gehört zu
einer Urkunde aus dem Jahr 1226. Die Herzogin sitzt auf einem Faltstuhl, zu ihren Seiten sieht
man die Wappentiere von Österreich (Adler) und der Steiermark (Panther).

Gertrud, den so viel älteren und vor kurzem vom Papst in den Bann getanen
Kaiser zu heiraten. So mußte Friedrich sich mit einer Bestätigung des »Privilegium minus« begnügen. Mit der Hoffnung auf die Königskrone wurde auch
jene auf die Errichtung eines Bistums in Wien wieder einmal begraben.
Friedrichs rastloses Gemüt suchte nach anderweitigen Lorbeeren. Nachdem
er schon mit Böhmen in einem Kleinkrieg verwickelt gewesen war, fing er
jetzt einen mit Ungarn an. Am Morgen des 15. Juni 1246 hielt er in seiner
Lieblingsstadt Wiener Neustadt Heerschau, dann rückte er dem Feind über
die Leitha entgegen. In der Uferlandschaft kam es zum Kampf, der mit einem
Sieg der Österreicher endete. Aber bei der Verfolgung der flüchtigen Gegner
fand der streitbare Herzog den Tod – einen Tod, so gewaltsam und so jäh,
wie das kurze Leben dieses Fürsten gewesen war, der ein Alter von 35, eine
Regierungszeit von 16 Jahren erreicht hatte. Der Landschreiber Heinrich
brachte den Leichnam in die nahe Neustadt, wo er aufgebahrt wurde, ehe die
Beisetzung im Kapitelhaus von Heiligenkreuz erfolgte. Kurz darauf wurde

neben Friedrich seine Mutter Theodora von Byzanz bestattet, die diesen ihren letzten Sohn um acht Tage überlebt hatte. Das Grabmal des letzten Babenbergers ist wohl von dem Mann gestiftet worden, der nach ihm in Österreich und Steiermark regierte: dem Böhmenkönig Přemysl Ottokar.

Klöster, Adel, Städte, Juden

Diesen allen galten Privilegien, die Friedrich II. bereitwillig ausstellte. Unter den Klöstern begünstigte er besonders Heiligenkreuz. Dorthin befahl er auch Überreste von Familienangehörigen zu übertragen, die in Klosterneuburg beigesetzt gewesen waren. Neben dem Stift ließ er einen Karner fertigstellen, von dem noch Reste erhalten sind; auch spendete er dem Kloster eine Reliquie von der Dornenkrone Christi, die er aus Frankreich erhalten hatte.
Dem Stift Zwettl erwies der Herzog sich durch Gnadenerweisungen dankbar dafür, daß es im Aufstand der Ministerialen für ihn und gegen die Stifterfamilie der Kuenringer Stellung bezogen hatte. Für Seitenstetten übernahm er die Vogtei, die er auch aktiv ausübte, als es Streitigkeiten des Stifts mit einem Adeligen gab. In der Wiener Schottenkirche ließ Friedrich das noch vorhandene Gnadenstandbild »Unsere Liebe Frau zu den Schotten« aufstellen. Der Stiftung seines Vaters, Lilienfeld, hat er, gleich nach dessen Begräbnis, die Gründungsurkunde bestätigt. Er selbst plante gleichfalls ein neues Kloster zu gründen und Heiligenkreuzer Zisterzienser dort anzusiedeln. Zwei Jahre vor seinem Tod beauftragte das Generalkapitel in Citeaux die Äbte von Zwettl und von Welehrad in Mähren mit der Sondierung der vorgesehenen Örtlichkeit, die demnach am linken Donauufer lag. Der Tod des Herzogs hat dann die Ausführung des Plans vereitelt.
Friedrichs lebhafte Bautätigkeit, bei der es ihm vor allem auf prächtige, dekorative Neugestaltungen ankam, ist zahlreichen kirchlichen Bauten zugute gekommen. So, außer Heiligenkreuz, den Benediktiner-Klosterkirchen Kremsmünster und Klein-Mariazell sowie der Kollegiats-Stiftskirche Ardagger in Niederösterreich, der Prämonstratenser-Klosterkirche Schlägl und der Augustinerchorherren-Stiftskirche St. Florian in Oberösterreich. Insbesondere aber hat der Herzog sich um den Ausbau von St. Stephan bemüht, denn diese Kirche war als künftiger Bischofssitz vorgesehen.
Seinen Edelleuten und Rittern wandte Friedrich besondere Fürsorge zu, nachdem die Erhebung der Ministerialen niedergeschlagen war: hier erwies er sich keineswegs nachtragend. Die Söhne der Rädelsführer erhielten die

Hofämter wieder, die sie oder ihre Väter innegehabt hatten, das neue österreichische Landrecht berücksichtigte vorrangig die Rechte der Adeligen, und
die Burgen, die der Herzog errichten ließ, bekräftigten in ihrer imposanten
Architektur die der Ritterschaft eingeräumte Vorzugsstellung – solange sie
nur dem Landesfürsten als dem ersten Edelmann und Ritter des Landes treu
ergeben blieben.

Das Mäzenatentum seines Vaters für die Städte übernahm der »Streitbare«,
indem er sie reichlich mit Begünstigungen und Neubauten ausstattete. Hier
stand an erster Stelle die ihm in schwerer Zeit ergeben gebliebene Neustadt,
deren Bürgern er in der schon erwähnten Urkunde von 1239 Mautfreiheit in
allen seinen Ländern nebst anderen Privilegien zugestand. Fünf Jahre später
folge eine eigene Zoll- und Mautordnung, worin die Zollgebühren entsprechend der jeweiligen Entfernung von Wiener Neustadt gestaffelt wurden.
Der Bau einer neuen, gewaltigen landesfürstlichen Burg in dieser Stadt ist
wahrscheinlich unter Friedrichs Regierung begonnen worden.

Wien, das während des Konflikts zwischen Kaiser und Herzog wohl wegen
zugemuteter hoher Steuerbelastungen von diesem abgefallen war und, vom
Kaiser zur Reichsstadt erhoben, sich dem Landesfürsten erst nach drei Jahren
ergab, nahm nachher gleichwohl in Friedrichs weit ausschweifenden Plänen
einen besonderen Platz ein, sollte es doch die Hauptstadt des künftigen
Königreichs und Sitz des Bistums werden. Auch hier entstand eine neue Burg,
in der Nähe des Widmertors. Ferner erneuerte Friedrich das von seinem Vater
der Residenz verliehene Stadtrecht, mit einigen Zusätzen und Änderungen
(so wurde das bis dahin noch geübte »Gottesurteil« im Rechtswesen gestri-
chen). Übrigens hat es damals in der Hauptstadt bereits so etwas wie ein
»Halbstarken«-Problem gegeben. Im Jahr 1235 wurden dem Herzog Klagen
über Söhne angesehener Bürger vorgetragen, die nach einem Wirtshausgelage
harmlose Leute auf der Straße überfallen und beraubt hatten. Friedrich
begnügte sich mit der Buße von 200 Mark Silber, die von den Vätern der
Randalierer entrichtet wurde.

Die Wiener Juden, denen Kaiser Friedrich bei seinem Aufenthalt in der Stadt
bereits eine »Ordnung« gegeben hatte, erhielten dann eine weitere vom
Herzog. Darin war, entsprechend der vorwaltenden Betätigung dieses Bevöl-
kerungsteils auf dem Gebiet der Geldgeschäfte – Christen war es kirchlich
verboten, Zinsen zu nehmen –, hauptsächlich vom Pfand- und Kreditwesen
die Rede. Aber auch die Sicherheit für Personen, Synagogen und Friedhöfe
wurde in diesem Privileg garantiert.

Friedrichs II. Drang zur Größe und Repräsentation erwies sich auch in den von ihm angeregten Bauten, deren gemeinsame Kennzeichen imposante Wuchtigkeit und reiche Dekoration waren.

Da sind die schon erwähnten Burgen in Wien und in Wiener Neustadt: die eine ein gedrungenes Rechteck mit vier vorspringenden Türmen, die andere quadratisch und ebenfalls mit vier Ecktürmen versehen. Da sind jene gewaltigen Burgen – wie in Pottendorf und Asparn an der Zaya –, für deren äußere Flächen häufig Buckelquader verwendet wurden, die den Eindruck besonderer Wehrhaftigkeit hervorbrachten. Diese Buckelquader-Architektur hatte man offenkundig auf den Kreuzzügen kennengelernt, sie war zum Beispiel beim Tempel in Jerusalem angewendet worden. Da sind ferner die Torbauten, namentlich das Wiener Tor in Hainburg, das nach dem Muster des Triumphtors Kaiser Friedrichs in Capua in den ersten vierzig Jahren entstand – eine Torhalle zwischen zwei Seitentürmen durch Fallgatter und Torflügel zu verschließen.

Im Kirchenbau wurde der Übergangsstil mit der Verbindung einheimischer romanischer Formen mit vom Ausland importierten gotischen Elementen weiter gepflegt. Bei der umgebauten Stiftskirche von Kremsmünster, die vorübergehend als Bischofssitz vorgesehen war, wurden Gewölbe und Pfeiler von Lilienfeld nachgeahmt, in Ardagger und Schlägl verbinden sich romanische dicke Mauern und Rundbogenfenster mit gotischen Strebepfeilern und Säulenkapitellen. Rein gotisch sind die häufig an Portalen und Kreuzgängen vorkommenden abwechslungsreichen Knospenkapitelle, in denen die Entwicklung der Blattknospe in verschiedenen Stadien nachgeahmt wird. Der Dom zu Bamberg wurde Vorbild für den Chor von Kremsmünster wie auch für das Riesentor zu St. Stephan in Wien. Stark bevorzugt wurden kleine, aber reich ausgestattete Bauten oder Bauteile, wie der Karner in Tulln oder die Portale in Klein-Mariazell, Mödling, Tulln, Wiener Neustadt und Wien. Unverkennbar ist die Tätigkeit neu herangezogener Baumeister, die vom Herzog im Jahr 1241 gewonnen wurden. Sie hatten lange Zeit in Ungarn gearbeitet, zuletzt am Westportal der Kirche von Ják, und waren von dort vor den Mongolen geflüchtet. Sie pflegten einen Baustil, der von Irland und England nach Deutschland (Regensburg, Bamberg) gebracht worden war, einen normannischen Stil, der abstrakt-geometrische Motive pflegte. Diese Bauleute wurden mit der Neugestaltung des Palas der Burg Starhemberg beauftragt, dann mit dem eben genannten Karner zu den Heiligen Drei

43 Ansicht der Krypta von Ardagger.
Die Kollegiatsstiftskirche Ardagger in Niederösterreich wurde um 1230 erbaut und gehört somit
dem spätromanischen Stil an. In der hier gezeigten Krypta finden sich aber bereits Anklänge an
die Gotik, so die Strebepfeiler und die Säulenkapitelle, wogegen die rundbogigen Fenster, die
dicken Mauern und geraden Kreuzgewölbe der romanischen Stilrichtung entsprechen.

Königen in Tulln und schließlich mit der monumentalen Westfassade von
St. Stephan. Hier scheint aber auch eine andere, irisch-schottische, Baugrup-
pe am Werk gewesen zu sein, die vorher am Benediktinerstift in Trebitsch,
Mähren, gearbeitet hatte: Friesmuster des dortigen Apsisfensters finden sich
am Riesentor wieder, das somit weithin anglonormannischen Charakter
erhielt. Es entsprach dies dem damaligen Wunsch des Herzogs, dem Kaiser
zu gefallen, der ja, Sohn einer Normannenprinzessin und in Sizilien aufge-
wachsen, von Haus aus eine spezielle Vorliebe für alles Normannische hegte.

Beiderlei Richtungen, die aus Ungarn und die aus Mähren importierte, finden sich auch am Nordportal der Benediktiner-Klosterkirche in Klein-Mariazell.

Abgesang der Poesie

Auch der Hof des letzten Babenbergers war ein »Musenhof«. Aber die kurze Hochblüte der Dichtung war schon vorbei. Die Lieder und Sprüche, die jetzt in Wien und in der Neustadt vorgetragen wurden, waren zum Teil immer noch vorzügliche Poesie, aber im ganzen reichten sie doch nicht an jene der Epoche Leopolds »des Glorreichen« heran.

Noch wirkte der Spruchdichter Reinmar von Zweter, und noch erfreute Neidhart von Reuental den Herzog und seine Umgebung mit seinen Spottgedichten auf die geckenhaften Bauern, die sich in der Nachäffung der feinen Herren spreizten, lange Ringellocken, gestreifte Kleider, rote Schuhe und Schwerter trugen. Mit seinen ländlichen Tanzliedern ist Neidhart damals ungemein volkstümlich gewesen. Dann war da noch der Tannhäuser, der dem streitbaren Friedrich besonders ergeben war: Er schrieb ein Preislied auf den Herzog, worin er der Erwartung Ausdruck gab, man werde in kurzer Zeit eine Krone auf seinem Haupt sehen, und woran sich ein Tanzlied schloß, in dem die höfischen Vorzüge des Fürsten gerühmt wurden. Diese und ähnliche poetische Lobgesänge waren so recht nach Friedrichs Herzen, und er zögerte nicht, die Sänger reich zu belohnen: Der Tannhäuser empfing von ihm zwei Güter, Leopoldsdorf im Marchfeld und Himberg bei Wien, sowie ein Haus in der Hauptstadt. Auch Ulrich von Lichtenstein sang weiter seine exzentrischen Minnelieder; im Jahr 1240 absolvierte er, seiner neuesten Herzdame zu Ehren, eine zweite ritterliche Fahrt von der Steiermark bis nach Böhmen. Er hat auch in der Ungarnschlacht mitgefochten, die seinem Herzog den Tod brachte.

Schließlich gab es noch einen Dichter, der sich »der Stricker« nannte. Er stammte aus Franken und ließ sich in Österreich nieder, wo er sich als Verfasser von Schwänken und Verserzählungen betätigte. Auch ihm hatten es die Bauern angetan, die er als »Gauhühner« bespöttelte, wobei er aber den Adel davor warnte, sich mit den Landleuten anzulegen, die ihm leicht Ärgernisse bereiten könnten. Das Meisterstück dieses Dichters aber waren die Schwänke um den Pfaffen Amis, einen listigen Gesellen, der schlau allerlei Schwierigkeiten meistert, schließlich bekehrt und ein frommer Abt wird. Dieser Amis ist ein geistiger Vorfahr des Till Eulenspiegel, von dessen Schel-

44 Ulrich von Lichten-
stein. Universitätsbibliothek Heidelberg.
Die Darstellung dieses steirischen Minnesängers, der
um 1275 starb, in der Großen Heidelberger Lieder-
handschrift erinnert an seine Turnierfahrt als »Frau
Venus«: Er reitet über die
von Fischen und kämpfen-
den Dämonen bevölkerten
Meereswogen und hat als
Helmzier die Frau Minne
mit Krone, Liebespfeil und
Fackel. Die gold-blau-ro-
ten Schildfarben wiederho-
len sich auf dem Wappen-
rock und der Pferdedecke.

menstreichen er manches vorwegnimmt, so die Geschichte von dem Esel,
dem das Lesen beigebracht werden soll.
Der Dichter des Nibelungenlieds fand, gleichfalls in Österreich, einen Nach-
ahmer in dem Schöpfer des zweiten großen Epos des Hochmittelalters, der
»Kudrun«, die um das Jahr 1240 entstand. Dieses große Gedicht, in einer
leicht veränderten Form der Nibelungenstrophe, schildert, einem älteren
Epos folgend und es erweiternd, die Schicksale dreier Generationen und
gipfelt in den Demütigungen und der schließlichen Erlösung der Titelheldin;
sein Schauplatz ist der deutsche Norden, in den es den Dichter auf seinen
Wanderungen verschlagen haben mag. Das dichterisch kraftvolle und tief-
empfundene Werk hat gleichwohl nie die große Beliebtheit der »Nibelungen«
erreicht, es ist in einer einzigen Handschrift überliefert worden.
Nach Friedrichs II. Kriegertod haben Unbekannte mehrere lateinische Kla-

gelieder auf ihn gedichtet. Sein Mut im Krieg und seine Fürsorge für das Wohl der Untertanen werden gepriesen und in Gegensatz zur tristen Gegenwart gestellt. Eines davon schließt mit diesen (frei übertragenen) Versen:

> Des Landes Herrschaft – in Teile geschieden;
> auf seiner Burg herrscht jeder, wie's ihm gefällt;
> das Lamm frißt das Schaf – und der Wolf ist zufrieden.

Nachkommen und Nachfolger

Nach dem Privilegium minus galt in den vereinigten Herzogtümern das Erbrecht auch der Frauen. Von Friedrichs II. Schwestern hat ihn nur eine überlebt: die verwitwete Königin Margarethe, die nach dem Tod ihres Gatten, des Kaisersohns Heinrich VII., in Würzburg in ein Kloster eingetreten, hernach aber nach Österreich zurückgekehrt war. Sie mußte als nächste Erbin gelten. Aber ihr einziger verbliebener Sohn, Friedrich, starb bald; und als Witwe konnte sie ihre Ansprüche nicht wahrnehmen.

Dann lebte noch Friedrichs Nichte, die Tochter Heinrichs »des Grausamen«, Gertrud, die vor einem Jahr das Heiratsangebot des Kaisers ausgeschlagen hatte. Sie ehelichte den böhmischen Prinzen Wladislaw, Markgrafen von Mähren, und dieser zögerte nicht, sich Herzog von Österreich und Steiermark zu nennen. Aber er konnte sich nicht durchsetzen, starb überdies schon nach einigen Monaten. Ein Jahr später heiratete Gertrud den Markgrafen Hermann von Baden, und nun nahm dieser den zweifachen Herzogstitel an. Doch schon nach zwei Jahren erlag er einem Giftanschlag. Die erst 24jährige zweifache Witwe vermählte sich nun mit dem Prinzen Roman von Halics (Galizien). Aber im gleichen Jahr (1252) schloß auch ihre Tante Margarethe eine neue Ehe – mit dem Bruder von Gertruds erstem Mann, dem Böhmenprinzen und Markgrafen von Mähren, Přemysl Ottokar, der damals erst 23 Jahre alt war – um etwa 19 Jahre jünger als seine Frau. Diese natürlich aus reinen Zweckmäßigkeitsgründen geschlossene Heirat brachte dem ambitionierten Přemysliden tatsächlich Erfolg: er gewann Anerkennung als Herzog von Österreich, während die Steiermark vom Ungarnkönig Béla IV. besetzt wurde. Aber im Jahr 1260 errang der Böhme einen Sieg über die Ungarn, durch den ihm auch das zweite babenbergische Herzogtum zufiel. Sobald Ottokar, inzwischen König von Böhmen geworden, fest im Sattel saß, löste er die Verbindung mit der alternden Margarethe, die dann noch bis 1266 in

Krumau am Kamp lebte. Sie wurde aufgrund ihres Letzten Willens an der Seite ihres Vaters Leopold VI. in Lilienfeld bestattet.

Ihre Nichte Gertrud war nach der Scheidung ihrer dritten Ehe in die Steiermark gezogen, wo sie in Voitsberg wohnte und über einen Teil der babenbergischen Eigengüter verfügte. Dort wuchs ihr Sohn aus zweiter Ehe, Friedrich von Baden, heran, der sich schon mit zehn Jahren »dux Austriae« nannte. Ottokar ließ sich das so lange gefallen, bis Friedrich großjährig geworden war, dann wies er ihn aus der Steiermark aus. Der junge Mann schloß sich nun seinem Verwandten, dem Staufer Konradin, an, den er auf seinem Italienzug begleitete und mit dem zusammen er im Jahr 1268 in Neapel den Tod durch Henkershand fand. Seine Mutter Gertrud hatte gleichfalls die Steiermark verlassen und war in das Kloster Seuslitz bei Dresden eingetreten, wo sie 1288 als die letzte Babenbergerin starb.

Přemysl Ottokar, der sich auch des Herzogtums Kärnten bemächtigt hatte, brachte den österreichischen Ländern, die in den Jahren nach Friedrichs II. Tod schwer gelitten hatten, wieder Ruhe und Ordnung. Aber sein Recht auf die Herzogtümer war, seit er die Ehe mit Margarethe gelöst hatte, ungesetzmäßig, und er konnte sich dort nur behaupten, weil das Reich seit dem Ausgang der Staufer keinen allgemein anerkannten Herrscher besaß: Es war die »schreckliche« Zeit des Interregnums. Sobald es wieder einen rechtmäßigen deutschen König gab, geriet Ottokars Machtstellung in den Donau- und Alpenländern in Gefahr. Und so bedeutete dann sein Schlachtentod bei Jedenspeigen im Kampf gegen König Rudolf von Habsburg, 1278, das Ende einer Herrschaft, die trotz allen Erfolgen auf schwankendem Boden errichtet war. König Rudolf zog die ehemals babenbergischen Länder ein und gab sie 1282 seinen Söhnen Albrecht und Rudolf zu Lehen. Damit beginnt die 636jährige Herrschaft der Habsburger in Österreich, unter der Politik und Tradition der Babenberger eine konsequente Fortsetzung fanden und die in der Errichtung einer Großmacht im Zentrum Europas ihren Höhepunkt erreichte.

Rückblick und Ausblick

Wenn wir heute das »Zeitalter der Babenberger« als ein Ganzes sehen, einfach als die Frühgeschichte Österreichs, dann dürfen wir die ungeheuren Unterschiede auf politischem, kulturellem und wirtschaftlich-sozialem Gebiet nicht übersehen, die zwischen dem Beginn und dem Ende dieser Dynastie bestehen.

Die Babenberger – oder Liutpoldinger, oder wie immer sie ursprünglich benannt waren – haben durch 270 Jahre in Österreich regiert. Rechnen wir diesen Zeitraum von unserer Gegenwart zurück, so kommen wir in den Anfang des 18. Jahrhunderts – eine Zeit also, die uns unendlich fern zu liegen scheint. Nicht minder fern werden Friedrich dem Streitbaren die Zeiten erschienen sein, da sein Urahn Liutpold die Belehnung mit der kleinen Mark im Osten empfing. Denn was hatte sich doch alles in diesen 270 Jahren gewandelt!

Aus der Grenzmark gegen die heidnischen Magyaren war ein machtvolles Doppelherzogtum erwachsen, dessen unmittelbarer Einflußbereich sich im Süden bis in Gegenden erstreckte, die heute nicht mehr zu Österreich gehören. Die Bewohner des Landes: Geistliche und Adelige, Ritter, Bürger und Bauern waren aus dürftigen, unsicheren Verhältnissen zu einem nahezu alle Schichten umfassenden Wohlstand gelangt. Das wird besonders auffällig, wenn man den Aufstieg des Bauernstandes aus einer demütig-gedrückten Abhängigkeit zu jener gezierten Wohlhäbigkeit, die Neidharts von Reuental Spottlust reizte, betrachtet. Aus einer wirtschaftlichen Beengtheit mit nur geringen Ansätzen von Handel und Gewerbe war ein allseits blühendes Wirtschaftsleben mit reichen Handelshäusern und einer Unzahl von handwerklichen Betrieben geworden. Auf die schlichten Anfänge des frühromanischen Kirchenbaues, der einfachen Wehrburgen und der primitiven Holzhäuser waren die formenreiche Hochromanik und die Hochgedanken der frühen Gotik gefolgt. Und die mehr als bescheidenen Früchte des althochdeutschen Schrifttums nehmen sich gegen die Blütezeit der mittelhochdeutschen Klassik aus wie das Gestammel eines Kleinkindes gegen die Sprachgewalt eines Goethe.

Der Landesfürst, einst wehrhafter Beauftragter des deutschen Königs, war am Ende dieses Zeitraums einer der ersten Fürsten des Reichs, mit dem Monarchen West- und Osteuropas verschwägert und selbst der Königskrone würdig erachtet. Diese engen Verbindungen aber ließen Österreich schon seit seiner Erhebung zum Herzogtum das werden, was später seine hauptsächliche Mission darstellte: eine Brücke zwischen West und Ost. So wie sich damals bereits französisch-normannisches Kulturgut mit der Gedankenwelt von Byzanz auf dem Boden des Donau- und Alpenlandes zu einer eigentümlichen Synthese verband, so haben das nachmalige Weltreich und auch die heutige kleine Republik der Idee der Internationalität, der friedlichen Vereinigung und Verschmelzung wertvollste Dienste geleistet – und so ist auch der »österreichische Mensch« entstanden, zu dessen kennzeichnenden Vorzügen die Fähigkeit zu Vermittlung, Toleranz und Verstehen fremder Eigenarten gehört. Wenn man summarisch von einem »Zeitalter der Babenberger« spricht, so hat dies trotz alledem seine Berechtigung. Denn die regierende Familie hat all diesen 270 Jahren doch etwas Gemeinsames gegeben, das auf persönlichen Eigenschaften beruht. Diese Dynastie, die sich in Österreich länger behaupten konnte als alle anderen Fürstenhäuser Deutschlands zu jener Zeit – das Königtum selbst hat inzwischen viermal die Herrscherfamilie gewechselt! –, erscheint in manchen Charakterzügen einheitlich vom Anfang bis zum Ende, selbst den weitgehend andersgearteten letzten Herzog nicht ausgenommen. Alle diese zwölf Fürsten zeigen sich uns als zugleich tapfere und kluge Männer, unternehmend, gottesfürchtig und – von geringen Schwankungen abgesehen – reichstreu. Sie haben in ihrer Regententätigkeit eine gerade Linie verfolgt, und dies hat es ihnen ermöglicht, allen Krisen zum Trotz ihre Stellung nicht nur zu halten, sondern sie auch stetig zu erweitern und zu heben – vom Grenzwächtertum bis nahe heran an die Königswürde. Jeder von ihnen war ein würdiger Repräsentant seiner Epoche: Sie haben es alle verstanden, die jeweiligen politischen und geistigen Strömungen richtig zu erfassen und zum Wohl ihres Landes zu nützen.

Damit haben sie sich ein dankbares Gedenken gesichert, und deshalb ist es vollauf berechtigt, sich ein Jahrtausend nach ihren Anfängen ihrer ganz besonders zu erinnern – mit Interesse, mit Teilnahme und fast mit ein wenig nostalgischer Sehnsucht.

45 Siegel Friedrichs II. Stiftsarchiv Heiligenkreuz.
Der letzte Babenberger ist auf diesem Siegel als gewappneter Ritter zu sehen. Denkwürdig ist hier das erstmalige Erscheinen des rotweißroten Bindenschilds, welches Wappen er bald nach seinem Regierungsantritt 1230 angenommen haben dürfte.

6 Zeittafel

906 Adalbert, Graf von Babenberg (vermutlich Ahnherr der österreichischen Babenberger von Mutterseite), wird hingerichtet
907 Liutpold, Markgraf von Bayern (vermutlich Ahnherr der österreichischen Babenberger von Vaterseite), fällt im Kampf gegen die Magyaren bei Preßburg
955 König Otto I. schlägt die Magyaren am Lechfeld. Einrichtung der bairischen Ostmark unter Markgraf Burchard sowie der Marken an Mur, Drau und Sann
970 Markward von Eppenstein, Markgraf der Mark an der Mur
976 Die Mark im Osten wird durch Otto II. von Bayern abgetrennt und an Markgraf Liutpold I. verliehen, der Melk erobert und zu seiner Residenz macht. Kärnten wird zum Herzogtum erhoben
991 Herzog Heinrich II. von Bayern besiegt die Magyaren; die Ostgrenze der Mark wird der Wienerwald
994 Liutpold I. stirbt in Würzburg; es folgt sein Sohn Heinrich I.
996 Älteste Überlieferung der Bezeichnung »Ostarrichi«
1002 Erste Güterschenkung an die Mark durch König Heinrich II.
1012 Adalbero von Eppenstein, Markgraf an der Mur, wird Herzog von Kärnten. – Ermordung des Pilgers Koloman aus Irland, der in Melk beigesetzt wird (später Landespatron von Österreich)
1018 Heinrich I. stirbt. Adalbert wird Markgraf
1030 Niederlage Kaiser Konrads II. durch die Magyaren bei Wien; Verlust der östlichen Gebietsteile der Mark
1035 Adalbero wird gestürzt, die Mark an der Mur an Graf Arnold von Wels-Lambach verliehen
1042 Sieg König Heinrichs III. über die Magyaren; die alte Grenze wiederhergestellt, eine »Neumark« gegen die Ungarn, eine »Böhmische Mark« gegen die Tschechen errichtet; die Mark an der Mur wird vergrößert
1049 Gottfried von Wels-Lambach, Markgraf an der Mur, wird ermordet
1050 Otakar I. vom Traungau wird Markgraf an der Mur; er residiert in Styraburg (Steyr)
1055 Markgraf Adalbert stirbt; es folgt sein Sohn Ernst. Die »Neumark« und die »Böhmische Mark« werden mit Österreich vereinigt
1065 Altmann wird Bischof von Passau
1075 Markgraf Ernst fällt im Kampf gegen die Sachsen bei Homburg. Es folgt sein Sohn Liutpold II.
1081 Liutpold II. sagt dem König Heinrich IV. die Gefolgschaft auf; dieser setzt ihn ab und belehnt Wratislaw von Böhmen mit Österreich

1082 Liutpold von Wratislaw bei Mailberg besiegt. Er behauptet sich trotzdem in Österreich (Residenz Gars am Kamp)
1083 Altmann von Passau weiht das Stift Göttweig
1091 Altmann stirbt in Zeiselmauer
1095 Liutpold II. stirbt; es folgt sein Sohn Liutpold = Leopold III.
1105 Leopold III. verläßt am Fluß Regen das kaiserliche Heer und geht zu König Heinrich V. über
1106 Nach dem Tod seines Vaters Heinrich IV. gibt Heinrich V. seine Schwester Agnes dem Markgrafen Leopold III. zur Frau (Leopold verlegt seine Residenz nach Klosterneuburg)
1114 Baubeginn der neuen Stiftskirche von Klosterneuburg
um 1115 Die ersten österreichischen Annalen werden in Göttweig begonnen
1122 Nach Otakar II. wird sein Sohn Leopold Markgraf an der Mur
1125 Leopold III., nach Heinrichs V. Tod Kandidat für die deutsche Königswürde, lehnt ab und huldigt Lothar von Sachsen
1127 Tod der ersten österreichischen Dichterin, Frau Ava
1129 Leopold von Steier stirbt, nachdem er seine Mark wesentlich erweitert und das Zisterzienserkloster Rein begründet hat. Es folgt sein Sohn Otakar III. unter Vormundschaft seiner Mutter
1133 Leopold III. gründet auf Veranlassung seines Sohnes Otto, Abt von Morimond, das Zisterzienserstift Heiligenkreuz. Klosterneuburg wird Augustiner-Chorherrenstift
1136 Leopold III. stirbt; es folgt sein Sohn Leopold IV.
1137 Der Ministeriale Hadmar I. von Kuenring gründet das Zisterzienserstift Zwettl
1138 Leopolds III. Sohn Otto wird Bischof von Freising
1139 König Konrad III. belehnt seinen Halbbruder Leopold IV. mit dem Herzogtum Bayern
1140 Gründung des steirischen Augustiner-Chorherrenstifts Seckau
1141 Leopold IV. stirbt. Sein Bruder Heinrich II., bisher Pfalzgraf am Rhein, wird Markgraf von Österreich und verlegt seine Residenz nach Wien
1142 Heinrich II. vermählt sich mit Gertrud, Tochter Kaiser Lothars, Witwe des Welfen Heinrich (»des Stolzen«) von Bayern und Sachsen
1143 Heinrich II. wird auch Herzog von Bayern. Tod seiner Gemahlin Gertrud
1146 Heinrichs Bruder Bischof Otto von Freising vollendet sein Geschichtswerk »De duabus civitatibus«
1147 Erste Weihe der St.-Stephans-Kirche in Wien
1147–1149 Teilnahme Heinrichs II. und Otakars III. am 2. Kreuzzug
1149 Heinrich II. heiratet in Konstantinopel Theodora, Nichte des Kaisers Manuel I. von Byzanz
1151 Otakar III. beseitigt seine letzten hochadeligen Gegenspieler. Graz wird Zentrum der wesentlich erweiterten Steiermark
1154 König Friedrich I. belehnt den Welfen Heinrich (»den Löwen«) mit Bayern
1155 Heinrich II. gründet das Schottenkloster nebst Kirche in Wien
1156 Österreich wird zum Herzogtum erhoben (»Privilegium minus«)
1158 Der Besitz der Grafen von Formbach-Pitten geht an die Steiermark über. – Bischof Otto von Freising stirbt

1164 Markgraf Otakar III. stirbt; es folgt sein Sohn Otakar IV. unter Vormundschaft seiner Mutter. – Heinrichs II. Bruder Konrad wird Erzbischof von Salzburg

1168 Erzbischof Konrad von Salzburg stirbt

1177 Herzog Heinrich II. stirbt; es folgt sein Sohn Leopold V.

1180 Kaiser Friedrich I. entsetzt Heinrich »den Löwen« seiner Herzogtümer. Die Steiermark wird zum Herzogtum erhoben

1181 Vollendung des Altars des Nikolaus von Verdun in Klosterneuburg

1186 Zusammenkunft Leopolds V. und Otakars IV. auf dem Georgenberg bei Enns: die Nachfolge der Babenberger in der Steiermark wird festgesetzt

1189–1191 Leopold V. nimmt am 3. Kreuzzug teil

1191 Zwist Leopolds V. mit König Richard I. von England vor Akkon

1192 Otakar IV. stirbt; Kaiser Heinrich VI. belehnt Leopold V. mit der Steiermark. – Richard von England wird in Wien gefangengenommen und auf der Burg Dürnstein festgehalten

1193 Richard wird dem Kaiser ausgeliefert

1194 Richard wird gegen Zahlung eines hohen Lösegeldes, von dem Leopold V. einen Anteil erhält, freigelassen. Leopold verwendet das Geld zur Befestigung und Erweiterung seiner Städte und zur Einrichtung der Wiener Münzstätte. Er plant die Gründung der »Neustadt«, stirbt aber kurz nachher

1195 Von seinen Söhnen wird Friedrich I. Herzog von Österreich, Leopold VI. Herzog von Steiermark (Wiener »Musenhof«: Walther von der Vogelweide)

1198 Friedrich I. stirbt auf dem Kreuzzug; Leopold VI. vereinigt beide Herzogtümer wieder. – Nach Kaiser Heinrichs VI. Tod Doppelwahl in Deutschland: sein Bruder Philipp von Schwaben und der Welfe Otto IV. – Leopold VI. schließt sich Philipp an

um 1200 Gründung der »Neustadt« = Wiener Neustadt. – Um diese Zeit ist das Nibelungenlied vollendet

1202 Baubeginn des Zisterzienserstifts Lilienfeld

1203 Leopold VI. heiratet Theodora Angela von Byzanz. Walther von der Vogelweide bei der Hochzeit in Wien anwesend

1208 König Philipp wird ermordet; Otto IV. findet allgemeine Anerkennung

1212 Leopold VI. zieht gegen die Albigenser in Südfrankreich und gegen die Mauren in Spanien. – Heinrichs VI. Sohn Friedrich II. kommt nach Deutschland und wird bald allgemein als König anerkannt, so auch von Herzog Leopold. – Erstes österreichisches Stadtrecht (für Enns)

um 1215 Entstehung der Reliefs an der Pfarrkirche von Schöngrabern

1216 Leopolds VI. ältester Sohn Leopold stirbt durch Unfall in Klosterneuburg

1217–1219 Leopold VI. auf dem Kreuzzug in Ägypten

1221 Stadtrecht für Wien (Stapelrecht)

1222 Weihe der »Capella speciosa« in Klosterneuburg

1225 Leopold VI. bei Kaiser Friedrich II. in San Germano, er vermittelt zwischen ihm und dem Papst. Seine Tochter Margarethe heiratet des Kaisers Sohn, König Heinrich VII.

1227 Turnierfahrt Ulrichs von Lichtenstein als »Frau Venus«

1228 Leopolds VI. Sohn Heinrich empört sich gegen den Vater und stirbt

1230 Leopold VI. abermals in San Germano, wo er den Frieden zwischen Kaiser und

Papst zustande bringt. Er stirbt kurz darauf. Es folgt sein letzter Sohn, Friedrich II. Aufstand der Ministerialen unter Führung der Kuenringer, von Friedrich rasch niedergeschlagen

1235 Friedrich II., von Kaiser Friedrich vorgeladen und nicht erschienen, wird in die Reichsacht getan; er verschanzt sich in Wiener Neustadt und nötigt ein Reichsheer zum Abzug

1236 Kaiser Friedrich II. in Österreich; er erklärt Wien zur freien Reichsstadt

1237 Nach des Kaisers Abzug nach Italien gewinnt Herzog Friedrich sein Land zurück (außer Wien). Er erläßt ein Landrecht für Österreich

1238 Feierliche Hochzeit von Friedrichs Schwester Gertrud mit dem Landgrafen von Thüringen in Wiener Neustadt

1239 Wien ergibt sich dem Herzog. Weitgehende Privilegien für Wiener Neustadt

um 1240 entsteht in Österreich das Kudrun-Epos

1241 Die Mongolen nähern sich Österreich; Friedrich okkupiert drei westungarische Komitate, die nach dem Rückzug der Mongolen wieder verlorengehen. Der Herzog gewinnt Baumeister aus Ungarn und Mähren: Riesentor von St. Stephan

1243 Ehescheidung Friedrichs II. von seiner 2. Frau Agnes von Meranien

1245 Verhandlungen zwischen Kaiser und Herzog in Verona über eine Erhebung Österreichs zum Königtum, die letztlich nicht zustande kommt

1246 Krieg mit Ungarn: Friedrich II. siegt an der Leitha, fällt aber bei der Verfolgung. Der Gatte seiner Nichte Gertrud, Wladislaw von Mähren, nimmt den Herzogstitel für Österreich und Steiermark an, stirbt aber im nächsten Jahr

1248 Gertrud heiratet Markgraf Hermann von Baden, der die zweifache Herzogswürde annimmt

1250 Hermann von Baden stirbt. Kaiser Friedrich II. stirbt. Beginn des »Interregnums« in Deutschland

1252 Friedrichs II. Schwester Margarethe, Witwe König Heinrichs VII, heiratet den Böhmenprinzen Přemysl Ottokar. Dieser wird Herzog von Österreich. König Béla IV. von Ungarn besetzt die Steiermark

1253 Ottokar II. wird König von Böhmen

1260 Ottokar II. besiegt Béla von Ungarn und wird Herzog von Steiermark

1269 Ottokar II. wird auch Herzog von Kärnten

1278 Reichskrieg König Rudolfs I. (von Habsburg) gegen Ottokar; dieser fällt bei Jedenspeigen im Marchfeld. Rudolf zieht die Herzogtümer ein

1282 Rudolf belehnt seine Söhne Albrecht und Rudolf mit Österreich und Steiermark

1288 Tod der letzten Babenbergerin, Gertrud

7 Stammtafel der Babenberger

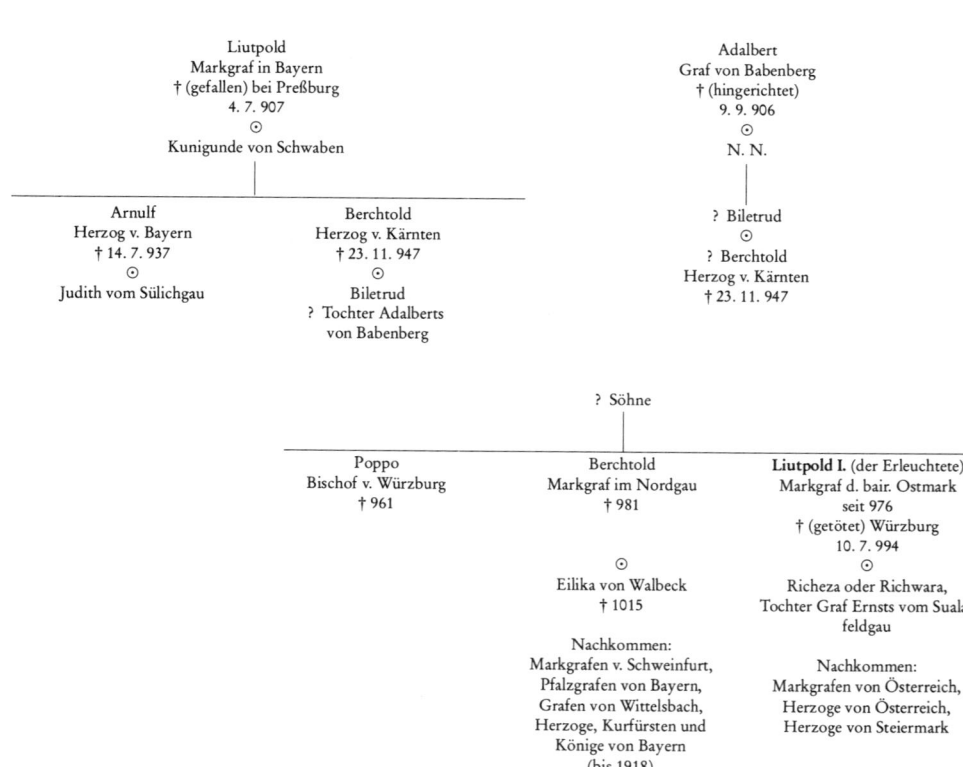

Liutpold
Markgraf in Bayern
† (gefallen) bei Preßburg
4. 7. 907
⊙
Kunigunde von Schwaben

Adalbert
Graf von Babenberg
† (hingerichtet)
9. 9. 906
⊙
N. N.

Arnulf
Herzog v. Bayern
† 14. 7. 937
⊙
Judith vom Sülichgau

Berchtold
Herzog v. Kärnten
† 23. 11. 947
⊙
Biletrud
? Tochter Adalberts
von Babenberg

? Biletrud
⊙
? Berchtold
Herzog v. Kärnten
† 23. 11. 947

? Söhne

Poppo
Bischof v. Würzburg
† 961

Berchtold
Markgraf im Nordgau
† 981

⊙
Eilika von Walbeck
† 1015

Nachkommen:
Markgrafen v. Schweinfurt,
Pfalzgrafen von Bayern,
Grafen von Wittelsbach,
Herzoge, Kurfürsten und
Könige von Bayern
(bis 1918)

Liutpold I. (der Erleuchtete)
Markgraf d. bair. Ostmark
seit 976
† (getötet) Würzburg
10. 7. 994
⊙
Richeza oder Richwara,
Tochter Graf Ernsts vom Suala-
feldgau

Nachkommen:
Markgrafen von Österreich,
Herzoge von Österreich,
Herzoge von Steiermark

Zeichenerklärung

* = geboren
⊙ = vermählt mit
† = gestorben
? = fraglich

250

Liutpold I. (der Erleuchtete) ⊙Richeza oder Richwara

Heinrich I. (der Starke)	Judith	Ernst	Poppo	Kunigunde	Hemma	Christine	Adalbert (der Siegreiche)

Heinrich I.
(der Starke)
Markgraf
v. Österreich
994–1018
† 23. 6. 1018
⊙
?

Judith

Ernst
Herzog
v. Schwaben
1012–1015
† 31. 5. 1015
⊙
Gisela,
Tochter Herzog
Hermanns
v. Schwaben
(heiratete in 3. Ehe
Kaiser Konrad II.)
* 11. 11. 999,
† 16. 2. 1043

Poppo
Erzbischof
v. Trier
1016–1047
† 16. 6. 1047

Kunigunde

Hemma
⊙
Rapoto
Graf v. Diessen

Christine
Nonne

Adalbert (der Siegreiche)
Markgraf
v. Österreich
1018–1055
* etwa 991,
† 28. 5. 1055
⊙ 1. Glismod,
Schwester Bischof
Meinwerks v.
Paderborn
2. Frowiza, Tochter des Dogen
Oddo Orseoli v.
Venedig,
Schwester
König Peters v.
Ungarn
† nach 1058

Ernst
Herzog v. Schwaben
1015–1030
† (gefallen)
17. 8. 1030

Hermann
Herzog v. Schwaben
1030–1038
† 28. 7. 1038
⊙
Adelheid von Susa

Liutpold
(der starke Ritter)
† 9. 12. 1043
⊙
Ida
Tochter Graf Liudolfs v.
Braunschweig

Ernst (der Tapfere)
Markgraf v. Österreich
1055–1075, * etwa 1020
† (gefallen) bei Homburg
9. 6. 1075
⊙
1. Suanahild, Witwe d. Grafen Siegfried von der Neumark
2. Adelheid, Tochter des Markgrafen Dedi II.
von Meißen
† 1071

Liutpold II:
(der Schöne)
Markgraf
v. Österreich
1075–1095
† 12. 10. 1095
⊙
Ita v. Formbach-Ratelnberg
† im Orient nach
1102

? Justizia
⊙
Otto II., Graf v.
Wolfratshausen
† 1120/22

? Adalbert

Elisabeth
⊙
Otakar II:
Markgraf v. Steier
† 28. 11. 1122

Judith

Gerberga
(Helbirg)
† 11. 5. 1142
⊙
Bořiwoj II.
Herzog v. Böhmen
† 22. 2. 1124

Leopold III.
(der Fromme)
Markgraf v. Österreich
1095–1136
* 1075
† (Unfall) 15. 11. 1136
⊙
1. N. N. v. Perg
2. Agnes, Tochter Kaiser
Heinrichs IV.
Witwe Herzog Friedrichs
v. Schwaben, † 24. 9. 1143

Ida
⊙
Liutold v. Mähren,
Markgraf v. Znaim
† 1115

Sophia
† 2. 5. 1154
⊙
1. Heinrich III.
Herzog v.
Kärnten
† 1122
2. Sighard,
Graf v. Schala-Burghausen,
† 1142

Euphemia
⊙
Konrad
Graf v.
Peilstein
† um 1168

251

Leopold III. (der Fromme)
⊙ 1. N. N. v. Perg, 2. Agnes, Tochter Kaiser Heinrichs IV.

1. Ehe:	2. Ehe:	Agnes	Judith	Heinrich II.	Leopold IV.	Ernst
Adalbert * 13. 2. 1105 † 9. 11. 1138 ⊙ 1. Adelheid 2. 1132 Sophie, Tochter des Prinzen Al- mos von Ungarn	Uta ⊙ Liutold Graf v. Plain † 1164	Agnes † nach 1157 ⊙ Wladislaw König v. Polen, Herzog von Schlesien † 30. 5. 1159	Judith ⊙ 1133 Wilhelm VI. Markgraf v. Montferrat † 1191	Heinrich II. (Jasomirgott) Pfalzgraf am Rhein 1140–1141 Markgraf v. Österreich 1141–1156 Herzog v. Bayern 1143–1156 Herzog v. Österreich 1156–1177 * 1114 † (Unfall) Wien 13. 1. 1177	Leopold IV. (der Freigebige) Markgraf v. Österreich 1136–1141 Herzog v. Bayern 1139–1141 * etwa 1115 † Niederaltaich 18. 10. 1141 ⊙ Maria, Tochter Herzog Sobieslaws I. von Böhmen	Ernst † 23. 1. (nach 1137) Bertha † um 1150 ⊙ Heinrich III. Burggraf von Regensburg † 27. 11. 1174
Otto Propst v. Klosterneuburg Abt von Morimond 1133–1138 Bischof v. Freising 1138–1158 † 22. 9. 1158	Konrad Bischof von Passau 1148–1164 Erzbischof v. Salzburg 1164–1168 † Admont 28. 9. 1168	Gertrud † 4. 8. 1151 ⊙ 1140 Wladislaw II. Herzog von Böhmen † 18. 1. 1175	Elisabeth † 20. 5. 1143 ⊙ 1142 Hermann II. Graf v. Winzenburg † 29. 1. 1152	⊙ 1. 1. 5. 1142 Gertrud Tochter Kaiser Lothars, Witwe Herzog Heinrichs von Bayern und Sachsen * 18. 4. 1115, † 20. 4. 1143 2. Konstantinopel 1148 Theodora Komnena, Nichte des Kaisers Manuel I. v. Byzanz † 2. 1. 1183		

1. Ehe:	2. Ehe:	Leopold V.	Heinrich
Richardis ⊙ Heinrich Landgraf v. Steffling † 1183	Agnes ⊙ 1. Stephan III. König v. Ungarn † 4. 3. 1175 2. Hermann Herzog v. Kärnten † 4. 10. 1181	Leopold V. (der Tugendhafte) Herzog v. Österreich 1177–1194 Herzog v. Steiermark 1192–1194 † (nach Unfall) Graz, 31. 12. 1194 ⊙ 1172 Helene, Tochter König Geisas II. von Ungarn, † 25. 5. 1199	Heinrich v. Mödling * 1158 † 11. 9. 1223 ⊙ Richza, Tochter König Wladislaws II. von Böhmen † 19. 4. 1182 Heinrich Herzog v. Mödling † 1236

Friedrich I.	Leopold VI.	Agnes
Friedrich I. (der Katholische) Herzog v. Österreich 1195–1198 † im Orient 16. 4. 1198	Leopold VI. (der Glorreiche) Herzog v. Steiermark 1195–1230 Herzog v. Österreich 1198–1230 * 1175 † San Germano 28. 7. 1230 ⊙ Wien 1203 Theodora Angela, Nichte oder Enkelin des Kaisers Isaak II. v. Byzanz † 23. 6. 1246	Agnes

Leopold VI. (der Glorreiche)
⊙ Theodora Angela v. Byzanz

Agnes	Leopold	**Heinrich**	Margarete	**Friedrich II.**	Konstanze	Gertrud
* 19. 2. 1206	* 1207	(der Grausame)	* ca. 1210	(der Streitbare)	* 6. 5. 1212	† 1241
† 29. 7. 1226	† (Unfall)	* 1208	† 29. 10. 1266	Herzog v. Öster-	† 1243	⊙ Wr. Neustadt
⊙ 1222	Klosterneuburg	† 29. 11. 1227	⊙ 1. Nürnberg	reich	⊙ 1. 5. 1234	Februar 1238
Albrecht	13. 8. 1216	⊙	29. 11. 1225	und Steiermark	Heinrich	Heinrich Raspe
Herzog v. Sachsen		29. 11. 1225	Heinrich VII.	Herr von Krain	Markgraf	Landgraf v.
† 8. 11. 1260		Tochter Landgraf	deutscher König	1230–1246	v. Meißen	Thüringen,
		Hermanns v.	* 1211	* Wiener Neu-	† 1288	deutscher König
		Thüringen	† bei Nicastro	stadt		† 16. 2. 1247
		† vor 1247	12. 2. 1242	15. 6. 1211		
			2. 11. 2. 1252	† (gefallen) an der		
			(geschieden 1261)	Leitha 15. 6. 1246		
			Přemysl Ottokar II.	⊙		
			Markgraf v. Mähren	1. (geschieden		
			Herzog v. Österreich	1229)		
			1252–1278	Sophia Laskaris		
			König v. Böhmen	von Byzanz		
			1253–1278	2. 1231 (gesch.		
			Herzog v. Steiermark	1243)		
			1261–1278	Agnes		
			Herzog v. Kärnten	Tochter Herzog		
			1269–1278	Ottos I.		
			* 1229	v. Meranien		
			† (gefallen) bei Jeden-	(in 2. Ehe		
			speigen 26. 8. 1278	vermählt mit		
				Ulrich III.,		
			Söhne aus 1. Ehe:	Herzog		
			Heinrich, † vor 1245	v. Kärnten)		
			Friedrich, † 1251			

Gertrud
* 1226, † 1288
⊙ 1. 1. 4. 1246
Wladislaw
Markgraf v. Mähren
Herzog v. Österreich und
Steiermark
1246–1247
† 3. 1. 1247
2. 1248
Hermann IV.
Markgraf v. Baden
Herzog v. Österreich und
Steiermark
1248–1250
† (vergiftet) 4. 10. 1250
3. 1252 (gesch. 1253)
Roman
Fürst von Halicz

Kinder aus 2. Ehe:
Friedrich, Markgraf v. Baden,
»Herzog v. Österreich u. Steiermark«,
Markgraf von Verona
* 1249, † (hingerichtet) Neapel
29. 10. 1268
Agnes, † 1295,
⊙ 1. Ulrich III.
Herzog v. Kärnten,
Herr v. Krain, † 1269
2. Ulrich Graf von Heunburg,
† 1308

8 Literaturnachweis

Für »270 Jahre Babenberger in Österreich« wurden vor allem die ausgezeichneten wissenschaftlichen Beiträge im Katalog der Babenberger-Ausstellung in Lilienfeld, 1976, benützt, namentlich:

Erich Zöllner, Die Dynastie der Babenberger
Karl Gutkas, Das Land Österreich zur Zeit der Babenberger
Fritz Posch, Die Entwicklung der Steiermark bis zum Erbanfall an die Babenberger
Herbert Knittler, Die Wirtschaft
Michael Mitterauer, Die soziale Entwicklung im babenbergischen Österreich
Harry Kühnel, Die materielle Kultur Österreichs zur Babenbergerzeit
Floridus Röhrig, Die Kirche in der Zeit der Babenberger
Hedwig Heger, Deutschsprachige Literatur im babenbergischen Österreich
Renate Wagner-Rieger, Architektur

Ferner seien noch aus der sehr umfangreichen Literatur genannt:
Gustav Ehrismann, Geschichte der deutschen Literatur bis zum Ausgang des Mittelalters, 2. Aufl., Müchen 1932
Hans Pirchegger, Geschichte der Steiermark, 1. Band, 2. Aufl., Graz 1936
Karl Gutkas, Die Entwicklung des österreichischen Städtewesens im 12. und 13. Jahrhundert, 1963
Heinrich Fichtenau, Von der Mark zum Herzogtum, 2. Aufl., Wien 1965
Ferdinand Tremel, Wirtschafts- und Sozialgeschichte Österreichs, Wien 1969
Heinrich Appelt, Privilegium minus, Wien/Köln/Graz 1973
Erich Zöllner, Geschichte Österreichs, 5. Aufl., Wien 1974
Die Babenberger und was von ihnen blieb. Aus der Reihe »Aus Österreichs Wissenschaft«, Wien 1975
Karl Lechner, Die Babenberger, Wien/Köln/Graz 1976
Die Herkunft des rotweißroten Bindenschildes, Wien 1976

9 Quellenverzeichnis der Abbildungen

Amt der NÖ. Landesregierung, Bildstelle: 1, 9, 10, 13, 15, 25, 32, 34
Archiv: 45
Bildarchiv der Österreichischen Nationalbibliothek: 4
Bundesdenkmalamt: 20
Foto Fasching, Wilhelmsburg: 2, 5, 6, 7, 8, 11, 12, 16, 17, 18, 19, 21, 22, 23, 24, 27, 28, 29, 30, 31, 35, 36, 37, 38, 39, 41, 42, 44
Foto Gürer, Wien: 40
Foto Ritter, Wien: 14, 33
Foto Schindler, Wien: 26
Foto Simoner, Wien: 43
Foto Weller, Wien: 3